# Índice

Trece Rosas Rojas y la Rosa catorce

# Trece Rosas Rojas y la Rosa catorce

La historia más conmovedora
de la guerra civil

Carlos Fonseca

temas de hoy.

El papel utilizado para la impresión de este libro
es cien por cien libre de cloro
y está calificado como **papel ecológico**


Ediciones Temas de Hoy es un sello editorial de Ediciones Planeta Madrid, S. A.
C/ Josefa Valcárcel, 42, 28027 Madrid
www.temasdehoy.es
www.planetadelibros.com
Primera edición: mayo de 2014
ISBN: 978-84-9998-406-3
Depósito legal: M. 9.990-2014
Preimpresión: J. A. Diseño Editorial, S. L.
Impresión: Artes Gráficas Huertas, S. A.

Printed in Spain-Impreso en España

*A mis padres.*

*Y para todos los que perdieron la guerra.*

*Tristes armas*
*si no es amor la empresa.*
*Tristes, tristes.*

*Tristes armas*
*si no son las palabras.*
*Tristes, tristes.*

*Tristes hombres*
*si no mueren de amores.*
*Tristes, tristes.*

MIGUEL HERNÁNDEZ
*Cancionero y romancero de ausencias*
(1938-1941)

*Venceréis, pero no convenceréis.*
*Venceréis porque tenéis sobrada fuerza bruta,*
*pero no convenceréis,*
*porque convencer significa persuadir.*
*Y para persuadir necesitáis algo que os falta:*
*razón y derecho en la lucha.*

MIGUEL DE UNAMUNO

## Prólogo a esta edición

Este año se cumple el 75 aniversario del fusilamiento de las Trece Rosas y diez años de la publicación de la primera edición de este libro. Una década en la que han fallecido todas las mujeres que vivieron aquellos hechos en prisión y a las que tuve el privilegio de conocer. Concha Carretero murió el pasado 1 de enero, a los 95 años de edad; Nieves Torres en 2013, a la misma edad, y Mari Carmen Cuesta, «la peque», en 2010, con 87 años. Testimonios condenados durante demasiados años de olvido. Sus voces, y las de tantos otros que sufrieron la represión franquista en la inmediata posguerra, han sido ignoradas por una derecha política que ha justificado su abandono por miedo a reabrir heridas del pasado. Heridas que no se pueden reabrir porque nunca se cerraron.

Tampoco la izquierda representada por el Gobierno de Rodríguez Zapatero tuvo valor para anular los procedimientos sumarísimos que instruyeron los tribunales franquistas para justificar miles de asesinatos y decenas de miles de condenas a largos años de prisión para los vencidos. La Ley de la Memoria Histórica aprobada en diciembre de 2007 no ha servido ni siquiera para que las instituciones se responsabilicen de la recuperación de los miles de cadáveres de represaliados que permanecen enterrados en fosas comunes y en las cunetas de nuestras carreteras. El presidente Mariano Rajoy dejó clara su preocupación e interés por hacer justicia y recuperar la historia al suprimir en 2013 y 2014 el presupuesto destinado a cumplir algunos aspectos de la ley. Son las familias de las víctimas las que, contra viento y marea y con la ayuda de asociaciones para la recuperación de la memoria histórica, llevan años buscando los restos de sus seres queridos.

La restitución de la memoria es un derecho de quienes perdieron la guerra, y una obligación para quienes disfrutamos de las libertades que ellos conquistaron. Las nuevas generaciones, las nacidas tras la transición a la democracia, tienen también derecho a saber que en 1936 hubo en este país un golpe de Estado contra el gobierno legítimo de la República para imponer una dictadura que ejerció una terrible represión que se prolongó durante cuarenta años. No son las historias del abuelo, sino nuestro pasado no tan lejano.

La voz de los vencidos ha sido silenciada durante años por el miedo, primero, y la indiferencia, después, de una ciudadanía que se dejó convencer de que la Transición política supuso el punto y final de la época más trágica y oscura de España. El olvido, en lugar de la memoria, se impuso desde entonces, y ha habido que esperar muchos años para que los nietos de quienes perdieron la guerra recuperen la historia de sus abuelos. Una generación sin las ataduras de quienes se sentían concernidos por la contienda. Los hijos de los derrotados porque vivieron durante años mudos por el pánico a la represión, y los hijos de los vencedores porque se sintieron herederos de aquella barbarie, que aún hoy se resisten a condenar.

Desconozco cuántas personas que sufrieron la guerra civil y la represión de la inmediata posguerra viven aún, pero el tiempo transcurrido desde entonces (78 años desde el inicio de la contienda) permite inferir que no serán muchas. Durante estos años han surgido organizaciones para la recuperación de la memoria histórica que han recogido el testimonio oral de muchas de ellas. Un material de incalculable valor que las instituciones deberían haber comenzado a recopilar muchos años antes para ponerlo a disposición de los historiadores que indagan sobre aquella tragedia, y de cualquier ciudadano que busque respuestas.

En las charlas que he dado durante estos diez años en ateneos, colegios y universidades he reiterado una idea en la que me mantengo: que la Historia con mayúsculas, la que se ocupa de los grandes protagonistas, ya sean políticos, militares o intelectuales, no se puede explicar sin la historia con minúscula que protagonizaron personas anónimas como las Trece Rosas, o como Concha, Nieves, Mari Carmen y tantas otras. Sus nombres no figuran en los libros de texto ni son referencia obligada cuando se habla de la guerra, pero estuvieron allí y son el mejor ejemplo del sufrimiento al que llevó a muchos su compromiso con la libertad.

El trágico destino de aquellas muchachas no fue una excepción, sino la norma. Ni fueron las primeras mujeres ajusticiadas ni serían las últimas, pero la minoría de edad de la mayoría de ellas supuso un mazazo para muchas presas, que transmitieron su historia de manera oral hasta convertirlas en un símbolo del papel de las mujeres en la lucha contra el franquismo. Fue tal el odio de los vencedores que los fusilamientos en las tapias del cementerio del Este se mantuvieron de manera habitual hasta el año 1944, ¡cinco años después de acabada la guerra!

Una muchacha de 18 años, Antonia Torre Yela, fue condenada a muerte el 3 de agosto de 1939 con las Trece Rosas y 43 muchachos por su militancia en las Juventudes Socialistas Unificadas (JSU). Todos, salvo ella, fueron fusilados la madrugada del día 5. Un error mecanográfico en la orden de ejecución, escribieron Antonio en lugar de Antonia, la salvó ese día de la muerte, pero no escapó de ella. La errata fue descubierta y Antonia fue fusilada el 19 de febrero de 1940, seis meses después, junto a las hermanas Casado Malsipica, Concepción y Fernanda. Ella es la Rosa 14. Apenas esbocé su historia en la primera edición de este libro y he creído que es el momento de reivindicar su figura. La documentación que hay sobre ella en los archivos militares y penitenciarios es escasa, y ha sido el testimonio de algunos de sus familiares el que me ha ayudado a recuperar su memoria para colocarla junto a la de sus compañeras.

Julia Conesa pidió a su familia en la carta de despedida, horas antes de ser fusilada, que su nombre no se borrara de la historia. Sirva esta nueva edición para añadir a esa memoria el de Antonia Torre Yela, y también como homenaje a Concha Carretero, Nieves Torres y Mari Carmen Cuesta.

Madrid, marzo de 2014

# 1
# La saca (I)

## 4 DE AGOSTO DE 1939

La hora era inusual. Se había cumplido ya la medianoche y las reclusas dormían ajenas a la tragedia que estaba a punto de ocurrir. La noche era tiempo para recrearse en la última visita de los seres queridos, para abrir las cancelas de las celdas y volar libres. El atardecer, en cambio, creaba en la prisión un desasosiego fantasmal. Las horas que transcurrían entre el último recuento del día y las once de la noche eran el momento elegido para las «sacas».

La directora, doña Carmen de Castro, y su lugarteniente, la funcionaria María Teresa Igual, recorrían entonces las galerías con la fatídica lista en la mano. El corazón se desbocaba y amenazaba con escapar por la garganta. Una presión invisible se apoderaba del pecho y un golpe de calor subía hasta la cabeza mientras, uno a uno, desgranaban los nombres de las internas que figuraban en la orden de ejecución para ser conducidas a capilla. Tan sólo unas horas, las que mediaban hasta la madrugada del día siguiente, las separaban de la muerte.

Aquel repicar de nombres sonaba a letanía. A misa de difuntos. La compañera, la amiga, la desconocida. La sensación era de agobio y de miedo, de rabia por las mujeres que iban a morir. Nadie dormía en una noche de «saca». Y qué decir de quienes escuchaban su nombre y apellidos, que retumbaban como un eco. Habían sido condenadas a la pena capital en consejos de guerra sumarísimos de urgencia, pero los días que transcurrían entre la vista en el Palacio de las Salesas y el «enterado» del Caudillo suponían un horizonte de esperanza. Cada jornada que pasaba era un día ganado a la muerte, a la que soñaban con esquivar para siempre con peticiones de indulto que conmutaran el piquete de ejecución por treinta años de reclusión. Toda una vida entre rejas, pero vida al fin.

Ese 4 de agosto hacía tres días que había tenido lugar la anterior «saca». Cinco compañeras habían recorrido entonces los escasos quinientos metros en línea recta que separaban la cárcel de mujeres de Ventas, situada en las inmediaciones de la plaza de Manuel Becerra, del cementerio del Este en un camión que partía de la prisión de hombres de Porlier y paraba en la de mujeres camino de las tapias del camposanto. Cuatro días. Nunca se sabía cuándo habría «saca». No había una regla fija, pero desde que las ejecuciones de mujeres se iniciaron el 24 de junio anterior, con el fusilamiento de las hermanas Guerra Basanta, Manuela y Teresa, rara era la semana en la que no había alguna.[1] Era lógico, pues, pensar que el temido ritual no tardaría en repetirse.

1. En la saca del 24 de junio de 1939 fueron fusiladas 102 personas. Manuela y Teresa Guerra fueron las únicas mujeres.

Quince internas habían salido a juicio en la mañana del 3 de agosto y todas, salvo una, habían regresado con «la pepa» por un delito de «adhesión a la rebelión». Nunca hasta entonces había habido tantas mujeres en un mismo expediente. La mayoría eran, además, menores de edad.[2] Volvieron descompuestas, con el rostro desencajado, como si lo ocurrido no pudiese ser verdad. Con ellas habían sido juzgados cuarenta y tres hombres. Había novios, maridos, compañeros de partido y desconocidos. En total, cincuenta y siete condenas a muerte de jóvenes que en muchos casos no habían cumplido los veinte años o apenas los sobrepasaban.

Regresaron tarde, ya de noche, y tan pronto como despuntó el alba y pudieron recuperar un poco de sosiego comenzaron a redactar peticiones de indulto con la ayuda de otras compañeras. Los escritos debían ser recogidos en la prisión por sus familiares, que se encargarían de entregarlos en Burgos y esperar la clemencia de los vencedores. Allí permanecía aún el Gobierno de Franco, pese a que hacía ya cuatro meses que la guerra había terminado. Madrid había sido una ciudad roja, heroica, el símbolo de la resistencia de la República durante veintinueve meses de asedio ininterrumpido, y las purgas iniciadas tras la entrada de las tropas nacionales no garantizaban aún la plena seguridad del Generalísimo.

«Querida mamá y hermanos. Me alegraré que al recibo de estas alegres letras estéis bien, yo bien, gracias a Dios. Mamá,

2. La mayoría de edad estaba fijada en los veintiún años.

espero que no llores, pues como puedes comprender, soy y somos inocentes de todo lo ocurrido. Antonio, hacer todo por mamá, que es la única persona que si faltase en el mundo no sé qué sería de mí. Cuidarla mucho, que no se ponga mala. Tíos, igual que se lo digo a mis hermanos os lo digo a vosotros, ya sabéis que ella es buena, os lo aseguro.

»Mamá, espero que vayas a casa de mis amigas y vayáis todas juntas a todos los lados, pues pensar que soy inocente, que yo ignoraba todo, igual que mis amigas, la Adelina y Julia.[3] Iros a las Salesas y mirar las tablillas de penados y hacer cada uno de vosotros, o sea, los tíos y tú, solicitudes de indulto, y ponéis que Julia Conesa, natural de Oviedo, edad diecinueve años... bueno, ya sabéis cómo hacer todo, pero hacerlo, no lo dejéis de la mano.

»Mamá, no pienses en nada, que todo se arreglará y pronto nos abrazaremos. Mira, yo río y canto, y no pienso en nada.

»Mamá, necesito avales para que vayan junto con las firmas de los vecinos, y ve a ver a todas las personas que conozcas, pues es de mucha urgencia lo nuestro. Hacer todo lo que podáis por mí, que otras personas respondan por mí.

»Mamá, ánimo y no llores, que tú has sido siempre muy fuerte; y no te vayas a poner mala.

»Mamá, pedir inmediatamente la revisión de la causa para las tres, pero lo más pronto posible. Bueno, con todo el cariño

3. Se refiere a Adelina García Casillas y Julia Vellisca del Amo.

me despido de todos, esta que nunca os olvida, ni ahora ni jamás, vuestra hija, hermana y sobrina.»[4]

Los nervios se habían calmado durante la jornada. Las muestras de apoyo, el cariño y la solidaridad de las compañeras habían relajado la tensión. Disuelto el impacto de la noticia, los nervios habían dado paso al cansancio.

«Virtudes, pero si no os pasará nada, ya verás como os indultan.» María del Carmen Cuesta se lo había repetido durante todo el día a su amiga hasta conseguir tranquilizarla. «No, no nos indultarán», le había contestado Virtudes una y otra vez.

«Aquella tarde me habló de todo —recuerda María del Carmen—,[5] de cómo sentía que aquella situación iba a durar mucho tiempo y de todo lo hecho y lo aún por hacer. Tuve la sensación de que deseaba transmitir a otra persona todo aquello por lo que había luchado y que la había hecho tan feliz hasta ese momento.»

Carmen Machado había hecho lo mismo con Anita López. Le escribió varias instancias para pedir clemencia con su letra clara y redonda y después hablaron de amores. Ambas tenían novio, los dos apellidados Agudo y los dos presos en la cárcel de Albatera (Alicante). «Mira, Anita, esto va a durar muy poco. Dentro de nada estaremos las dos en la calle, cogeremos un patinete de esos que van con cuatro ruedas y un manillar y nos vamos derechitas

4. Las cartas de Julia Conesa han sido facilitadas al autor por su sobrino, Antonio Paje Conesa, hijo de su hermana Trinidad.

5. Entrevista con el autor.

a Albatera a por nuestros Agudos.»[6] Y habían reído. Hasta que llegó la medianoche, y con ella la calma. Habían ganado una jornada a la muerte. Nada podía pasar ya a esa hora, pero pasó.

El descorrer de cerrojos, el tintineo de las llaves y las pisadas de las funcionarias atronaron en el silencio de la noche. Una noche de verano, calurosa, rota sólo por los ladridos lejanos de los perros, las toses de las internas, el llanto apagado de algunos niños que penaban ser sus hijos, y el rebullir de los cuerpos al rozarse por la falta de espacio. Más de cuatro mil presas en un espacio destinado a cuatrocientas cincuenta, que se repartían por celdas, pasillos, escaleras y lavabos.

Todas supieron lo que iba a ocurrir y la cárcel fue un murmullo. La directora y su lugarteniente se dirigieron primero al departamento de menores, al que las autoridades de la prisión aludían con el rimbombante nombre de Escuela de Santa María. En realidad no era más que una sala habilitada con un enorme tablón sostenido en sus extremos por dos caballetes, que hacía las veces de mesa, y varios bancos, donde las más jóvenes convivían con dos reclusas que ejercían como profesoras y una oficial de prisiones, Violeta, a la que todas conocían como *Zapatitos*. Las allí internadas disfrutaban de más espacio que el resto de las reclusas pero, a cambio, no podían salir del departamento si no iban acompañadas de la mandante. El tablón se

6. El testimonio de María del Carmen Cuesta y Carmen Machado aparece recogido en *Cárcel de Mujeres (1939-1945)*, de Tomasa Cuevas, editado por Sirocco Books (Barcelona, 1985).

retiraba por la noche para extender en el suelo los petates de las internas y poder dormir. Y así las encontraron cuando fueron a buscarlas.

Anita, Ana López Gallego, había apurado su costura hasta pasada la medianoche: un portalibros en tela de saco. «Creo que por esta noche me puedo acostar», dijo con alivio, y su amiga Carmen asintió. Fue entonces cuando se abrió la puerta. Allí estaban la señora directora y su funcionaria de confianza, envuelta en una capa azul marino. Llevaba la lista en la mano. Hasta la mandante se sobresaltó al presentir lo que iba a ocurrir. «Por Dios, señorita María Teresa, esto es horroroso, esto es un crimen.»

Anita se levantó. No había tenido tiempo de conciliar el sueño. Tampoco tuvo dudas de que venían a por ellas.

«No llame a mis compañeras, ya las llamo yo.»

Y ella misma las despertó. A Victoria Muñoz y a Martina Barroso. Ellas tres eran las únicas condenadas que permanecían en el departamento de menores, pese a que sólo la primera tenía dieciocho años, y de que otras de igual o menos edad vivían repartidas en el enorme caos que era la prisión. Martina había cumplido ya los veintidós años y Anita tenía veintiuno.

«¡Pobrecita mi madre!»

Victoria lloraba. Y lo hacía con una cadencia nerviosa, sin aspavientos, más preocupada por los suyos que por ella misma.

«¡Mi pobre madre! Primero Juan, y ahora Goyito y yo.»

Su hermano Juan había muerto en comisaría a consecuencia de las palizas recibidas, y Gregorio, *Goyito*, había sido fusilado el 18 de mayo. Desesperada, se agarró al cuello de María del Carmen Cuesta y comenzó a gritar: «¡Mari, que me matan! ¡Mari, que me matan!».

La voz de Anita sonó firme, pero no a reproche. «Por favor, Victoria, sé valiente.» Y Victoria Muñoz García, que así se llamaba, dejó de llorar.

Comenzaron a vestirse con sus mejores ropas. Y medias. Sus compañeras las ayudaban, como si lo hicieran con niñas pequeñas. Con las manos temblorosas.

«¿Tengo la costura de las medias derecha?», preguntó Anita. Y todas se abrazaron.

«Martina me dijo antes de salir: Mari, que te arreglen las cosas porque te matan como a nosotras —relata María del Carmen Cuesta—. Nadie decía nada, no podíamos casi ni respirar. Muchas se arrodillaron, yo entre ellas, y estuvimos así un rato. Nos daba miedo levantarnos. Estábamos acobardadas.»

La «saca» continuó por toda la prisión, hasta que se hubo completado la lista. Ventas no disponía aún de una galería de condenadas a muerte y las funcionarias tenían que ir sala por sala buscando a las mujeres incluidas en las órdenes de ejecución. Los nombres, sus nombres, retumbaron por las galerías, viajaron de boca en boca: «Se llevan a las menores». Ana López Gallego, Victoria Muñoz García, Martina Barroso García, Virtudes González García, Luisa Rodríguez de la Fuente, Julia Conesa Conesa, Elena Gil Olaya, Dionisia Manzanero Sala, Joaquina López Laffite, Carmen Barrero Aguado, Pilar Bueno Ibáñez, Blanca Brisac Vázquez y Adelina García Casillas. Sí, también Adelina, la mulata, como la conocían todas por su tez morena y sus labios gruesos; la única interna que podía moverse sin problemas por toda la prisión voceando los nombres de las destinatarias de correspondencia. Trece mujeres sin esperanza.

Sólo Julia Vellisca había salvado la vida en aquel consejo de guerra a cambio de doce años de reclusión, y otra muchacha que sí había sido condenada a muerte, Antonia Torres Llera, asistió sorprendida a una «saca» a la que estaba destinada pero para la que no la reclamaban. Un error mecanográfico en la orden de ejecución al escribir su nombre, *Antonio* por *Antonia*, le permitió eludir aquella tétrica ceremonia.

Como una procesión sin santo fueron conducidas a capilla, en realidad el salón de actos reconvertido en una especie de sala de espera hacia la muerte. Una talla de la Virgen del Carmen al frente y un crucifijo y un ecce homo en los laterales hacían las veces de altar. Allí las esperaba don Valeriano, el capellán de la prisión, para hablarles de la otra vida, ahora que estaban tan cerca de agotar la que apenas habían tenido tiempo de vivir. Una a una cumplieron con el rito de la confesión, obligatorio para poder escribir una última carta a la familia y pedir la presencia de una interna elegida por ellas, que hacía las veces de albacea de sus últimas voluntades y escasas pertenencias. Joaquina López Laffite reclamó a sus hermanas, Lola y María, presas también en Ventas. La primera con veinte años de reclusión por delante y la otra con seis. También acudieron Juanita Corzo, una de las presas comunistas de mayor experiencia, que en 1934 había participado en la fundación de la Agrupación de Mujeres Antifascistas; Dolores Freixa, funcionaria de esta misma cárcel con la República y ahora una interna más; la socialista María

Lacrampe, Antonia García... Dispusieron de quince minutos para despedirse.

«Si sales libre abraza a mi madre, ella sabe que no he hecho nada para merecer este final.» «Llevaros todas como si fuerais una sola, aguantaréis mejor lo que se os viene encima.» Abrazos. Lágrimas.

Cuando las condenadas se quedaron solas, con la única presencia de la directora, el capellán y algunas funcionarias, la capilla adquirió la apariencia de una escuela. ¿Y qué escribir? ¿Cómo encerrar tantos sentimientos en los escuetos márgenes de una carta?

«Queridísimos padres y hermanos», encabezaba la suya Dionisia Manzanero Salas, de veinte años de edad. «Quiero en estos momentos tan angustiosos para mí poder mandaros las últimas letras para que durante toda la vida os acordéis de vuestra hija y hermana, a pesar de que pienso que no debiera hacerlo, pero las circunstancias de la vida lo exigen.

»Como habéis visto a través de mi juicio, el señor fiscal me conceptúa como un ser indigno de estar en la sociedad de la Revolución Nacional Sindicalista. Pero no os apuréis, conservar la serenidad y la firmeza hasta el último momento, que no os ahoguen las lágrimas, a mí no me tiembla la mano al escribir. Estoy serena y firme hasta el último momento. Pero tened en cuenta que no muero por criminal ni ladrona, sino por una idea.

»A Bautista[7] le he escrito, si le veis algún día darle ánimos

7. Su novio.

y decirle que puede estar orgulloso de mí, como anteriormente me dijo.

»A toda la familia igual, como no puedo despedirme de todos en varias cartas, lo hago a través de ésta. Que no se preocupen, que el apellido Manzanero brillará en la historia, pero no por crimen.

»Nada más, no tener remordimiento y no perder la serenidad, que la vida es muy bonita y por todos los medios hay que conservarla.

»Madre, ánimo y no decaiga. Vosotros ayudar a que viva madre, padre y los hermanos. Padre, firmeza y tranquilidad.

»Dar un apretón de manos a toda la familia, fuertes abrazos, como también a mis amigas, vecinos y conocidos.

»Mis cosas ya os las entregarán, conservar algunas de las que os dejo.

»Muchos besos y abrazos de vuestra hija y hermana, que muere inocente.

Dioni.»[8]

Blanca Brisac era la mayor de todas, tenía veintinueve años y un hijo de once. Su marido, Enrique García Mazas, había sido detenido con ella y condenado también a muerte en el mismo proceso. Preso en la cárcel de Porlier, hacía horas que esperaba el pelotón de ejecución. Los dos debieron pensar lo mismo, que tal vez pudieran compartir el último instante de sus vidas.

8. La carta ha sido facilitada al autor por Paloma, Alicia y Alfredo, sobrinos de Dionisia Manzanero.

«Querido, muy querido hijo de mi alma. En estos últimos momentos tu madre piensa en ti. Sólo pienso en mi niñito de mi corazón que es un hombre, un hombrecito, y sabrá ser todo lo digno que fueron sus padres. Perdóname, hijo mío, si alguna vez he obrado mal contigo. Olvídalo, hijo, no me recuerdes así, y ya sabes que bien pesarosa estoy.

»Voy a morir con la cabeza alta. Sólo por ser buena: tú mejor que nadie lo sabes, Quique mío.

»Sólo te pido que seas muy bueno, muy bueno siempre. Que quieras a todos y que no guardes nunca rencor a los que dieron muerte a tus padres, eso nunca. Las personas buenas no guardan rencor y tú tienes que ser un hombre bueno, trabajador. Sigue el ejemplo de tu papachín. ¿Verdad, hijo, que en mi última hora me lo prometes? Quédate con mi adorada Cuca[9] y sé siempre para ella y mis hermanas un hijo. El día de mañana, vela por ellas cuando sean viejitas. Hazte el deber de velar por ellas cuando seas un hombre. No te digo más. Tu padre y yo vamos a la muerte orgullosos. No sé si tu padre habrá confesado y comulgado, pues no le veré hasta mi presencia ante el piquete. Yo sí lo he hecho.

»Enrique, que no se te borre nunca el recuerdo de tus padres. Que te hagan hacer la comunión, pero bien preparado, tan bien cimentada la religión como me la enseñaron a mí. Te seguiría escribiendo hasta el mismo momento, pero tengo que despedirme de todos. Hijo, hijo, hasta la eternidad. Recibe

9. El diminutivo con el que llamaba a su madre.

después de una infinidad de besos el beso eterno de tu madre. Blanca.»[10]

La misiva concluía con una posdata que decía: «Te envío, hijo, una de mis trenzas. Guarda mi libro de misa y una pajarita que te envío, y mis medallas».

Cuando terminó, dobló la carta, escrita a lápiz sobre papel biblia, y lo introdujo en un sobre de color azul. «Para entregar a mi hijo Enrique García Brisac en el día y hora que se crea conveniente.»

Julia escribió también la última carta a su madre, a la que ya no podía trasladar la esperanza de otras misivas.

«Madre, madrecita, me voy a reunir con mi hermana y papá al otro mundo, pero ten presente que muero por persona honrada.

Adiós madre querida, adiós para siempre.

Tu hija, que ya jamás te podrá besar ni abrazar.

Besos para todos. Que ni tú ni mis compañeras lloréis.

Que mi nombre no se borre en la historia.

Julia Conesa.»

Dieron las cuatro de la madrugada y se escuchó el rumor de un vehículo, el runruneo de un camión viejo y destartalado...

10. La carta ha sido facilitada al autor por Enrique García Brisac, hijo de Blanca.

# Primera parte
# La lucha

# 2
# Derrotados

## Una rosa: Virtudes González

«Más vale morir de pie que vivir de rodillas.» La consigna de la dirigente comunista Dolores Ibárruri *Pasionaria* para no entregar Madrid a las tropas de Franco caló hondo en el corazón de Virtudes González García, quien a sus dieciocho años sentía pasión por el partido y lo que representaba. Se había afiliado a la Juventud Socialista Unificada (JSU)[11] en agosto de 1936, nada más estallar la guerra, y allí había conocido a su novio, Vicente Ollero, y fraguado hondas amistades. Por eso no dudó en convencer a María del Carmen Cuesta, su compañera del alma, para echarse a la calle y explicar a los jóvenes de los pueblos de los alrededores de la capital que entregar Madrid a los franquistas no iba a traer más que cárcel, sufrimiento y venganza, como ya había ocurrido en otras ciudades ocupadas antes por los nacionales.

11. La JSU se constituyó en marzo de 1936 de la fusión entre la Unión de Juventudes Comunistas (UJC) y la Federación de Juventudes Socialistas (FJS). Su primer secretario general fue Santiago Carrillo, que procedía del sector más radical del PSOE, liderado por Largo Caballero.

«Salimos andando desde Madrid a Aranjuez las dos solas, cantando nuestros himnos —cuenta María del Carmen Cuesta—.[12] En la carretera vimos ya los primeros camiones de anarquistas en dirección a la capital que iban cantando mientras tiraban sus rifles a la cuneta. Aquello nos hizo temer lo peor, pese a lo cual seguimos nuestro camino. Tras Aranjuez marchamos a Villaconejos para insistir en que era necesario resistir, que Madrid no se rendía. Allí nos separamos para repartirnos el trabajo y yo fui hasta Chinchón.»

No fueron las únicas que se echaron a la calle. La consigna del partido era convencer a una desmoralizada población de que había que seguir luchando por la República y oponerse a la rendición que planteaba el hombre que en ese momento tenía el mando de la defensa de Madrid como jefe del Ejército del Centro: el coronel Segismundo Casado.

Apoyado por el socialista Julián Besteiro y el anarquista Cipriano Mera, jefe de uno de los cuatro cuerpos del Ejército de Centro, y con el respaldo de otros responsables políticos republicanos y de una parte del Ejército, Casado había dado en la madrugada del 5 de marzo de 1939 un golpe contra el Gobierno que encabezaba Juan Negrín[13] y constituido el Consejo Nacional de Defensa con el objetivo de pactar con Franco una paz hon-

12. Entrevista con el autor.

13. Juan Negrín fue ministro de Hacienda en el Gobierno presidido por el socialista Largo Caballero, entre septiembre de 1936 y mayo de 1937. En esta fecha fue nombrado presidente del Gobierno por Manuel Azaña, presidente de la República.

rosa y sin represalias para los vencidos. Para ellos la guerra estaba perdida y la política de resistencia que preconizaba Negrín, apoyado por los comunistas, no conducía más que a un alargamiento inútil del conflicto. El presidente, decían, no era sino un títere en manos del PCE que, a su vez, actuaba a las órdenes de Moscú. El Gobierno republicano estaba en poder del comunismo y había que evitarlo.

Un decreto del Gobierno con fecha de 23 de enero había declarado el estado de guerra en todo el territorio de la República, lo que suponía traspasar a los militares un poder que durante todo el conflicto había sido ejercido por las autoridades civiles. El presidente Manuel Azaña había dimitido de su cargo desde su exilio en Francia el 27 de febrero, al conocer que los gobiernos francés e inglés reconocían oficialmente la España de Franco. Negrín, sostenían los sublevados, carecía de legitimidad.

Nadie quería continuar con aquella sangría. Tampoco el doctor Negrín, quien llevaba meses realizando gestiones infructuosas ante esos mismos gobiernos para que mediaran en favor de una paz sin represalias. Para él, sin embargo, entregar sin más las armas al enemigo no era la solución. «¡Resistir es vencer!», había proclamado en mayo de 1937, al asumir la jefatura del Gobierno, y seguía creyendo en ello. Era necesario dar la sensación de estar en condiciones de plantar cara, porque sólo así sería posible alcanzar una paz con garantías. Había también que ganar tiempo ante una situación internacional muy inestable que presagiaba un conflicto mundial capaz de cambiar el rumbo de la guerra civil española. Si eso ocurría, era muy probable que las ayudas alemana e italiana a Franco disminuyeran, al tiempo que Francia e Inglaterra se verían obligadas a prestar a la República el apoyo que le habían negado con su política de no intervención. «O todos nos salvamos o todos nos hundimos en la exterminación y el oprobio», había dicho Negrín un mes antes tras una de las últimas reuniones con sus ministros en Madrid.

Virtudes fue una de tantas jóvenes comunistas que aquella noche del 5 de marzo escuchó por la radio, sorprendida y atónita, las alocuciones que los sublevados dirigieron al pueblo de Madrid desde los sótanos del antiguo Ministerio de Hacienda, sito en la calle de Alcalá, en las proximidades de la Puerta del Sol, que había albergado durante toda la guerra el puesto de mando de la defensa de la capital.

«Señores radioyentes —anunció el locutor de Unión Radio tras el habitual parte de guerra de esa jornada— van ustedes a oír a don Julián Besteiro, que por su gran popularidad no precisa de presentación.»

Con voz grave, el dirigente socialista, representante de la línea más conservadora del partido, frente a Largo Caballero, que se situaba en la izquierda, e Indalecio Prieto, en el centro, explicó a los madrileños que la República estaba decapitada tras la dimisión del jefe del Estado, Manuel Azaña.

«¡Ciudadanos españoles! Después de un largo y penoso silencio, hoy me veo obligado a dirigiros la palabra, por imperativo de la conciencia, desde un micrófono de Madrid (...) Por la ausencia, y más aún por la renuncia del presidente de la República, ésta se encuentra decapitada. (...) El Gobierno del señor Negrín, falto de la asistencia presidencial, carece de toda legitimidad y no puede ostentar título alguno al respeto y al reconocimiento de los republicanos. (...) El Gobierno del señor Negrín, cuando aún podía considerarse investido de legalidad, declaró el estado de guerra, y hoy, al desmoronarse las altas jerarquías republicanas, el Ejército de la República existe con autoridad indiscutible, y la necesidad del encadenamiento de los hechos ha puesto en sus manos la solución de un problema gravísimo, de naturaleza esencialmente militar. (...) Yo os pido, poniendo en esta petición todo el énfasis de la propia responsabilidad, que en este momento grave asistáis, como nosotros le asistimos, al Poder legítimo de la República que, transitoriamente, no es otro que el Poder militar.»[14]

Besteiro, que era la figura de mayor prestigio político de los sublevados, había recibido la oferta de ser el presidente del nuevo Consejo. Una oferta que el líder socialista rechazó, aunque había aceptado hacerse cargo de la Consejería de Estado. Su renuncia se sustentaba en que si el Ejército había asumido en ese momento el poder legítimo de la República, debía ser un militar quien estuviera al frente del nuevo Gobierno. El elegido fue el general José Miaja, responsable de la defensa de Madrid y uno de los artífices de que el avance de las tropas rebeldes se viera frenado en la capital al inicio de la guerra, que en ese momento se encontraba en Albacete, donde tenía instalado su puesto de mando desde la primavera de 1938. Mientras se trasladaba a Madrid, Casado, ideólogo y mentor del golpe, se hizo cargo de la

14. Diario *Abc* de 7 de marzo de 1939.

más alta responsabilidad y de la Consejería de Defensa.[15] Él fue el encargado de cerrar las intervenciones radiofónicas del recién creado Consejo con un discurso en el que se definió así: «Soy lo que siempre fui y estoy donde siempre estuve. Militar que jamás intentó mandar a su pueblo, sino servirle en toda ocasión, porque entiende que la milicia no es cerebro de la vida pública, sino brazo nacional».

Casado aseguró a los oyentes que el pueblo español no abandonaría las armas mientras no tuviera la seguridad de una paz sin crímenes.

Horas después, era el general Miaja quien dirigía por radio una alocución en la que rechazaba que pudiera tildárseles de traidores o rebeldes.

«No hemos traicionado a nadie, y de ello estamos orgullosos, pues no ha existido Gobierno a quien hacer traición, ya que el que se titulaba Gobierno de la República se encontraba en rebeldía con el presidente de la misma. Sólo hemos recogido un poder que estaba muerto para darle vida.»

La suerte estaba echada. Al día siguiente, Negrín y la mayoría de sus ministros abandonaron España rumbo a Francia a bordo de dos aviones Douglas que partieron del aeródromo de Monóvar, al que se habían trasladado desde la finca El Poblet,

15. El Consejo Nacional de Defensa quedó constituido así: Presidente: general José Miaja. Estado: Julián Besteiro. Defensa: coronel Segismundo Casado. Gobernación: Wenceslao Carrillo. Justicia y Propaganda: Miguel San Andrés. Comunicaciones y Obras Públicas: Eduardo Val. Instrucción Pública y Sanidad: José del Río.

situada en los alrededores de Elda, donde el Gobierno se había instalado de manera provisional, en la conocida en términos militares como Posición Yuste. Los intentos previos de hacer desistir a los sublevados habían resultado infructuosos. El último Ejecutivo de la Segunda República dejaba de existir y el Consejo Nacional de Defensa se constituía como la única autoridad en la zona republicana.

«Madrileños —arengaba el general Miaja desde los micrófonos de Radio Unión—, me dirijo a vosotros con el corazón. Llevamos cerca de tres años de lucha, con un gran derramamiento de sangre. El Gobierno único que hoy tiene la zona de la República es el Consejo Nacional de Defensa. El motivo de la formación de este Consejo ha sido el querer terminar con la guerra de una forma humana y honrosa, y ésa es la única misión que tiene. (...) No queremos derramar más sangre inútil, y yo lo único que deseo es devolver la paz a los hogares españoles. Que la sensatez vuelva a todos y yo os aseguro que esto acabará pronto. Hay quien lucha o piensa luchar por un gobierno que no existe: por el Gobierno Negrín. ¿Sabéis dónde se encuentra? En Francia. Todos debéis acatamiento al Consejo Nacional de Defensa, que se ha formado con la asistencia del pueblo y que controla todo el territorio nacional. ¡Viva España! ¡Viva la República!»

Las palabras del general que había defendido la capital no fueron atendidas por los comunistas. Madrid, la ciudad roja que había sido capaz de resistir durante veintinueve meses, desde noviembre de 1936, un asedio ininterrumpido, se convirtió en el escenario de una guerra dentro de la guerra entre quienes la habían defendido sin desmayo durante tanto tiempo. La orden de los sublevados fue tajante: detener y destituir en todas las unidades del Ejército a los jefes, oficiales y comisarios comunistas. Muchos fueron encarcelados, en un gesto dirigido a Franco, que los consideraba sus máximos enemigos. Otros se resistieron y alzaron sus armas contra los que hasta ese momento habían sido sus compañeros.

El enfrentamiento entre republicanos tiñó de sangre las calles y terminó por agotar la resistencia de la capital. Un alto el fuego pactado entre los contendientes puso fin al mismo en la madrugada del 12 de marzo. Días después, el 18, el Consejo Nacional de Defensa hizo una propuesta de paz sin represalias al Gobierno de Franco, instalado en Burgos, con dos contrapartidas a cambio de su rendición: que se respetara la vida de los derrotados y que se abriera un plazo de veinticinco días para que todos aquellos que quisieran exiliarse pudieran hacerlo. La respuesta fue inmediata: «Rendición incondicional incompatible con negociación». La paz honrosa no iba a ser posible.

El coronel Casado perdía su apuesta y traicionaba sus propias palabras, pronunciadas unas semanas antes, en un acto celebrado en el Monumental Cinema de Madrid por el Comisariado del Ejército del Centro, cuando gritó a los allí reunidos: «¡Ciudadanos! La patria está en peligro. Tenemos que salvarla, y es preferible luchar hasta morir, que vivir como unos esclavos».[16] Sólo quedaba huir, escapar.

16. Diario *Abc* del 24 de enero de 1939.

El éxodo de los derrotados abarrotó carreteras y caminos. La gente escapaba de la capital en coches, en camiones, en carros y hasta en mulos. Lo que desde hacía meses era una certeza se hizo realidad la mañana del 28 de marzo. La República había perdido la guerra y las tropas del general Franco entraban en Madrid sin oposición tras un interminable asedio. Las primeras en hacerlo fueron las que mandaba el coronel Eduardo de Losas, que durante meses se habían batido con el Ejército republicano en la Ciudad Universitaria y la Casa de Campo. Por el sur, la 20.ª División del coronel Caso cruzaba el Manzanares y se dirigía hacia la glorieta de Atocha, mientras los hombres de Ríos Capapé lo hacían por el Este en dirección a la plaza de Manuel Becerra. Y tras las tropas, camiones con víveres del Auxilio Social, el órgano benéfico de la Falange Española Tradicionalista y de las JONS, para ganarse la adhesión de una ciudad agotada y consumida por el hambre.

Muchos soldados, jefes y oficiales republicanos habían abandonado las trincheras los días precedentes. Unos para pasarse al enemigo, y otros para ocultarse en sus casas o intentar llegar a Valencia para embarcarse rumbo al exilio. Por el camino se desprendían de sus insignias de mando y cambiaban sus uniformes por ropas de paisano, en un intento por pasar inadvertidos. Y no sólo quienes defendían Madrid, sino quienes llegaban hasta la capital huyendo de otros frentes ya rotos. A los que optaron por permanecer en sus puestos sólo les cupo ser hechos prisioneros tan pronto como el teniente coronel de Infantería Adolfo Prada Vaquero rindió oficialmente la ciudad a la una de la tarde, en el Hospital Clínico, donde estaba instalada una de las posiciones de mando del Ejército Nacional. Una hora antes las milicias de Falange, la Quinta Columna que asedió Madrid desde dentro, habían empezado a ocupar los cuarteles de la ciudad sin oposición para hacerse con el control de la capital.

«Pronto circuló por la capital el rumor... Los frentes de Madrid estaban abandonados y los soldados de Franco se aprestaban a entrar en la ciudad mártir, en la ciudad víctima de tantas humillaciones, en la ciudad entregada al furor de las hordas rojas, de los gobiernos sin autoridad y sin honor, de la ciudad sumida en dolor, en rabia y en venganza. Madrid mártir como ninguna otra ciudad española; Madrid sacrificado; Madrid convertido en poblado bajo el dominio de los bárbaros servidores de Moscú.»[17]

Eran tantos los deseos de que la guerra concluyera, que muchos madrileños salieron a la calle y se dirigieron al frente para acelerar la entrada de los nacionales entre vítores. Madrid se transmutaba en sólo unas horas hasta hacerse irreconocible para quienes habían vivido en ella toda la guerra. No era ya la capital heroica que había plantado cara a los fascistas. Las ventanas empezaron a engalanarse con banderas rojigualdas, mientras boinas rojas, requetés y uniformes de Falange, con los brazaletes rojos y el haz de flechas, se enseñoreaban por la ciudad brazo en alto y mano extendida gritando tan fuerte como podían ¡Viva España! y ¡Franco, Franco, Franco!, que habían de ser respondidos por cuantos pasaran a su lado como muestra de inequívoca e inquebrantable adhesión.

17. Diario *Abc* del miércoles 29 de marzo de 1939.

Los sones del «cara al sol con la camisa nueva, que tú bordaste en rojo ayer...» corrían de boca en boca, de calle en calle para conjurar el demonio comunista. Y junto a los falangistas, guardias civiles que rescataban sus viejos uniformes del fondo del armario; quintacolumnistas que habían conspirado durante meses desde el corazón de la ciudad; refugiados que habían pasado meses, e incluso años, escondidos en embajadas amigas y que ahora recuperaban la calle con ánimo de revancha; presos que ganaban la libertad al abrir las cárceles sus puertas, y sotanas que repartían bendiciones y aleluyas por la cruzada victoriosa.

La Puerta del Sol, la calle de Alcalá, el paseo de Recoletos, la Castellana... se poblaron de gente. Millares de personas se aglomeraban en las aceras, se abrazaban sin conocerse, se daban vivas, se reía y se lloraba, mientras camiones y coches recorrían las calles engalanados con banderas y abarrotadas por una multitud brazo en alto. Una muchedumbre sin más relación entre sí que el paroxismo del momento se arremolinaba y arrancaba de las paredes carteles pegados que llamaban a la resistencia, se rompían rótulos de calles y de edificios que habían sido centros de poder republicano, se retiraban las defensas colocadas en torno a algunas estatuas y monumentos, y se desmontaban barricadas. También la Cibeles, «la linda tapada», recuperaba su fisonomía tras ser «liberada» de los ladrillos que la habían protegido del fuego artillero.

A las cuatro y cuarto de la tarde, rendida ya la ciudad, el coronel Losas se dirigió a los madrileños desde los micrófonos de Unión Radio para dar cuenta oficial de la liberación:

«Con la emoción más grande que pueda sentir un hombre, dirijo la palabra a todos los madrileños y, en general, a todos los españoles, para deciros a todos que las gloriosas e invictas tropas de nuestro Generalísimo ya están en Madrid. Con las banderas victoriosas llega para todos los españoles la justicia, la organización, el orden, que nuestro Generalísimo sabe imponer en todo momento».

El coronel, que esa misma tarde asumió el cargo de gobernador militar de la capital y estableció su despacho en el edificio Capitol, concluyó su alocución con una orden: «Todos, sin excepción, tenéis que cumplir estrictamente las órdenes de este mando». Para ello se recomendó a la población que estuviera atenta a la radio cada día a las doce del mediodía y a las nueve de la noche.

El parte oficial de guerra de esa jornada, fechado en Salamanca y firmado por el general jefe del Estado Mayor, Francisco Martín Moreno, daba cuenta de la toma de cuarenta mil prisioneros en la capital en las horas siguientes a la entrada de los nacionales. Una cifra que se incrementaría con el paso de los días tras la orden de las nuevas autoridades de que todo el personal del Ejército «rojo» del frente de Madrid se presentara en los campos de concentración habilitados para los prisioneros, entre ellos el campo de fútbol de Chamartín, que quedó rápidamente colapsado e hizo necesario proveer otros espacios contiguos para dar cabida a los milicianos.

«Me enteré en Chinchón de que Madrid había sido tomada, y un compañero del partido que se dirigía a la capital en camión se ofreció a llevarme —cuenta María del Carmen Cuesta—. Me dejó en la calle Goya deseándome suerte y fui corriendo a mi casa, en la calle Jorge Juan. Allí estaban mi hermana y mi padre, que era militante del PCE y durante la guerra había servido en el Parque Móvil. Le pregunté que por qué no se había marchado, y me contestó que un bando hecho público por los vencedores aseguraba que quienes no tenían las manos manchadas de sangre no debían temer nada, y que ése era su caso. Yo le dije que cómo podía creerse eso, pero no me escuchó. Después fui a buscar a Virtudes, que vivía en la portería del número 35 de la calle General Pardiñas, muy cerca de mi domicilio, y me encontré con ella y su madre, que estaban muy preocupadas porque no sabían si yo había conseguido regresar a Madrid. "¿Qué va a pasar ahora, Virtudes?", le pregunté. "No lo sé", me dijo. Habían cerrado la sede del Comité Provincial de la JSU y ella no había logrado aún contactar con nadie.»

Dos días después, un vecino de la familia de María del Carmen que había permanecido escondido en su domicilio durante la guerra, pese a que su mujer y su hermana frecuentaban el Garaje Gasco, situado junto al inmueble, donde los anarquistas tenían instalada una de sus bases en la capital, se presentó en su casa vestido de falangista y pistola en mano para detener a sus padres.

«"¿Dónde están tus padres?", me gritaba, y al comprobar que no estaban en casa me cogió del brazo con fuerza y me dijo "tú te vienes conmigo" —cuenta María del Carmen—. Me llevó a la Dirección General de Seguridad a empujones e insultándome. Me decía que a mis padres les iban a hacer la hoz y el martillo en la cabeza cuando los pillaran. Yo tenía entonces quince años y estaba muy nerviosa. Pasé allí la noche, detenida, y al día siguiente se presentó mi padre, que quedó detenido mientras a mí me soltaron.»

Madrid fue entregada a los nacionales el 28 de marzo, pero hacía días que estaba en manos del enemigo. El día 6 de ese mismo mes (aunque venía funcionando de manera clandestina desde el mes de enero), había celebrado su primera reunión, en el número 52 de la calle de Velázquez, el que habría de constituirse en nuevo ayuntamiento de la ciudad, con Alberto Alcocer como alcalde. Alcocer recuperaba el sillón que ya había ocupado durante la dictadura de Primo de Rivera, para sustituir al socialista Rafael Henche de la Plata. Éste había presidido la última sesión de su corporación el día 17 de marzo en la plaza de la Villa, que muy pronto iba a ser ocupada por la nueva autoridad.

Huir, escapar hacia la costa levantina se convirtió para muchos en el objetivo prioritario. Así lo hicieron los miembros del Consejo Nacional de Defensa, que a las once de la noche del día anterior se habían dirigido a los madrileños por última vez para reclamar «la serenidad que exige el momento». Sólo Julián Besteiro decidió esperar la entrada de las tropas nacionales en Madrid, donde fue detenido.[18] Valencia, que durante buena

18. Julián Besteiro fue juzgado en julio de 1939 y condenado a 30 años de reclusión. Murió en julio de 1940 en la cárcel de la localidad sevillana de Carmona.

parte de la guerra había acogido al Gobierno de la República, se convirtió en su último reducto. El rumor en la calle insistía en que la Sociedad de Naciones iba a enviar barcos para facilitar la huida a quienes quisieran abandonar el país, y hasta la ciudad llegaba en oleadas un flujo humano que adquirió caracteres de éxodo tras la rendición de la capital. Allí se congregaron mandos militares, sindicalistas, comisarios políticos, gobernadores y alcaldes, dirigentes de todos los partidos, milicianos, ciudadanos sin más, mujeres y niños con un mismo objetivo: escapar. Arrastraban el hambre y la pesadumbre por la guerra perdida, y como únicos bienes, maletas con algo de ropa, si es que las tenían.

De Valencia había zarpado el vapor *Lézardieux* rumbo a Marsella, y en el puerto de Alicante se encontraban el *Maritime* y el *Stanbrook*. Una razón de peso que hizo que muchos fugitivos tomaran rumbo hacia aquella ciudad, con la esperanza de encontrar mayores facilidades. Hasta allí se dirigieron miles de personas procedentes de Valencia, y otras que llegaban desde Albacete, Ciudad Real, Cuenca y Jaén, que habían caído en manos del enemigo en las horas siguientes a la rendición de Madrid.

La situación obligó a constituir un Comité de Evacuación. Estaba integrado por los dirigentes políticos y militares más destacados presentes en el puerto, con la misión de elaborar listas de personas cuya significación política hacía imperiosa su salida del país en unos buques que no terminaban de arribar. Sólo unos pocos consiguieron embarcar rumbo a Francia y a los territorios galos del norte de África, fundamentalmente Argelia, antes de la llegada de las tropas nacionales. La mayoría de ellas en el *Stanbrook*, que con cerca de tres mil personas a bordo se hizo a la mar con el agua hasta la misma línea de flotación. El carguero *Maritime* zarpó de improviso con un reducido número de pasajeros, tras la negativa de su capitán a admitir a más. El coronel Casado, parte de los miembros del Consejo y algunos jefes militares partirían el 1 de abril, con el beneplácito de Franco, desde el puerto de Gandía a bordo del buque *Galatea*, desde el que fueron transbordados después al *Maine*, ambos de la Royal Navy, para viajar a Inglaterra. El general Miaja lo había hecho dos días antes en avión rumbo a Orán.

El puerto de Alicante se convirtió en el refugio de una multitud, entre doce y quince mil personas, que esperaba en vano la llegada de nuevos barcos que nunca aparecerían. Sí se presentaron, en cambio, la tarde del día 30 las tropas italianas de la División Littorio, al mando del general Gaetano Gambara, mientras por mar el buque *Canarias* y el minador *Vulcano* enfilaban la bocana del puerto llevando a bordo dos batallones de Infantería que habrían de sustituir a las tropas italianas que lo custodiaban. Cercados, a la derrota en el campo de batalla se sumó otra que calaba aún más hondo: la imposibilidad de escapar. Algunos optaron por pegarse un tiro allí mismo. Los más, por entregarse a las tropas nacionales.

El destino de la mayoría de ellos fue un improvisado campo de concentración erizado de alambradas en la falda del monte de San Julián, a un par de kilómetros de Alicante: el «Campo de los Almendros». En una superficie de aproximadamente 3 kilómetros de largo por 500 metros de ancho, plagada de almendros, cuyos frutos fueron el único alimento de los allí confinados durante seis interminables días, llegaron a concentrarse cincuenta mil personas. A él fueron a parar los detenidos en el puerto, los que lo eran en los pueblos vecinos y los que circulaban por las carreteras, ya fueran militares o civiles, que formaban parte del éxodo general. Pasados unos días, comenzaron a ser clasificados y repartidos por otros centros de detención. A la prisión militar fueron los mandos republicanos más conocidos; el resto de los hombres fueron encarcelados entre la plaza de toros, los castillos de Santa Bárbara y San Fernando, y la prisión provincial, mientras las aproximadamente cinco mil mujeres detenidas, muchas de ellas con sus hijos, fueron concentradas en salas de cine de Alicante. Muchos de aquellos presos serían después trasladados al campo de concentración de Albatera.

A todos ellos les llegó el eco del último parte oficial de guerra, firmado el 1 de abril por el Generalísimo: «En el día de hoy, cautivo y desarmado el Ejército rojo, han alcanzado las tropas nacionales sus últimos objetivos militares. La guerra ha terminado».

La guerra había terminado, pero comenzaba una terrible represión para eliminar al disidente. Represión que se sustentaría en la ley de Responsabilidades Políticas, aprobada el 9 de febrero de 1939, que criminalizaba a «las personas, tanto jurídicas como físicas, que desde el 1 de octubre de 1934 y antes de julio de 1936 contribuyeron a crear o agravar la subversión de todo orden de que se hizo víctima España, y de aquellas otras que a partir de la segunda de dichas fechas se hayan opuesto o se opongan al Movimiento Nacional con actos concretos o con pasividad grave».[19] Un desafuero legal que no pretendía otra cosa que aniquilar cualquier atisbo de disidencia al nuevo orden, para lo cual no dudaba en exigir responsabilidades por actividades realizadas cinco años antes, en un momento en que eran legales.

El parte oficial del final de la guerra fue respondido con júbilo por el pretendiente a la corona de España, don Juan de Borbón, conde de Barcelona y heredero legal de Alfonso XIII, que enviaba al Caudillo el siguiente telegrama: «Uno mi voz nuevamente a la de tantos españoles, para felicitar entusiasta y emocionadamente a V.E. por liberación capital España. La sangre generosa derramada por nuestra mejor juventud será prenda segura del glorioso porvenir de España. Una, Grande y Libre ¡Arriba España!».

Parabienes que compartía el Papa Pío XII en otro telegrama que daba cuenta de que la guerra ganada había sido algo más que una contienda, una cruzada. «Levantado nuestro corazón al Señor, agradecemos sinceramente con V.E. deseada victoria católica España, hacemos votos porque este queridísimo país, alcanzada la paz, emprenda con nuevo vigor sus antiguas cristianas tradiciones, que tan grande le hicieron. Con estos sentimientos efusivamente enviamos a V.E. y a todo el noble pueblo español nuestra apostólica bendición.»

Desde Berlín, un último despacho ponía la guinda a tanta buenaventura.

19. La Ley de Responsabilidades Políticas fue reformada en 1942 y estuvo vigente hasta el 10 de noviembre de 1966.

«Con motivo de la entrada de las tropas de España en Madrid, os envío mis más calurosas felicitaciones. España Nacional acaba de lograr la victoria definitiva sobre el bolchevismo, ese elemento destructor de los pueblos. Alemania saluda conmigo a vuestras magníficas tropas, y al expresaros nuestro entusiasmo tengo la certeza de que alumbra en España la áurea de un renacer que justificará los sacrificios y los esfuerzos realizados.» Firmado, el Führer Canciller del Reich, Adolfo Hitler.

El diario *Abc* retornaba el día 29 a sus antiguos propietarios, la familia Luca de Tena, y abría su primer número tras la «liberación», el número 10.345, correlativo del 10.344 que se imprimió el 19 de julio de 1936, con un dibujo a toda página del general Franco y una glosa del hombre de la nueva España.

«Un alma puede salvar un pueblo. Cuando el pueblo español estaba a punto de zozobrar y hundirse bajo la vesania roja, el alma de este hombre insigne supo encontrar valores suficientes para salvarlo de la ruina. Como a otro Lázaro, ha podido decirle: "¡Levántate!" y con su influjo le ha erguido y puesto de pie. ¡Gloria a Franco...! ¡Franco, Franco, Franco...! La Historia de España conservará una de sus páginas de oro para recoger su gesta inmortal. ¡Franco! Los corazones de todos los españoles tienen un altar para su nombre. *Abc*, en el momento de la liberación de Madrid, consigna el saludo más entusiasta para el valiente capitán y para el insigne estadista que está haciendo la España Nueva.» Rubricado como «retrato urgente por Vázquez Díaz».

Para los derrotados no hubo palabras. Quienes pudieron escapar salvaron la vida al precio de un largo exilio. Quienes no pudieron hacerlo, o decidieron permanecer en España para continuar la lucha, tenían ante sí una labor hercúlea que les convertiría en héroes anónimos. Virtudes y María del Carmen estaban entre ellos, aunque entonces no sólo no lo pretendían, sino que estaban muy lejos de saberlo.

# 3
# La reorganización del PCE

El Buró Político, máximo órgano de dirección del PCE, se había reunido por última vez en Madrid a finales de febrero del 39, días antes del golpe del coronel Casado, para decidir qué hacer en caso de que Madrid cayera en manos de las tropas franquistas, algo que parecía cada día más próximo. La decisión fue preparar la evacuación del mayor número posible de dirigentes y dejar la organización en manos de militantes de segundo nivel, en muchos casos perfectos desconocidos, con la intención de que la mantuvieran con vida. Su tarea sería prestar ayuda a los compañeros que quedaran en el interior, mientras desde el exilio se esperaban acontecimientos y se decidía qué hacer.

La elección para dirigir esta tarea recayó en una mujer de treinta y cinco años, natural de Badajoz, licenciada en Ciencias Naturales y durante la guerra dirigente del Socorro Rojo, el organismo de ayuda creado por la Internacional Comunista: Matilde Landa, que fue designada máxima responsable del partido en la capital. En su nueva misión contaría con la ayuda de los miembros del Comité Provincial que permanecían en la ciudad, encabezados por Joaquín Rodríguez López, su secretario de organización.

Matilde procedía de una familia de clase media acomodada, lo que le había permitido cursar estudios superiores en un momento en que eran escasas las mujeres que tenían acceso a ellos. Hija del abogado Rubén Landa Coronado, que gozaba de gran popularidad en Badajoz por su trayectoria profesional en defensa de los campesinos, y de Jacinta Vaz Tosu, una portuguesa de origen indio, estaba casada con el escritor Francisco López Ganivet, con quien tenía una hija, Carmen, de ocho años.

Su primer contacto con el PCE tuvo lugar tras el alzamiento obrero de octubre de 1934.[20] Entonces se afilió al Socorro Rojo Internacional (SRI) para ayudar a las víctimas de la represión desatada tras el fracaso del movimiento revolucionario. Su simpatía hacia el partido se transformó en militancia en los meses previos al estallido de la guerra, y aunque nunca había ostentado cargos de responsabilidad tenía amistad con algunos dirigentes, como Vittorio Vidali, *comandante Carlos*, delegado de la Internacional Comunista o Komintern[21] y comisario político del Quinto Regimiento, organizado por los comunistas en los primeros momentos de la guerra. Además, su domicilio madrileño,

20. La revolución de octubre fue provocada por la entrada de miembros de la CEDA (Confederación Española de Derechas Autónomas) en el Gobierno de la República presidido por Alejandro Lerroux. Los socialistas convocaron una huelga general que adquirió visos de sublevación en Cataluña y Asturias.

21. La Internacional Comunista fue creada por Lenin para impulsar la revolución mundial según el modelo comunista. A su muerte, Stalin la convirtió en un instrumento para proteger su poder absoluto en Rusia y para aumentar la influencia soviética en el exterior. Durante la guerra civil creó un comité internacional que se encargó de reclutar voluntarios de distintos países, unidos por un sentimiento antifascista, que vinieron a España a defender la República: las Brigadas Internacionales.

en el número 17 de la calle Maestro Ripoll, había sido utilizado ya en 1935 para reuniones clandestinas del Buró Político del PCE. Era, en definitiva, una mujer de confianza.

Su nombramiento como máxima responsable le pilló por sorpresa porque su tarea hasta entonces había sido exclusivamente asistencial.

«Durante el curso académico del 35 al 36 trabajé en el laboratorio del doctor Lafora, en el Instituto Cajal, donde me sorprendió el alzamiento. Tras el asalto al cuartel de la Montaña, el Gobierno hizo un llamamiento pidiendo enfermeras y me presenté en el Hospital Obrero. A los pocos días me hicieron responsable de enfermería y a los dos meses el Socorro Rojo me llevó a sus oficinas de Sanidad.»[22]

Matilde terminaría siendo una de las responsables de dicha organización, encargada de la evacuación de heridos y niños, y de la asistencia sanitaria en la retaguardia.

La huida de dirigentes del PCE iniciada tras la caída de Barcelona alcanzó caracteres de desbandada tras el golpe del coronel Casado. Algunos de ellos, como Dolores Ibárruri, Rafael Alberti, María Teresa León, Hidalgo de Cisneros, Vicente Uribe o Irene Falcón lo hicieron en avión, unos rumbo a Toulouse y otros a Orán. Una evacuación que a finales de marzo, en los días previos al fin de la guerra, se encontraba ya muy avanzada,

22. Declaración prestada por Matilde Landa el 20 de septiembre de 1939 y recogida en la causa número 50.683 seguida contra ella y María Guerra Micó. En el Archivo del Tribunal Militar Territorial número 1.

aunque no alcanzó a todos. Para los que consiguieron escapar, la esperanza era continuar su exilio en «la casa», como se llamaba a Moscú en el argot del partido, aunque sólo una minoría lo lograría. Después se trataba de esperar a que el régimen de Franco se desmoronase, lo que confiaban que no tardaría mucho en ocurrir, para regresar a España.

Matilde, que en lo sucesivo sería conocida dentro de la organización como *Elvira*, tomaba las riendas de un PCE que salía derrotado de la guerra y que carecía de experiencia sobre lo que era trabajar en la clandestinidad, ya que la mayoría de sus miembros había ingresado en el partido durante la República o tras estallar el conflicto. Tenía ante sí una difícil labor, cuyo primer paso era aglutinar al mayor número de camaradas que permanecieran en la capital y crear una red de solidaridad para esconder a los más significados y ayudarles a salir del país. Muchos de estos compañeros estaban ocultos en domicilios particulares y desconectados de cualquier actividad orgánica.

La situación, ya de por sí compleja, se agravó con la entrega a los nacionales de algunos de los dirigentes comunistas detenidos durante el golpe de Casado por su oposición al mismo. Numerosos militantes del partido que habían pasado las últimas semanas de marzo en distintas prisiones de la capital fueron excarcelados el día 27 de dicho mes, pero no así un grupo de diecinueve responsables, entre los que figuraban Eugenio Mesón, secretario general de la JSU y miembro de la dirección del PCE en representación de aquélla; Guillermo Ascanio, miembro del Comité Provincial de Madrid del PCE y comandante de la 8.ª División del Ejército del Centro, y Domingo Girón, miembro también de la dirección de los comunistas madrileños y comisario político de la Comandancia de Artillería de la capital. Ellos no fueron liberados, sino trasladados el 26 de marzo a la prisión de San Miguel de los Reyes, en Valencia, y allí entregados a los rebeldes, que los traerían de vuelta a Madrid el día 29 de mayo. Un episodio que sorprendió incluso a sus nuevos carceleros, que inicialmente desconocían la relevancia de los presos. Así se desprende de un oficio de la Auditoria de Guerra del Ejército de Ocupación dirigido al juez permanente número 5 de Valencia, reclamando datos sobre ellos.

«Ordeno a VS para que como juez instructor tramite procedimiento contra los individuos que se relacionan al dorso en averiguación de las causas de su detención, desde el 27 de marzo del corriente año de 1939, en que fueron puestos por el Gobierno rojo a disposición del SIM[23] de Madrid. Como quiera que, dada la fecha de detención y el organismo rojo que la ordenó, es presumible se trate de individuos extremistas pertenecientes al Partido Comunista, con graves responsabilidades contraídas contra el Glorioso Alzamiento Nacional, practicará las diligencias conducentes a su averiguación, solicitando informes del SIPM[24] de esta ciudad y de Madrid. Los relacionados individuos han quedado a disposición de esta Auditoría y, por tanto, y en virtud de esta orden, a la de VS, en la prisión central

23. Servicio de Información Militar (SIM) del Ejército republicano.

24. Servicio de Información de la Policía Militar (SIPM) del Ejército franquista.

de San Miguel de los Reyes, debiendo VS mantenerlos en prisión. Dios guarde a VS muchos años.»[25]

Tenían la muerte asegurada tan pronto como se averiguara el papel que habían jugado.

Su liberación fue otro de los objetivos que se marcó Matilde, que no tuvo tiempo ni de planear la evasión de sus compañeros ni de organizar la red de socorro que le había sido encomendada. Fue detenida el 4 de abril, apenas unos días después de que tomara las riendas del partido. Su colaborador más próximo, Joaquín Rodríguez, secretario de organización del Comité Provincial de Madrid, de treinta y seis años de edad, fue detenido en su domicilio, presumiblemente como consecuencia de una confidencia, y éste, a su vez, delató a Matilde, de quien la Policía carecía de información. Las torturas sufridas por Rodríguez en los sótanos de Gobernación doblegaron su voluntad y puso en manos de la Policía la incipiente reorganización del partido en la capital.

«Que conoce a Matilde Landa Vaz desde unos días antes de la liberación de Madrid por las tropas nacionales por su calidad de militante del PCE, y que le consta que quedó encargada por

25. Las identidades de los dirigentes comunistas relacionadas al dorso del citado documento son las siguientes: José Campos González, Joaquín Sánchez Quesada, Godofredo Labarga Carballo, Manuel Prieto Álvarez, Daniel Ortega Martínez, Federico Manzano Volante, Fernando Barahona Pérez, Antonio Pérez Barahona, José Suárez Montero, Germán Paredes García, Valentín Bravo Criado, Carlos Toro Gallego, Eladio López Poveda, Domingo Girón García, Raimundo Calvo Moreno, Guillermo Ascanio Moreno, Pedro Sánchez Vázquez, Eugenio Mesón Gómez y Manuel Bares Liébana.

el mismo de su organización en la España de Franco en calidad de secretaria general.»[26]

La casualidad quiso que la detención de la dirigente comunista tuviera lugar el mismo día que las autoridades nacionales exhumaban en el cementerio de Alicante el cadáver de José Antonio Primo de Rivera, jefe nacional de Falange, en medio de grandes fastos, para elevarlo a la categoría de mártir.

«Fue enterrado en una modesta caja de madera sin revestir, de lo más modesta que se pueda pensar. Estaba en la fosa, en una fosa común, como temiendo que pudiera salir y pedirles cuenta de alevosidad a los traidores de España», escribía el diario *Abc* para dar cuenta del acontecimiento.

Matilde Landa permaneció entre el 4 y el 12 de abril en uno de los numerosos centros de detención habilitados en viviendas particulares de la capital, siendo trasladada el día 12 a Gobernación, en la Puerta del Sol. Las caballerizas eran utilizadas como celdas para los hombres, mientras las mujeres, mucho menos numerosas en los primeros días de la posguerra, permanecían recluidas en una estancia amplia y aislada del resto. Todos esperaban el momento de ser llamados a declarar en las dependencias situadas en los pisos superiores. Una de las mujeres allí recluidas era Josefina Amalia Villa, que el mismo día de su detención, el 7 de abril, había cumplido veintiún años. Josefina había ido a dar con sus huesos en aquel tétrico edifi-

26. Declaración de Joaquín Rodríguez incorporada al sumario 50.683, incoado contra Matilde Landa.

cio denunciada por un falangista, Alonso Cardona, con el que había coincidido en la Universidad de Salamanca, donde éste estudiaba Derecho y ella Filosofía y Letras. No militaba en ningún partido político, pero sí en la Federación Universitaria Escolar, la FUE (que entre 1931 y 1939 fue la más importante de las asociaciones estudiantiles españolas), y su militancia era conocida en el campus salmantino. No es que fuera un personaje especialmente relevante, sino que eran tan pocos los estudiantes que militaban en la asociación que eran sobradamente conocidos. Y aquel estudiante falangista de Derecho, con quien había tenido un incidente, aprovechó su pertenencia al bando de los vencedores para denunciarla.

«Cuando Matilde Landa llegó a Gobernación lo primero que me llamó la atención de ella fue que venía calzada con unas zapatillas y pensé: otra pobre mujer a la que traen a tomar declaración y han engañado diciéndole que será cosa de poco tiempo —cuenta Josefina Amalia—.[27] No sabía entonces quién era, ni los motivos por los que estaba allí, porque nadie lo decía, pero nos caímos bien. Yo ya había pasado por el suplicio que suponían los interrogatorios, aunque no tuvieras nada que contar. Una noche nos subieron a las dos a declarar. Fui la primera en pasar al despacho en el que estaba el policía José Cabezas, que me dijo: "Vas a cantar el himno de la Falange y a dar los vivas del ritual". Aunque hubiera querido no habría podido, porque no me sabía el *Cara al sol*, pero además le contesté que puesta a

27. Entrevista con el autor.

dar vivas daría un ¡viva la Unión Soviética! Para mi sorpresa no me tocó, me hizo salir a una especie de vestíbulo del despacho y mandó entrar a Matilde. La puerta no quedó cerrada y pude escuchar cómo la acusaban de ser una dirigente del Partido Comunista. Si a mí, que no era nadie, en un interrogatorio anterior me habían reventado los tímpanos al darme un puñetazo en la cabeza, que previamente me habían hecho apoyar en unos legajos, pensé que con esos cargos la iban a matar. Ella, sentada en una silla, contestaba una y otra vez que no conocía a ninguna de las personas que el policía le citaba. Él, furioso por la tranquilidad de aquella mujer, blandía la porra y amenazaba con golpearla, e incluso empuñó su pistola e hizo amago de dispararle a la cabeza, pero Matilde no se descompuso. "¿Conocerá usted al menos a Juan Negrín?", le preguntó en tono burlón, y ella dijo que no, que tampoco le conocía. Yo pensé que no salía viva de allí, pero no le pasó nada. Su entereza me dejó asombrada y me decidió a afiliarme al PCE. Le conté que era de la FUE, que mi familia era de izquierdas y que el partido necesitaría gente poco conocida para trabajar. Y así fue como me afilié, en Gobernación.»

Interrogatorio tras interrogatorio, Matilde sólo reconoció ante sus captores haber trabajado para el Socorro Rojo durante la guerra y ser militante del PCE, aunque no su responsable en la capital. Nunca socavaron su voluntad, aunque estuvo a punto de ser fusilada.

«Una noche —prosigue su relato Josefina Amalia— nos subieron desde los calabozos hasta las oficinas a las dos y a tres hombres: el alcalde de un pueblo de Madrid, un aviador republicano y un obrero socialista. Nos iban a fusilar a los cinco sin juicio ni nada en una cuneta de la carretera de Toledo, pero Valdés Larrañaga,[28] que entonces era el jefe de Falange en la capital, no lo autorizó y salvamos la vida, aunque continuaron los interrogatorios y las palizas. A Matilde la carearon con Joaquín Rodríguez, el compañero que la había delatado como consecuencia de las torturas que padeció, y siempre negó que le conociera. Nunca la pegaron, aunque para ella era más impactante ver cómo pegaban a otros detenidos y que a ella no le hacían nada. Un día que mi madre me fue a llevar un paquete, Matilde me acompañó y en el trayecto nos encontramos a la puerta de un calabozo con su denunciante, al que habían dejado allí, roto por las palizas, para ver si ella le decía algo. No le dirigió una palabra, pero me dijo: "No te puedes imaginar lo que supone ver a ese hombre así por decir la verdad mientras yo miento". Matilde me decía que no podía rectificar porque no serviría de nada, a él ya lo habían destrozado, era una piltrafa humana.»

Josefina y Matilde volverían a encontrarse en la prisión de Ventas, donde la segunda fue trasladada en septiembre de 1939, tras casi seis meses en Gobernación. Considerada policialmente como «muy peligrosa por su cultura», en diciembre de ese mismo año fue condenada a muerte. Las influencias fami-

28. Manuel Valdés Larrañaga era amigo personal de José Antonio Primo de Rivera. Desde la primavera de 1937 fue el responsable de la Quinta Columna en Madrid de la Falange clandestina.

liares lograron que la pena le fuera conmutada por treinta años de reclusión en junio de 1940. Trasladada a la prisión de Palma de Mallorca, que era gestionada por las monjas de la Santa Cruz, se suicidó el 26 de septiembre de 1942, tras soportar numerosas presiones para que se bautizara por parte de las religiosas del penal, de dirigentes femeninas de Acción Católica y hasta del obispo de la isla.

El primer intento de reorganizar el PCE en la clandestinidad tras el final de la guerra se saldaba con un estrepitoso fracaso y sumía al partido en un caos organizativo total, hasta el punto de poner en duda su propia existencia, según el axioma «hay partido cuando hay organización». Pues bien, no había nada. La dirección nacional estaba en el exilio, y los dirigentes y cuadros medios que no habían podido escapar permanecían detenidos en el campo de concentración de Albatera, intentando ocultar su verdadera identidad para salvar la vida. En él se organizó lo más aproximado a una nueva dirección, al frente de la cual se situó Jesús Larrañaga Churruca, dirigente del PCE vasco y el único miembro del Buró Político que había sido hecho prisionero.

Salvar la vida se convirtió en el objetivo prioritario. Quienes conseguían salir del campo con falsas identidades, o escapar, lo hacían con instrucciones de huir a Francia o para dirigirse a Madrid, donde debían contactar con las células dispersas que hubiese en la capital para intentar reorganizarlas. Los objetivos seguían siendo modestos: prestar ayuda a los presos y sus familias, e intentar sacar del país a los militantes más significados, cuya vida corría peligro si eran descubiertos.

No tardaría en llegar a Madrid un compañero para sustituir a Matilde Landa. Sería a finales de ese mismo mes de abril de 1939, aunque antes que él lo haría un muchacho de la JSU que consiguió pasar inadvertido y ser puesto en libertad: José Pena Brea. La Juventud Socialista Unificada, que era controlada por el PCE, mantenía intacta parte de su estructura en Madrid. Eran muchachos jóvenes y comprometidos, dispuestos a escribir una página para la historia.

# 4
# Clandestinos

Madrid presentaba un aspecto desconocido. El final de la guerra había cambiado la faz de una ciudad que contaba con un millón de habitantes y que, tras la entrada de las tropas nacionales, vio cómo sus calles se llenaban con cerca de doscientos mil nuevos vecinos, de vencedores. A los soldados que sitiaban la ciudad y que se quedaron en ella tras tomarla se sumaron otros llegados con permiso desde todo el país para conocer la capital. Era tal la aglomeración de militares, que las autoridades se vieron obligadas a hacer un llamamiento a «los amantes de la causa nacional» para que alojaran en sus domicilios a los oficiales desplazados, y las casas de comidas fueron obligadas a establecer un cubierto económico para jefes, oficiales y suboficiales en reconocimiento a su entrega en la batalla de España contra la «horda marxista». La Gran Vía, convertida ya en Avenida de José Antonio, era un desfile continuo, en el que el color caqui del uniforme militar rivalizaba con el atuendo negro y azul con boina roja de los falangistas. La «avenida de los obuses», como había sido conocida durante el asedio de Madrid, era ahora el lugar en el que se enseñoreaban los vencedores.

También los curas reclamaban su perdido protagonismo y eran frecuentes las misas de campaña organizadas en las calles más emblemáticas de la ciudad en acción de gracias por el triunfo de la Cruzada. El día 30 de marzo el obispo de la diócesis convocaba a todos los sacerdotes a que acudieran entre las diez de la mañana y la una del mediodía, o las tres y media y las cinco y media de la tarde a la Oficina Diocesana de Reorganización, situada en el número 23 de la calle del Prado, para recibir instrucciones relacionadas con la inmediata reanudación del culto divino y demás servicios religiosos. El Madrid heroico de los republicados había dado paso al Madrid mártir de los fascistas, con aroma a cuartel y a sacristía.

Quien no era militar ni falangista se cuidaba mucho de no parecer rojo. Nadie se ponía ya el pañuelo al cuello de los castizos, y el traje de mecánico o mono, que desde julio de 1936 había sido la prenda por excelencia de los milicianos, desapareció y fue sustituido por la sahariana de color blanco, un fondo perfecto sobre el que resaltar el yugo y las flechas. Y volvió la peineta y la mantilla, signo de la mejor tradición católica y de la decencia en el vestir.

Nada desentonaba en este Madrid de posguerra. En los balcones de las viviendas y locales incautados por Falange ondeaba la bandera roja y negra, y los comercios contribuían a dar el toque de ciudad conquistada con sus escaparates engalanados con retratos del Caudillo y las leyendas «¡Franco, Franco, Franco!» o «¡España, Una, Grande, Libre!», siguiendo las recomendaciones de la Cámara de Comercio. Hasta los bares, que fueron obligados a abrir mediante bando, se acomodaron con presteza a la nueva situación y ofrecían «ensaladilla nacional» en lugar de lo que hasta hacía tan sólo unas semanas era «ensaladilla rusa».

La propaganda franquista intentaba, mientras tanto, convencer a una amedrentada población de que nada debía temer. «Si no has manchado tus manos con delitos comunes, ven. Franco te ofrece la paz, trabajo, pan y justicia. Si no has cometido crímenes no tienes qué temer. La España Nacional es justa y generosa. La España Nacional ampara al prisionero que no ha cometido crímenes.» Proclamas que reiteraban los cinco diarios autorizados en Madrid: *Ya*, *Arriba* y *Abc*, por la mañana, e *Informaciones* y *Madrid* por la tarde, frente a los dieciocho que se editaban en la capital antes del alzamiento. Cinco diarios que hacían de altavoces de las excelencias del nuevo régimen, perfectos encubridores de su voluntad decidida de reprimir cualquier asomo de contestación.

Con este Madrid asustado y demudado, de yugo y flechas, se encontró José Pena Brea el 10 de abril, tras muchos meses de ausencia. Había sido uno de tantos jóvenes que se enrolaron como voluntarios para defender la República del alzamiento militar. Hasta entonces había trabajado como empleado de seguros en la capital, donde vivía con su madre y sus hermanos en una modesta vivienda en el número 23 de la calle Diego de León. Tenía veintiún años y era el segundo por edad. El mayor, Luis, tenía veintitrés, y tras él estaban Justo, de diecinueve, y Felipe, el más pequeño, de catorce.

La guerra le llevó a los frentes de Brunete y Guadalajara, y también había luchado con el Ejército del Norte, con el de Extremadura y en Cataluña hasta su desmoronamiento. Había compaginado estos destinos con otros periodos de permanencia en la capital, donde había desarrollado distintas responsabilidades en la JSU, en la que llegó a formar parte durante la guerra de uno de sus comités provinciales de Madrid —su órgano de dirección—, además de haber sido profesor en la Escuela de Cuadros, en la que se formaban los futuros dirigentes juveniles.

El final de la contienda le sorprendió en Alicante, junto a otros muchos que intentaban escapar de la derrota a bordo de alguno de los barcos fondeados en su puerto. No consiguió embarcarse y fue uno de los miles de detenidos que terminó en el campo de concentración de Los Almendros, y de allí conducido a la plaza de toros de la ciudad, primero, y al cuartel de Benalua, después, para ser «clasificado». Una tarea que consistía en averiguar la militancia política y el papel jugado por cada prisionero durante la guerra. ¿Cómo se llama?, ¿qué categoría ha tenido en el Ejército?, ¿fue voluntario o forzoso? y ¿quién le avala? eran las preguntas más frecuentes. Y como todos declaraban ser soldados, haber ido forzosos al frente y decían poder ser avalados por destacadas personalidades, la decisión final sobre su destino recaía sobre los oficiales que les tomaban declaración. Quienes eran identificados como mandos o comisarios republicanos eran fusilados o repartidos por penales de todo el país, según su relevancia, y los que conseguían pasar por simples milicianos recuperaban la libertad.

José fue «clasificado» el 7 de abril. Declaró que era soldado, sin más, y quedó en libertad. Nadie le señaló con el dedo, y la necesidad de aligerar el enorme volumen de prisioneros le valió para ser liberado. A los que se libraban de ingresar en la cárcel les facilitaban un salvoconducto para trasladarse a su ciudad de origen, donde los servicios de información de Falange se encargaban de una segunda criba con la ayuda de vecinos, conocidos y familiares, que denunciaban a los desafectos. En algunos casos porque conocían su militancia política, y en otros para saldar disputas personales o, sencillamente, para garantizar su propia vida de la mejor manera posible: denunciando a un «rojo», algo que el Estado franquista consideraba un deber patriótico.

Tres días tardó en llegar hasta Madrid, una ciudad inhóspita y peligrosa para los enemigos del régimen. Cualquier hombre en edad militar era sospechoso de haber colaborado con los «rojos», lo que hacía habituales las identificaciones y detenciones en la calle. Desde el 2 de abril funcionaban en la capital ocho puestos de control para la entrada y salida de viajeros instalados en Puerta de Hierro, el Puente del Rey, la Puerta de Toledo, el Puente de la Princesa y el de Vallecas, y en Ventas, Chamberí y Fuencarral, quedando prohibido ingresar o abandonar la ciudad por otros puntos distintos. Hacerlo requería, además, de un salvoconducto emitido por las nuevas autoridades, del que quedaban excluidas las personas que hubieran colaborado con los «rojos». Quienes no lo habían hecho necesitaban también el aval de dos personas de reconocida solvencia y afección a la causa nacional. Sólo las mujeres, sin que figurara en disposición alguna el motivo de ello, estaban exentas de este documento para salir de la ciudad. Los salvoconductos se expedían desde el 1 de abril en las oficinas del Servicio de Información de Policía Militar (SIPM), destacamento especial de Madrid, que tenía su sede en el número 2 del paseo de Recoletos, de once de la mañana a una de la tarde, y entre las siete y las nueve de la noche. Madrid era una enorme cárcel en la que se perseguía con inquina al derrotado.

Volver a la casa familiar suponía correr un gran riesgo y optó por buscar refugio en el domicilio de su tía, en la calle Béjar número 26, un domicilio seguro desde el que intentaría contactar con los suyos y con la organización clandestina del partido, que sabía que funcionaba en la capital desde una fecha anterior a su rendición.

En su misma situación se encontraban miles de madrileños, desposeídos de sus viviendas por los vencedores o temerosos de ser denunciados por sus vecinos. Refugiados en casas de familiares y amigos a la espera de normalizar su situación, arrastraban a estas viviendas de acogida el miedo a ser señaladas como casas francas si las autoridades descubrían que en ellas se escondían huidos. Por las noches, atemorizados, escuchaban en viejas radios de galena las noticias del nuevo Estado, que había prohibido los receptores «que capten noticias que constituyan propaganda contra el movimiento nacional, incurriendo los contraventores en delito de rebelión».

La programación del día se cerraba con un boletín de inserción obligatoria nada tranquilizador:

«¡Españoles, alerta! La paz no es un reposo cómodo y cobarde frente a la Historia. La sangre de los que cayeron por la Patria no consiente el olvido, la esterilidad ni la traición. ¡Españoles, alerta! Todas las viejas banderas de partido o de secta han terminado para siempre. La rectitud de la justicia no se doblegará jamás ante los privilegios ni ante la criminal rebeldía. El amor y la espada mantendrán con la unidad de mando victoriosa la eterna unidad de España. ¡Españoles, alerta! España sigue en pie de guerra contra todo enemigo del interior o del exterior, perpetuamente fiel a sus caídos. España, por el favor de Dios, sigue en marcha, Una, Grande, Libre, hacia su irrenunciable destino. ¡¡¡Arriba España!!! ¡¡¡Viva España!!!».

José Pena había coincidido en Albatera con Aquilino Calvo y Alfonso Coco, dos de los dirigentes del último Comité Provincial de Madrid de la JSU en las fechas previas a la entrada de los nacionales. Ambos habían demorado su fuga hasta el último momento, y cuando se decidieron a escapar se vieron atrapados en Alicante. En la capital habían dejado las riendas de la organización en manos de Severino Rodríguez Preciado, un joven de diecinueve años, natural de Almagro (Ciudad Real), donde vivían sus padres, al que la guerra había traído a Madrid. Su nombramiento como máximo responsable de la JSU se había decidido en una reunión celebrada días antes del final de la guerra en el domicilio madrileño de una jovencísima militante de quince años, María del Carmen Vives Samaniego, en el número 4 de la calle Coloreros, aprovechando que su padre estaba ingresado en el Hospital de San Juan de Dios. Como secretario de Organización y número dos fue elegido Antonio López del Pozo, *Gordo*, y como responsable militar Sinesio Cavada, *Pionero*, que tendría como ayudante y encargado del armamento a José Martín Yuste, más conocido como *Nueve*, un muchacho a quien las heridas sufridas en el frente le habían dejado sin un ojo y con problemas para mover un brazo. Una chica de veintitrés años, Joaquina López Laffite, fue nombrada responsable de Agitación y Propaganda.

Aquéllos eran unos nombramientos más de los muchos que se produjeron durante la guerra. La marcha al frente de un dirigente suponía su sustitución automática en la retaguardia por otro camarada. Muchos de aquellos líderes juveniles que tomaron las armas no volvieron a recuperar su actividad política. Perdieron la vida en las trincheras.[29] De la JSU salieron batallones de milicias como el «Octubre», o el «Joven Guardia», y otros con los nombres de los líderes políticos, como el «Largo Caballero» y el «Pasionaria». También jefes militares y comisarios, y en la retaguardia crearon las llamadas «brigadas de choque» para aumentar la producción para la guerra y surtir de armas, municiones, ropa y todo lo necesario al Ejército Popular.

El cargo de secretario general era, pues, demasiado ostentoso en ese momento, con una organización que había quedado desmantelada tras el final de la guerra y cuya primera misión no podía ser otra que empezar a contactar con amigos y compañeros para hacer recuento de los que aún conservaban la vida y no habían sido hechos prisioneros.

Ésa fue la primera decisión de Severino, buscar gente. Intentar localizar a los amigos con los que había trabajado durante la contienda, yendo a sus domicilios o frecuentando los lugares habituales de encuentro, para saber si estaban libres y en disposición de trabajar para la organización, o estaban huidos o presos. Pasear al caer la tarde se convirtió así en un ejercicio habitual, rutinario, para observar y ser observado, para indagar

29. Entre los dirigentes de la JSU que murieron en combate estaban Trifón Medrano, Luis Cuesta, Lina Odena, Andrés Martín, Fernando de Rosa, Remigio Cable, Andrés Chicharro y Rafael Jiménez Carrasco, según el libro *¿Qué es y cómo funciona la JSU?*, de Eugenio Mesón. Gráficas Reunidas, Madrid, 1937.

los cambios en una ciudad transmutada por la derrota. La estación de metro de Goya, el bar Chumbica, junto a la de Cuatro Caminos, y la Mallorquina, en la Puerta del Sol, eran zonas habituales de encuentro, siempre con la precaución de no levantar sospechas y no incumplir uno de los numerosos bandos emitidos por aquellas fechas, según el cual serían considerados reos de rebelión militar los que participaran en reuniones sin autorización, entendiéndose como tales las de más de tres personas. Un delito que, como todos los considerados como tales desde el alzamiento, quedaba sometido a la jurisdicción militar, fuera cual fuera su naturaleza.

El piso de la calle Coloreros, y otro más en la calle Dulcinea, domicilio de Ana Hidalgo, la mujer de Aquilino Calvo, pasaron a ser lugares de reunión. En ambas viviendas Severino y sus compañeros comenzaron a tejer una red de solidaridad por sectores o barrios de la capital, en los que fueron distribuyendo a los muchachos con los que lograban contactar. Las instrucciones recibidas para trabajar en la clandestinidad se centraban en crear el mayor número posible de grupos o células con jóvenes de confianza. Como medida de seguridad, los grupos no se conocerían entre sí, para evitar que la detención de alguno de ellos por la Policía supusiera la caída en cadena del resto. Cada grupo debía estar integrado por cinco o seis personas, una de las cuales sería su responsable. Los grupos de un mismo barrio dependerían de un jefe de sector, que tendría su propia dirección, con un secretario general y otro de organización. Éstos, a su vez, estarían conectados con el Comité Provincial por medio de un enlace.

En definitiva, una estructura piramidal en la que cada militante conocía tan sólo al inmediato responsable en la cadena de mando, y en la que las chicas tenían reservado un papel fundamental, el de enlaces, por una mera cuestión de seguridad. Andar por Madrid podía resultar peligroso si se estaba en edad militar, lo que le convertía a uno en sospechoso de haber colaborado con la República y de haber participado en la defensa de la capital, salvo que se dispusiese de un salvoconducto de Falange, a los que pocos tenían acceso. Las chicas, en cambio, gozaban de mayor libertad de movimiento, eran menos sospechosas y, en consecuencia, podían encargarse perfectamente de organizar citas o llevar y traer documentos y mensajes.

Una vez creada la estructura, aunque en ese momento lo fuese sólo de manera teórica y muy incipiente, se trataba de ayudar a los presos y sus familiares, en los casos en que fuera necesario y posible con dinero. Y de esperar. Esperar a que los líderes comunistas huidos regresaran de nuevo a España para hacerse con las riendas del partido. Porque, pese a la derrota, nadie pensaba que el régimen de Franco fuese a durar mucho tiempo.

Severino disponía, para iniciar su tarea, de doce mil pesetas y el nombre de dos camaradas del PCE, Federico Bascuñana y Juan Canepa, con los que debía contactar. Ésta era toda la herencia recibida de sus antecesores para empezar a trabajar en la clandestinidad. Un escueto legado porque el nuevo Gobierno tan sólo reconocía como válidos los billetes de cien, quinientas y mil pesetas emitidos el año 1925, que podían canjearse durante todo el mes de abril por la moneda del nuevo Estado. Las emisiones de moneda de la República eran consideradas ilegítimas y, en consecuencia, carecían de valor.

Y por si ello fuera poco, el afán perseguidor del nuevo poder había bloqueado los saldos de las cuentas, imposiciones y libretas abiertas en los bancos con fecha posterior al alzamiento e, incluso, los saldos de aquellas abiertas con anterioridad que excedieran del existente al inicio de la guerra. Era dinero contaminado por el enemigo y de dudosa procedencia que, al igual que las personas, era preciso depurar. Quien tenía la suerte de tener algún ahorro fuera de toda sospecha tampoco podía disponer de más de mil quinientas pesetas al mes, si contaba con el dinero ingresado en una cuenta corriente, y de quinientas pesetas si estaba depositado en una de ahorro. Sólo los ingresos realizados tras la liberación de Madrid eran considerados como «de libre disposición».

La etapa de Severino como líder juvenil iba a ser efímera, apenas dos semanas, porque pronto se corrió la voz de que uno de los dirigentes del Comité de Madrid durante la guerra, un joven con más «galones» en el partido, había regresado a la capital e intentaba contactar con la organización. Anita Vinuesa, una de las muchachas que hacía las veces de enlace de Severino, fue la encargada de encontrar y contactar con José Pena en el domicilio de su tía para confirmarle lo que él ya sabía, que la JSU funcionaba e intentaba reagrupar a todos los grupos dispersos de la capital.

El encuentro entre Severino Rodríguez y José Pena se produjo dos días más tarde en el paseo de Ronda, entre las calles de María de Molina y Torrijos, que había cambiado de nombre a propuesta del nuevo ayuntamiento y ahora se llamaba del Conde de Peñalver. Cambios que afectaban ya a las principales vías de la capital, «rebautizadas» con los héroes y caídos del Ejército vencedor. El paseo de la Castellana era ya del Generalísimo Franco; la plaza de las Cortes era plaza de Calvo Sotelo; la calle del Príncipe de Vergara se transmutaba en avenida del General Mola, la de Abascal pasaba a ser la calle del General Sanjurjo, y el paseo del Cisne se convertía en la calle de Eduardo Dato. Gloria a los caídos por Dios y por la patria.

No se conocían, pero José no tardó en identificar a su interlocutor. Tal y como le habían dicho, vestía una chaqueta negra cruzada, pantalón claro, botas altas con hebillas y una boina negra pequeña de la que sobresalía su pelo rubio y fuerte que caía sobre la frente. No debía de medir más allá de un metro sesenta centímetros, y era delgado como un junco. Cuando estuvo a unos metros confirmó el último dato físico que no había atisbado a distancia: sus ojos azules.

Se saludaron como viejos amigos, y en el transcurso de su paseo Severino puso al recién llegado al tanto de la situación y de los pasos que había empezado a dar para organizar a los jóvenes por barriadas o sectores. Calculaba que podían contar con algo más de un centenar de compañeros, una cifra muy pequeña si se comparaba con los aproximadamente cincuenta y cinco mil afiliados con que la JSU había contado sólo en la capital hasta hacía unos meses, y los más de cuatrocientos mil en todo el territorio leal a la República.

Tenían tres multicopistas para imprimir propaganda, y como el dinero republicano había dejado de tener valor y los fondos de que disponían para ayudar a los presos eran exiguos, había pensado incrementarlos haciendo cotizar a los militantes. Los que tenían trabajo debían pagar un duro a la semana, los parados veinticinco céntimos, y las chicas quince. Como la mayoría estaba parada y los ingresos se antojaban escuetos, habían planeado cometer varios atracos en comercios y cines, de los que podrían obtener los primeros fondos para repartir.

Para llevar a cabo los golpes disponían de un pequeño depósito de armas compuesto por cinco pistolas, tres fusiles ametralladores y seis bombas de mano que estaban a buen recaudo. Algunas habían sido aportadas por los propios militantes o sus familiares, que se las habían entregado para que se deshicieran de ellas, y otras fueron recogidas en las trincheras de la Ciudad Universitaria, donde habían sido abandonadas con la entrada de las tropas nacionales, y donde aún se podían recuperar un buen puñado de ellas, aunque no sin correr un considerable riesgo.

El 29 de marzo, el general jefe del Primer Cuerpo del Ejército, Eugenio Espinosa de los Monteros y Bermejillo, que se hizo cargo del Mando Superior de la ocupación de Madrid e instaló su despacho en el número 53 del paseo del Generalísimo Franco, había hecho público un bando, que fue pegado en numerosas calles de la ciudad, en el que emplazaba a quienes tuvieran armas de fuego o material explosivo a que lo entregaran en las tenencias de alcaldía de sus distritos en un plazo máximo de veinticuatro horas, bajo amenaza de ser fusilados si no lo hacían. Quienes conocieran de su existencia en otros domicilios y no lo denunciaran serían también considerados autores de un delito de rebelión militar, y juzgados y condenados con severidad por ello.

Raro era el domicilio en el que alguno de sus inquilinos no dispusiera de una pistola que ya no les servía para nada, pero de ahí a personarse ante las nuevas autoridades con ella iba un abismo. A quien lo hacía se le tomaba la filiación, y su nombre quedaba anotado en la larga lista de sospechosos. Lo mejor era desprenderse de ellas entregándolas a alguien de confianza, arrojándolas en las alcantarillas o abandonándolas en descampados o trincheras.

Severino contó a su compañero que, de hecho, ya habían intentado un primer atraco hacía sólo unos días en una tienda de comestibles de la calle Dulcinea, que Pionero suspendió en el último momento al desconfiar de la presencia en las inmediaciones de varias personas que le infundieron sospechas. Pero el golpe estaba ultimado y se trataba tan sólo de fijar un nuevo día. Lo tenían todo estudiado. Iban a asaltar al dueño cuando cerrara el establecimiento y se dirigiera a su casa con la recaudación. Un golpe sencillo. Sin riesgos. Limpio.

También habían intentado contactar con lo que pudiera quedar de otras organizaciones juveniles antifascistas para ver la posibilidad de coordinarse o, incluso, de fusionarse en una sola formación. Él mismo conocía a un joven libertario con el que se había entrevistado en varias ocasiones, aunque sin llegar, por el momento, a nada concreto.

Por último, le dio los nombres de los dos compañeros del PCE con los que le habían dicho que debía contactar para coordinar a los jóvenes con los camaradas más veteranos. Había intentado localizar a uno de ellos, Juan Canepa, en una vivienda del número 16 de la calle Lope de Vega, a la que se había desplazado en una ocasión sin resultado. Nadie le abrió la puerta y no había vuelto a ir. El otro era Federico Bascuñana, un militante muy conocido en el barrio de Cuatro Caminos, de quien tampoco sabía nada.

Cuando se despidieron, José Pena supo que estaba destinado a situarse al frente de la organización. Antes pidió a Severino que le buscara un piso seguro, y que una vez que se hubiera instalado en él convocara a los dirigentes a una asamblea. Días después se trasladó temporalmente al domicilio de Ana Hidalgo, una de las viviendas que utilizaban para reunirse y que con anterioridad ya había dado cobijo a un buen puñado de militantes.

La reunión se celebró al poco tiempo y en ella José Pena fue nombrado oficialmente nuevo secretario general, en sustitución de Severino Rodríguez, que pasó a ser su número dos como secretario de Organización y encargado de extender la JSU por los barrios. Rubén Muñoz Arconada fue elegido secretario de Agitación y Propaganda, pero como el trabajo en ese terreno se preveía nulo en esos momentos, se le pidió que ayudara a Severino en la creación de células, una labor considerada prioritaria. Rubén tenía veintitrés años, hasta el 5 de abril había estado internado en el campo de concentración de Chinchón, y al ser puesto en libertad se trasladó a Madrid con su amigo Francisco Montilla Torres, que le había alojado en su casa. Era un joven con pedigrí militante porque su hermano Felipe,[30] que en ese momento estaba huido en Francia, había sido el primer líder de la JSU en Madrid tras la unificación de las juventudes socialistas y comunistas, y había tenido a Eugenio Mesón, entonces preso, como número dos de su dirección.

Sinesio Cavada, *Pionero*, continuaba como jefe militar y responsable del control del depósito de armas. Debía, además, crear sus propios grupos armados, que en un futuro se encargarían de cometer sabotajes. La dirección se completaba con Joaquina López Laffite como secretaria femenina y responsable de los enlaces, con la ayuda de Nieves Torres como secretaria agraria y encargada de la organización en la provincia, un cargo que ya había desempeñado en el último tramo de la guerra. Por último, Antonio López del Pozo debía encargarse de contactar con otras organizaciones antifascistas que pudiesen estar trabajando en la clandestinidad, e intentar infiltrar a militantes comunistas en la Organización Juvenil de Falange, que había desplegado en los periódicos una aparatosa propaganda para captar nuevos adeptos. Si lo lograban tendrían acceso a salvoconductos y documentos en blanco con el membrete de la organización, que podrían utilizar para elaborar avales falsos para salvar a los compañeros en situación más comprometida. No parecía una misión difícil cuando la propia Organización

30. Felipe Muñoz Arconada falleció en Madrid en marzo de 2003, a los 91 años de edad. Residía en la capital desde hacía cuatro años, tras un largo exilio en Francia, República Dominicana, Cuba, México y Hungría.

Juvenil informaba de la afiliación en la capital de diez mil muchachos y tres mil chicas (margaritas, flechas y flechas azules) y daba cuenta de las largas colas que se registraban cada día en la sede de su Delegación Nacional, en el número 16 de la calle Marqués de Riscal.

«¡Muchachos! No dejéis de pasaros hoy mismo por Marqués de Riscal número 16 para disfrutar de la lucha por el Imperio. ¡Cuántas veces cruzó José Antonio su puerta dando órdenes y esculpiendo en los corazones de los camaradas de la Falange la hermandad, el servicio y el sacrificio de nuestra doctrina! La Organización Juvenil cumple una misión cuya meta es el Imperio. No debe haber un muchacho que se desentienda de ella. No nos importa que seas rico o pobre; no nos importa que seas obrero o estudiante, para nosotros sólo serás hermano, camarada. ¡Camaradas de Madrid: no traicionéis a España sintiéndoos impasibles al llamamiento de la Organización Juvenil!»[31]

José Pena ya tenía su propia dirección. Su primer objetivo fue contactar con el partido. Afortunadamente, uno de los enlaces facilitados por Severino, Federico Bascuñana, era hermano de un íntimo amigo que les había presentado hacía cinco años, y aunque no se habían tratado mucho, aquello era una garantía para los tiempos que corrían. No sabía su dirección concreta, pero sí que vivía en una de las cinco primeras viviendas de la calle Orense, donde era muy conocido. Datos

31. Diario *Arriba* (órgano de Falange) de fecha 1 de abril de 1939.

suficientes para localizarle sin demasiada dificultad. Mientras contactaba con él para recibir instrucciones del partido, les dijo a sus compañeros que siguieran trabajando tal y como lo habían hecho hasta ese momento, con el objetivo prioritario de hacer crecer la JSU y echar una mano a los compañeros que estuvieran en apuros. Trabajar para el partido y procurar encajar en el Madrid de los vencedores sin levantar sospechas. Había que vivir.

«Lo principal en aquellos momentos era esconderse, y después ver si la gente a la que conocías y lograbas localizar estaba dispuesta a seguir en la lucha» relata Nieves Torres.[32] Ella se vino a Madrid pasado el verano de 1937. Voluntarios de la JSU fueron por su pueblo, Venturada, junto a El Molar, donde vivía con su madre, buscando gente para formar parte de la juventud y Nieves se unió a ellos. «Yo no era comunista, era independiente y católica, y si me afilié fue porque se trataba de una organización en la que los jóvenes vimos una forma de ayudar en la defensa de la República. Tenían pisos para dormir y comíamos en los comedores de la juventud. Llegué a ser responsable de la provincia, con la misión de organizar clases para los más jóvenes en los pueblos de los alrededores, donde había mucha gente que no sabía leer ni escribir.»

Y eso hizo durante la guerra.

Ahora, de nuevo la reclamaban para que, junto a Joaquina López Laffite, intentara extender la organización por los pue-

32. Entrevista con el autor.

blos de los alrededores de la capital, donde ella tenía contactos. Nieves aceptó, aunque antes tenía que buscar un lugar donde vivir y pasar inadvertida.

«Conocía a una señora de derechas, y como me vi muy apurada me acerqué a ella para preguntarle si no sabría de alguna casa que necesitase una chica para servir —sigue su relato Nieves Torres—. Me mandó al domicilio de unos señores de Cuenca, conocidos suyos, que vivían en la calle Goya, y empecé a trabajar para ellos. Eran franquistas y yo me decía «¡bendita sea, dónde me he metido!», pero estaba contenta porque tenía un sitio fijo para comer y dormir. De vez en cuando salía por la calle Goya y Torrijos a ver si veía a alguien. Se trataba de ir captando a jóvenes y de reorganizar la JSU, ni más ni menos. Casi nadie quería porque había mucho miedo. Yo no logré convencer a ninguno de los muchachos con los que hablé. La gente no estaba dispuesta a jugarse la vida. Lo pienso ahora y creo que fue una locura, producto del espíritu juvenil que todo lo puede.»

Dos días después de aquella reunión en la que se había configurado la nueva dirección provincial de la JSU, José Pena contactó con Federico Bascuñana y quedó formalmente establecida la relación entre los jóvenes y el partido. La primera orden recibida desde el PCE fue suspender los planes para atracar tiendas como método para conseguir fondos. El partido consideraba que con ello no se conseguiría más que poner a la Policía sobre su pista y perjudicar a los camaradas que estaban en las cárceles, sobre los que recaería la venganza de los vencedores. Federico les pidió que se limitaran a financiar sus actividades con las cotizaciones de los militantes y esperasen la ayuda económica del partido, que disponía de medio millón de pesetas que estaban pendientes de canjear. Pena intentó que su interlocutor le facilitara un contacto directo con la dirección del PCE, pero éste se negó por razones de seguridad. Antes tenía que consultarlo. Matilde Landa había sido detenida semanas atrás y los que habían escapado a aquella redada intentaban recomponer lo que quedaba del partido. De momento no convenía correr riesgos.

La JSU comenzaba a andar escasa de medios y sobrada de entusiasmo.

# 5
# La llegada de *Cecilio*

## Tres rosas: Pilar Bueno, Carmen Barrero, Dionisia Manzanero

*Cecilio* era su nombre en clave, Francisco Sotelo Luna su auténtica identidad. En el campo de concentración de Albatera él fue la persona elegida por la dirección del partido, que encabezaban Jesús Larrañaga y Casto García Rozas, para viajar a Madrid y hacerse con las riendas de la organización en la capital tras la detención de Matilde Landa. Tenía cuarenta años y era natural de Sevilla, donde se había afiliado al PCE en 1933. Al estallar la guerra huyó oculto en el buque carbonero *Luis Adaro*, que le llevó hasta San Juan de Nieva, en Asturias, y desde allí continuó su fuga hasta Francia. Salvada la vida, regresó de nuevo a España, primero a Barcelona y en septiembre de 1936 a Madrid, para enrolarse en el batallón «Voluntarios Andaluces», con el que luchó en el frente hasta abril de 1937.

De vuelta a Madrid, su militancia le sirvió para empezar a trabajar como ordenanza en la sede del Comité Central del PCE, en la calle Serrano número 6, por un sueldo de 250 pesetas al mes. Trabajó allí hasta el mes de enero de 1939, cuando ya se barruntaba el final de la guerra y su quinta fue movilizada y él obligado a volver al frente. La derrota le llevó a Alicante con la intención de embarcarse y huir, donde, como tantos otros, quedó atrapado.

«En el puerto de Alicante nos dijeron a mí y a otros que todos los compañeros que lograran escapar de entrar en los campos de concentración debían tender a organizar el partido. Con esa misión vine a Madrid acompañado de Luisa de Pablo, para realizar las gestiones oportunas encaminadas a este fin. Las instrucciones me las dieron Jesús Larrañaga, Fernando Rodríguez, ex gobernador de Castellón, Rodrigo Lara, de Málaga, y otros.»[33]

Francisco Sotelo Luna se convirtió así en el hombre llamado a hacerse cargo del partido en Madrid con la ayuda de Luisa de Pablo, destacada militante que durante la guerra había sido miembro del Comité Provincial del PCE en la capital, y que no podía asumir dicha responsabilidad porque era muy conocida y corría el riesgo de ser detenida. El primer contacto que Luisa le proporcionó en la capital fue Luis Sanabria Muñoz, de treinta y dos años, uno de los muchos militantes que se habían afiliado al partido al estallar la guerra, y uno de los pocos que no se habían movido de la ciudad durante toda la contienda. Utilizaba dos identidades falsas, José Luis García y Joaquín Falcó, había trabajado como mecanógrafo en la Comisión de Agitación y Propaganda del sector, y como nunca había tenido responsabilidades reseñables, era un hombre «seguro».

Luis estaba en contacto con un grupo de militantes del barrio

33. Declaración de Francisco Sotelo Luna el 15 de mayo de 1939 e incorporada a la causa 30.426.

de Cuatro Caminos que se habían salvado de las detenciones practicadas por la Policía tras la «caída» de Matilde Landa. El más destacado de ellos era Federico Bascuñana Sánchez, de treinta y dos años, el camarada que actuaba ya de enlace con los muchachos de la JSU.

Las instrucciones recibidas por *Cecilio* Sotelo en Alicante se limitaban a intentar organizar el partido con grupos pequeños para ayudar a los amigos detenidos y perseguidos. Una tarea que resultaba tremendamente complicada por la desmoralización y el miedo de los militantes, que asistían temerosos a las denuncias y delaciones, que se saldaban con la detención de cuantos eran sospechosos de haber colaborado con el enemigo en el periodo de dominación roja.

Bascuñana y Sanabria le pusieron al tanto de la situación y le propusieron recuperar para la incipiente dirección a una compañera que había trabajado en el Radio Norte, nombre que recibía la organización del partido según el barrio. Aquella muchacha se llamaba Pilar Bueno Ibáñez, era natural de Sos del Rey Católico (Zaragoza), tenía veintisiete años y vivía desde los cuatro en casa de sus tíos, en el número 83 de la calle del Príncipe de Vergara.

Pilar era modista de profesión, y como tal se ganaba la vida hasta que estalló la guerra. Trabajaba en un taller que cosía para gente «bien» por un escaso jornal que le obligaba a prolongar su jornada en casa si quería llegar a fin de mes, ya que la muerte de su tío, impresor de profesión, había convertido su salario en el único ingreso de la familia. Las interminables horas doblada hacia adelante en una silla de mimbre, aguja y dedal en mano, y las miles de puntadas diarias, habían hecho crecer en ella la semilla del sentimiento de clase.

«Desde que salí de la escuela me dediqué al oficio de modista, trabajando en un taller de los que trabajaban a la gente burguesa, y aquí empezó a nacer en mí un espíritu de rebeldía por lo que nos explotaban, teniendo necesidad de trabajar intensamente por la noche en casa si quería ganar lo suficiente para poder vivir.»[34]

El advenimiento de la República, primero, y la revolución de octubre de 1934, después, terminaron de convertirla en una mujer comprometida en la lucha contra las injusticias que veía a su alrededor, y cuando un sector del Ejército se levantó en armas contra el Gobierno legítimo no dudó en ofrecer su granito de arena contra los golpistas.

«Mis prácticas revolucionarias se puede considerar que son prácticas desde el principio del movimiento. En el 31 acogí con muchísima alegría el advenimiento de la República, yendo en manifestación con todas las muchachas del taller donde trabajaba, llevando grandes banderas de la República. En octubre de 1934 tampoco intervine de manera directa, aunque indirectamente hacía todo lo posible por desenmascarar los bulos que contra nuestros mineros asturianos se hacían. Esclarecía en todo lo que yo sabía lo que significaba el levantamiento obrero y la opresión del bienio negro. El 18 de julio, desde el primer día ayudé de una manera práctica y directa al pueblo.»

Recién iniciada la guerra Pilar se ofreció voluntaria para tra-

34. Los entrecomillados escritos en primera persona son extractos de una «autobiografía» escrita por la propia Pilar Bueno que aparece incorporada al sumario 30.426. Éste no especifica si le fue incautado a ella al ser detenida o formaba parte de algún archivo del PCE que cayó en manos de los nacionales.

bajar en una de las numerosas casas-cuna que se abrieron en la ciudad para recoger a los huérfanos y a los hijos de los milicianos que marchaban al frente o realizaban tareas en la retaguardia. Aquella experiencia y la ayuda prestada por la Unión Soviética a la República le llevaron a afiliarse al PCE, al que consideraba el partido mejor organizado y el que mayor empeño ponía en la defensa de Madrid.

«No he pertenecido a ningún partido antes que al nuestro y mi fecha de ingreso es el 25 de noviembre de 1936 —escribe en su autobiografía—. No pertenezco a ninguna secta ni nada. El primer partido al que he pertenecido y al que he dedicado toda mi actividad ha sido el Partido Comunista.»

La muerte de su novio, un militante socialista, a causa de una enfermedad al poco de iniciarse la contienda le hizo volcarse aún más en la política para olvidar su pena. Habilidosa con los números, no tardaron mucho en fijarse en ella para que llevara las cuentas del Radio Norte, primero, y para que se incorporara después a la Escuela de Cuadros del partido, en la que se formaba a los militantes elegidos por sus cualidades. En la escuela conoció por primera vez los libros marxistas y se familiarizó, aunque fuera someramente, con sus ideas. El empeño puesto en la tarea y la falta de dirigentes hicieron que saliera de allí como secretaria de organización del Radio Norte. Un cargo que ostentó hasta la entrada de los nacionales. Desde entonces permanecía encerrada en casa y alejada de toda actividad política, a la espera de acontecimientos.

«Una vez terminada la guerra no tuve actividad ni contacto alguno con el partido durante un mes, hasta que a finales de abril vino a casa la mujer de Federico Bascuñana para decirme que su marido quería verme para hablar de un asunto reservado, y me dio una cita en la estación de metro de Tetuán.»[35]

Puntual, Pilar se encontró a la hora prevista y en el lugar indicado con su compañero, a quien acompañaba Luis Sanabria. Éste llevaba en la mano un *Abc* en el que resaltaba, remarcado con trazo negro, un recuadro en el que podían leerse las nuevas obligaciones del buen español.

«El rito nacional. Saludar con el brazo en alto la bandera y el himno de la Patria, las banderas y los himnos del Movimiento Nacional. Gritar los vivas y saludos de España: el nombre del Caudillo, el ¡Arriba España! de la juventud, el eterno ¡Viva España! Cantar los cantos nacionales, el *Cara al sol*, el *Oriamendi*, el *Himno de la Legión*. Estos deberes del español constituyen el rito nacional. Han de ser cumplidos con alegría, con disciplina, dándole a los actos populares, dentro del entusiasmo, la solemnidad necesaria.»[36]

Bascuñana y Sanabria le hablaron de cómo el partido se iba a reorganizar en la clandestinidad, para lo que habían enviado desde Albatera a un dirigente que se iba a encargar de todo: Cecilio. La necesitaban junto a ellos para, al igual que había hecho antes en su barrio, lo hiciera ahora en toda la capital: crear ocho sectores, Norte, Sur, Este, Oeste, Chamartín de la Rosa, Guindalera, Prosperidad y Vallecas.

«Fui elegida responsable de organización del Comité de Madrid. Me dijeron que era preciso reorganizar el partido a base

35. Testimonio de Pilar Bueno recogido de su declaración ante la Policía el 1 de junio de 1939 e incorporada a la causa 30.426.

36. *Abc* de Madrid del 22 de abril de 1939.

de grupos pequeños y que yo misma eligiera enlaces y dirigentes para los sectores.»

Claro, que la dificultad no estaba tanto en los nombramientos como en encontrar un número suficiente de militantes que estuvieran dispuestos a asumir los cargos y los riesgos que entrañaban. Una labor complicada porque la feroz represión que vivía la ciudad contrastaba con su aparente regreso a la normalidad.

El nuevo régimen había anunciado la reanudación de los partidos de fútbol para el 2 de mayo, con un encuentro benéfico entre Aviación Nacional, campeón de Zaragoza, y el Deportivo Alavés, subcampeón de Guipúzcoa, que se celebraría en el campo de Vallecas, el único en condiciones de ser utilizado. El encuentro iba a ser una especie de prolegómeno de la primera competición oficial que habría de arrancar con el nuevo Estado: la copa del Generalísimo, cuyo inicio se preveía para el día 14 de ese mismo mes de mayo.

Y si el fútbol estaba a punto de reanudarse, los cines, que prácticamente no habían interrumpido sus proyecciones ni siquiera cuando la guerra estuvo a las puertas de la ciudad, recuperaban también sus sesiones, aunque con nuevas normas impulsadas por los vencedores. Las carteleras programaban ahora películas con «alto sentido patriótico», como decía la publicidad en los periódicos. En el Palacio de la Prensa podía verse *La bandera*, una «exaltación de la Legión creada por el glorioso mutilado, general Millán Astral». En el Progreso se proyectaba *Milicia de paz*, publicitada como «la formidable película presa por la censura roja ha sido liberada», y en el Avenida *España heroica. La liberación de Madrid*, editada por el Departamento de

Cinematografía del Ministerio de la Gobernación, se proyectaba en los cines Palacio de la Música, Madrid-París, Actualidades, Alcázar, Salamanca y Monumental Cinema con «rotundo éxito», según los aduladores del nuevo régimen.

«Como era de esperar —recogía el diario *Abc* del 9 de abril de 1939— el público respondió al esfuerzo de las empresas cinematográficas llenando todos los salones. Los programas estaban confeccionados con exquisito buen gusto, y con miras a satisfacer los vehementes deseos de expansión patriótica que en estos momentos siente este magnífico Madrid alegre y optimista, que canta la gloria de nuestro invicto Franco y su glorioso Ejército.»

Las proyecciones se interrumpían a mitad de película y se encendían las luces de la sala, lo que impulsaba a los espectadores a ponerse en pie, brazo en alto, mientras sonaba algún himno patriótico y en la pantalla se proyectaba un retrato gigante de Franco. Concluida la música, las luces se apagaban y el programa se reanudaba.

También el teatro recuperaba la normalidad, aunque reorganizado y con compañías afines al régimen. La cartelera de todos los teatros de la capital había sido suspendida durante la semana de Pasión y su programación sometida a una Junta de Espectáculos, a cuyo frente fue situado el poeta y dramaturgo Eduardo Marquina, presidente también de la Sociedad de Autores. «La cartelera se ha dividido en el bienio rojo —decía una crónica teatral del diario *Abc*—[37] entre comedias de circunstancias, chorreando bermellón y zafiedades, y obritas pornográficas,

37. Edición del 5 de abril de 1939.

rezumando mugre y atrevimiento. El pasto espiritual, por otra parte, que correspondía al público de milicianos y milicianas.»

Y por si aún había alguien que tuviera dudas de quién había ganado la guerra, la popular vedette argentina Celia Gámez se encargaba de recordarlo por la radio con el pasodoble *Ya hemos pasao*, en contraposición con el «¡No pasarán!» republicano, que fue lema de la resistencia de Madrid. La letra de Manuel Talavera y la música del maestro Cotarelo hacían las delicias de los vencedores.

*No pasarán, decían los marxistas,*
*No pasarán, gritaban por las calles,*
*No pasarán, se oía a todas horas*
*por plazas y plazuelas por voces miserables.*
*¡No pasarán!*
*(...)*
*Ya hemos pasao, decimos los facciosos,*
*Ya hemos pasao, gritamos los rebeldes*
*Ya hemos pasao y estamos en el Prado,*
*mirando frente a frente a la señá Cibeles*
*¡Ya hemos pasao!*

Pilar no tenía tiempo ni ganas para semejantes diversiones. Su domicilio se convirtió en el centro de reunión de la nueva dirección del partido. *Cecilio* Alonso, que carecía de una vivienda fija, pasó a alojarse en él, y a la hora de la comida acudían también Bascuñana y Sanabria. Llevarse un trozo de pan a la boca no era fácil en el Madrid de posguerra, aunque lo de «ir a comer al Auxilio Social» se había convertido en una costumbre aceptada. Informes oficiales de la época afirmaban que dicho organismo caritativo había repartido ochocientas mil raciones el primero de abril y diecinueve millones de comidas en el primer mes desde el final de la guerra. Alimentos que se sufragaban mediante cuestaciones callejeras y con la denominada «Ficha Azul», una especie de donativo.

«La Ficha Azul es una hoja volandera que llama a los hogares de España pidiéndoles un esfuerzo mínimo. Un ahorro en beneficio de aquellos que nada tienen. Madrileño: Auxilio Social te pide que llenes una Ficha Azul con emoción humana, con sentido de justicia, con desprendimiento de amor», publicaba el diario *Abc* el vienes 14 de abril a modo de llamamiento. Y daba cuenta de la primera «Ficha Azul» suscrita en la capital por doña Milagros Moreno, por la cantidad de cincuenta pesetas mensuales, habiendo hecho asimismo un donativo de 500 pesetas.

Era tanta el hambre en la capital, que hasta el excelentísimo señor obispo de Madrid-Alcalá emitió una dispensa por temor a que se le murieran los fieles.

«Se pone en conocimiento de todos los fieles diocesanos —decía su escrito— que lo mismo que dispensó el Viernes de Dolores, dispensa ahora para los días de la Semana Santa de la obligación del ayuno y de la abstinencia. Y no sólo dispensa, sino que paternalmente aconseja, y encarecidamente ruega, a cuantos fieles tuvieran intención de ayunar o guardar la vigilia del Viernes Santo, que se abstengan de hacerlo mientras no se repongan de los quebrantos y debilidad física que padecen.»

Comer de caridad era, sin embargo, un riesgo para Pilar y sus compañeros, temerosos de ser identificados por cualquier conocido deseoso de congeniar con el nuevo régimen. Federico

Bascuñana continuó su labor de captación con otras muchachas de Cuatro Caminos a las que conocía por haber coincidido con ellas durante la guerra. Lo consiguió con Dionisia Manzanero Salas,[38] de veinte años de edad, hija de un obrero ugetista, tercera de los seis hijos de una familia del barrio, que había trabajado para el partido como mecanógrafa en el sector de Chamartín de la Rosa. Ella era la única que militaba en el PCE, al que se afilió en abril de 1938, el mismo mes en que un obús mató a su hermana Pepita y a otros niños que jugaban en un descampado de la calle Leñeros, frente al domicilio familiar.

Dionisia, que era modista como su amiga Pilar Bueno, había hecho de todo en la retaguardia, desde prestar auxilio a familias necesitadas a hacer de enfermera en el hospital de las Brigadas Internacionales e, incluso, empuñó un rifle en el frente, en el batallón Octubre. En el partido conoció a su novio, Bautista Almarza, que durante la guerra había sido el responsable de una división de tanques en Valencia. Se habían visto por última vez a principios de año, cuando Bautista bajó a Madrid con permiso acompañado de su amigo Pedro Calvo. Comieron en casa de sus padres, que habían sido evacuados desde su domicilio en la calle María Ignacia 15 a otra finca en la calle Raimundo Fernández Villaverde por la proximidad del frente, y después se fueron al cine. Les acompañó su hermana Juanita, para hacer así dos parejas. Fue un día inolvidable, de risas y esperanza, de proyec-

38. Los datos personales de Dionisia Manzanero han sido facilitados al autor por tres de sus sobrinos.

tos de futuro. Su último día juntos. Ahora, tres meses después, Dionisia tan sólo sabía que Bautista había sido hecho prisionero en Valencia y permanecía encarcelado en Albatera.

Como había hecho antes con Pilar, Bascuñana utilizó a su mujer para que contactara con Dionisia y le dijera que se desplazara a su domicilio para una cita. Allí le pidió que colaborara con el partido como enlace, para llevar y traer mensajes entre dirigentes sin levantar sospechas y limitar los encuentros personales a lo imprescindible. Aceptó.

*Cecilio* Sotelo, por su parte, incorporó a su grupo de colaboradores a otra muchacha a la que había conocido en Valencia y que había regresado evacuada a Madrid. Se trataba de Carmen Barrero Aguado, de veinte años, que se movía con la falsa identidad de Carmen Iglesias Díaz y era conocida en el partido como *Marina*. Carmen era la cuarta hija de los nueve de una modesta familia del barrio de Cuatro Caminos, cuyo padre había muerto mucho antes de que estallara la guerra y les había dejado a todos en una precaria situación económica, de manera que estudió con las monjas hasta que tuvo doce años y después se puso a coser para ganarse el sustento.

La alegría por encontrarse con un viejo camarada se tornó en preocupación cuando Sotelo le propuso que trabajara para la organización. Que no todo estaba perdido; que los fascistas no se iban a salir con la suya porque la situación internacional les favorecía y que, en fin, había que ayudar a los que estaban presos, a sus familias y a quienes vivían escondidos por miedo a ser detenidos y fusilados. Ella era una perfecta desconocida y podía aportar mucho. De momento, sólo tenía que encargarse de elaborar un plan de trabajo para las mujeres del partido.

Dionisia Manzanero (con fusil) con varios compañeros del batallón Octubre de la JSU en una foto tomada en agoto de 1938. (Foto cedida por Alfredo Jimeno Manzanero, sobrino de Dionisia.)

Días después, Carmen presentaba un proyecto escrito a lápiz en dos cuartillas, en el que proponía que la dirección del partido tuviese una responsable femenina y una adjunta, y describía las funciones reservadas a las mujeres comunistas, que iban desde crear grupos de tres por barriadas que se encargaran de visitar en las cárceles a los compañeros detenidos, hasta infiltrarse en organizaciones fascistas. Su propuesta más ambiciosa era crear una gran organización femenina.

«Estimo debemos organizar a las mujeres dentro de una especie de agrupación que podría titularse Unión de Mujeres contra la Guerra, por ejemplo, que agrupase a las de ideología de izquierdas e, incluso, casándola con el odio a la guerra, a mujeres católicas y aun de derechas, que pueden ayudarnos a hacer un movimiento femenino español y desarrollar la labor de solidaridad.»[39]

La estructura organizativa del PCE quedaba así configurada a finales de abril de 1939, menos de un mes después de la detención de Matilde Landa, con *Cecilio* Alonso y Luis Sanabria a la cabeza, Carmen Barrero como responsable femenina, y Federico Bascuñana y Pilar Bueno encargados de la organización en Madrid. El primero como enlace con la JSU y la segunda como responsable de crear los radios o sectores. Finalmente, Dionisia Manzanero hacía las veces de enlace entre todos ellos. Había que demostrar al nuevo caudillo que aunque hubieran perdido la guerra, los comunistas no se iban a rendir. Ellos estaban allí para demostrarlo.

39. Extracto del documento *Plan de trabajo para las mujeres*, que le fue incautado tras su detención, e incorporado a la causa 30.426.

# 6
# Las chicas de Chamartín

## Cinco rosas: Ana López, Martina Barroso, Victoria Muñoz, Elena Gil, Luisa Rodríguez

Francisco, su novio, se lo dijo muchas veces, pero ella, erre que erre, se negó a hacerle caso. La guerra estaba perdida y había que salir de Madrid antes de que llegaran los nacionales, porque quizá después sería demasiado tarde.

Francisco Agudo y Ana López Gallego se habían ennoviado dos años antes, en febrero de 1937. Se conocieron en el frente, hasta donde ella se desplazaba en ocasiones para aprovisionar de ropa a los jóvenes que luchaban. Y allí estaba aquel muchacho que la encandiló. Desde entonces mantuvieron una relación epistolar, hasta que Francisco fue evacuado a Madrid tras ser herido en un enfrentamiento con el enemigo en el Jarama. Entonces se hicieron novios. Después, de nuevo las cartas, hasta que a finales de año el joven miliciano regresó a Madrid con un permiso de tres días y aprovechó para conocer a la familia de Ana y llevarlos a todos en su coche hasta La Carolina, el pueblo jienense del que eran naturales. Luego, de nuevo la separación.

Pasaron los meses y las cartas y los encuentros fugaces se entremezclaron en un Madrid asediado por el enemigo y las privaciones. Escaparates vacíos, calles con barricadas, casas destruidas o agujereadas por las bombas y mucho, mucho frío. Barcelona había caído en manos de las tropas nacionales y la capital agonizaba. El metro seguía siendo el refugio para protegerse del bombardeo de la aviación y del fuego artillero, que se hizo más intenso aquel febrero, y en las viviendas menos dañadas se amontonaban las familias. Las que habían perdido sus casas con el avance de los frentes, y las que llegaban evacuadas a la capital procedentes de los pueblos extremeños y manchegos que habían caído en manos de las tropas nacionales.

Todos los hombres entre diecisiete y cuarenta y cinco años fueron movilizados y enviados al frente, lo que provocó la paralización del trabajo en oficinas, talleres y fábricas. En las trincheras, al menos, se comía algo: dos sopicaldos —uno a mediodía y otro por la noche—, un poco de pan y un cazo de agua ennegrecida con cebada tostada que hacía las veces de café. Como tampoco había tabaco, se fumaba la maloliente hoja seca de la berza, o la de la manzanilla.

Francisco regresó de aquel escenario de zanjas y sacos terreros el 20 de marzo, pero esta vez para quedarse en Madrid. La guerra estaba perdida. Fue entonces cuando le dijo, una vez más, que la quería, y le pidió que se marchara con él a Francia. Su condición de militante comunista y comisario político en el Ejército republicano hacía muy peligrosa su permanencia en la capital. Si quería vivir era imprescindible poner tierra de por medio. Aún estaban a tiempo y desde Valencia partían cada día barcos rumbo al exilio.

Ana le escuchó pero no le hizo caso. Ella era, a sus veintiún años, la mayor de cuatro hermanos: Manuel, de dieciocho, Juan, de dieciséis, y José Luis, el pequeño, de cinco. Ana y Manuel tenían una relación especial, un cariño indestructible cimentado en la admiración que el joven sentía por su hermana. No podía dejarle solo. Ni a él, ni a sus otros dos hermanos, ni a sus padres. Eran jóvenes y ya habría tiempo para el amor. Mientras todo se arreglaba estarían en contacto por carta, como tantas otras veces. Cartas que le trasladaran su cariño a aquella humilde vivienda en el número 94 de la calle Lérida, en el barrio de Cuatro Caminos.

Juan López, su padre, era natural de La Carolina, y Concha Gallego, su madre, de Sanlúcar de Barrameda (Cádiz). El matrimonio había vivido algunos años en la localidad del padre de familia, que se ganaba el sustento como jornalero. Allí nació Ana, y fue entonces cuando decidieron trasladarse a Madrid en busca de un futuro mejor. Juan se colocó en una pequeña empresa de fotografía y marcos, propiedad de su hermano José, hasta que pasado un tiempo consiguió trabajo en las oficinas de la empresa metalúrgica Andrés Invarato, ubicada en la calle Raimundo Fernández Villaverde. No era un hombre erudito, pero sabía las cuatro reglas y era un estupendo pendolista, y tener buena letra en aquellos tiempos le abría a uno muchas puertas.

Ana, mientras tanto, estudió en la Escuela Nacional de Castillejos, en el barrio de Tetuán de las Victorias. Fueron seis años de enseñanza primaria, una formación que entonces se consideraba suficiente para una muchacha antes de aprender corte y confección. Fueron años de esfuerzo y de sacrificio en una ciudad desconocida para una familia que fue creciendo con el nacimiento de tres hijos más, en este caso varones: Manuel, Juan y José Luis.

El padre de Ana no tenía afinidades políticas, pero sí tenía claro que la gente de dinero era de derechas y los pobres de izquierdas. Pero así, sin más, sin necesidad de militar en ningún partido político. El estallido de la guerra rompió aquella rutina armoniosa. La empresa para la que trabajaba fue incautada por el Gobierno republicano para fabricar material de guerra, y ésa fue su contribución a aquella tragedia. Ana conoció por entonces a su novio Francisco y se afilió a la JSU. Aquella chica alta, guapa, rebelde y con mucho carácter estaba dispuesta a comerse el mundo. A su padre, en cambio, no le gustaba nada que mantuviera relaciones con aquel comunista varios años mayor que ella que le estaba llenando la cabeza de ideales de lucha y justicia. Pero su hija nunca le hizo caso, aunque, en el momento de la verdad, había decidido quedarse con su familia y dejar marchar a su amor. Ya tendrían tiempo para ellos en un futuro.[40]

Francisco tardó aún unos días en marchar, y alguno más en llegar hasta Valencia con una marea de gente que escapaba de la derrota. Allí fue hecho prisionero y encarcelado en el campo de concentración de Albatera, primero, y en el castillo de Santa Bárbara, en Alicante, después. Para él se iniciaba un largo periodo de reclusión que habría de durar varios años. Ana, mientras tanto, vivía cómo los moros del batallón San Quintín entraban el 1 de abril en Madrid por Chamartín y acampaban frente a su casa. Fueron días de miedo y angustia. Sin nada que comer, su

40. Todos los datos familiares han sido facilitados al autor por José Luis López Gallego, único hermano de Ana que aún vive.

Sanguina de Ana López Gallego realizada por su hermano Manuel.

padre recogía llantas de coches, y ella y sus hermanos iban al frente a por tablones para hacer leña, o aguardaban largas colas en la calle del General Sanjurjo, anterior Abascal, para conseguir una barrita de pan y una sardina del Auxilio Social.

¡Ah, las sardinas!, convertidas en un manjar en aquella dieta de algarrobas, habas cocidas y lentejas. Sardinas asadas porque no había aceite, y el que se encontraba en algunas tiendas tenía un precio tan prohibitivo que empezó a ser llamado por las amas de casa «los suspiros de España». Las privaciones eran tantas que las patatas se cocían con cáscara para aprovecharlas mejor y eran conocidas como «las lindas tapadas». Y qué decir de la carne. La más barata era la de burro, a ocho pesetas el kilo, y para los más pudientes la de pollo, que alcanzaba las cuarenta pesetas por pieza.

Ana no había vuelto a saber nada de sus compañeros de la JSU desde el golpe de Casado. Entonces había hecho de enlace entre los muchachos del barrio que luchaban contra los casadistas, pero cuando la derrota se consumó se marchó a casa a esperar el fin de la guerra. Con quien sí se veía era con Martina Barroso García, su amiga y vecina, que llamaba la atención por su altura y su cara llena de pecas. Juntas habían cosido en uno de los talleres de la Unión de Muchachas, una organización creada por la JSU en enero de 1937 con la misión de reclutar jóvenes para trabajar en talleres y fábricas en la confección de ropa para los soldados que estaban en el campo de batalla, al frente de la cual se encontraba Juana Doña, la compañera de Eugenio Mesón. Ambas formaron parte de un grupo aproximado de dos mil muchachas de entre catorce y veinticinco años que contribuyeron de esta forma a la defensa de Madrid. La Unión había servido también como vehículo educativo, ya que muchas de las jóvenes que se acercaban a ella eran analfabetas o tenían una educación mínima.

Ana y Martina salían cada tarde a pasear por el barrio, y fue así como se encontraron con Julián Muñoz Tárrega, que, como ellas, había formado parte del sector de Chamartín de la Rosa. Julián formaba parte de la dirección de dicho sector que se había constituido fechas antes siguiendo instrucciones del Comité Provincial, y al frente del cual estaba un muchacho de dieciséis años, Manuel González Gutiérrez, *Manolín*. Julián era el secretario de organización, y dos amigos más del barrio, Gregorio Muñoz, *Goyo* y Pablo Pinedo, se encargaban, respectivamente, de lo que pomposamente llamaban «organización militar» y de la propaganda. Desde entonces callejeaban por el barrio buscando compañeros a los que incorporar a la organización.

Entusiasmado, Julián les contó que la JSU volvía a funcionar aunque los nacionales habían clausurado sus locales en el barrio, y que al frente de la organización había un nuevo responsable, José Pena Brea, que había sustituido a Eugenio Mesón,[41] el último líder juvenil, detenido por la Junta de Casado y entonces en poder de los nacionales, a quien habían conocido en el tramo final de la contienda. Habían perdido la guerra, pero Franco no tardaría en caer. Negrín, contaba, como antes le habían narrado a él, estaba organizando en Francia un ejército de sesenta mil

41. Eugenio Mesón fue elegido secretario general de la JSU de Madrid en junio de 1938, cargo que ostentó hasta su detención por la Junta de Casado el 5 de marzo de 1939. Era también miembro del Comité Provincial del PCE en la capital en representación de los jóvenes comunistas.

hombres dispuesto a entrar de nuevo en España y continuar la lucha. La República no estaba muerta.

Julián les pidió que se unieran a ellos. A Ana le insistió más. Había sido la secretaria femenina del sector hasta el final de la guerra y tenía carácter y dotes de mando. Ni una ni otra respondieron, sorprendidas y asustadas por lo que escuchaban.

«Nos dijo que la JSU estaba trabajando en la clandestinidad y nos pidió que nos incorporáramos, que había que organizarse en grupos para socorrer a compañeros mutilados, a los que estuvieran en la cárcel y a los que permanecían escondidos.»[42]

Les explicó que contaba con ellas para integrarse en uno de los grupos del barrio, al frente del cual había situado a Sergio Ortiz, un muchacho al que ninguna de las dos conocía, pero con el que en los próximos días les concertaría una cita. Se trataba de organizar una especie de socorro para los necesitados. Para tranquilizarlas les dijo que, de momento, no tenían que hacer nada. Madrid se preparaba para celebrar en mayo un desfile militar para conmemorar la victoria, al que se había anunciado que acudiría Franco, y era una ciudad demasiado vigilada. Había que esperar a que recuperase su pulso habitual para empezar a moverse. La primera señal de esa normalización era el Plan de Obras Públicas firmado el 11 de abril por el Caudillo, que combinado con el de reparación de las ciudades afectadas por la guerra constituían el «programa de reconstruc-

42. Declaración de Martina Barroso los días 1 y 2 de junio de 1939 en la Dirección General de Policía Urbana y ante el juez militar número 8, ambas incorporadas al sumario 30.426.

ción del territorio patrio». En Madrid se creó una comisión para la reconstrucción de la capital y se anunció para mayo la primera aportación económica del Instituto de Crédito, que iba a ser destinada a reparar los edificios dañados durante la guerra en un radio de doce kilómetros dentro del término municipal.

Así las cosas, ya les avisaría cuando todo estuviera más organizado y decidieran acudir a la Ciudad Universitaria y a El Pardo a recuperar armas y municiones, tal y como tenían planeado. Una tarea peligrosa porque las nuevas autoridades habían prohibido al público visitar el frente, y entre los numerosos bandos que se hacían públicos cada día figuraba uno, firmado por Andrés Saliquet Zumeta, general jefe del Ejército de Centro, en el que se advertía que «el que sin estar debidamente autorizado se apoderase de material de guerra será considerado rebelde y sometido a consejo de guerra sumarísimo, aplicándole en su grado máximo las sanciones del Código de Justicia Militar». La recuperación del material de guerra quedaba restringida a personal militar debidamente identificado con un brazal verde con el dibujo de una granada de artillería.

Ana y Martina se sumaban así, sin proponérselo, a un grupo del que ya formaban parte otras dos muchachas del barrio: Victoria Muñoz García y Elena Gil Olaya. Victoria era la hermana del responsable «militar» del sector, Gregorio Muñoz, *Goyo*, o *Goyito*, como a ella le gustaba llamarle, y no había costado demasiado convencerla. En cuanto a Elena, había llegado a Madrid el 2 de abril procedente de Murcia, y al día siguiente su amiga Victoria y Sergio se presentaron en su domicilio. No tuvo fuerzas para decirles que no.

No serían las últimas.

La JSU seguía creciendo, aunque los primeros contratiempos no tardarían en llegar. La clandestinidad no era una actividad fácil en aquel Madrid asustado en el que las traiciones y denuncias estaban a la orden del día.

# Segunda parte
# La represión

# 7
# La delación

## Una rosa: Joaquina López

¡Han detenido a Joaquina! La alarma y el miedo se apoderaron de todos. Las denuncias se sucedían y los detenidos eran trasladados a comisarías, destacamentos militares o edificios habilitados como centros de detención para tomarles declaración sobre sus actividades durante la guerra. Muchas delaciones eran presentadas por quintacolumnistas y simpatizantes de la causa nacional que habían permanecido escondidos hasta la «liberación» de Madrid, o se habían hecho pasar por republicanos para filtrar información al enemigo desde el interior de la ciudad sitiada. Ahora había llegado su momento. La hora de la venganza. Sabían que tal o cual portera había delatado por derechistas a este y aquel vecino, del que no se había vuelto a saber nada, aunque se sospechaba que le habían dado el «paseo» tras varios días de detención en una checa.[43] Ellos, que habían vivido con el miedo en el cuerpo, se erigían ahora

43. Centro de detención perteneciente a una organización política republicana destinado al interrogatorio y juicio de sus detenidos

en dedos acusadores, con poder para marcar el destino de sus vecinos. Delatar era una obligación patriótica, una forma de extirpar el cáncer del comunismo que aún pudiera quedar y, sobre todo, la manera más clara y directa de demostrar la adhesión al nuevo Estado.

Los periódicos daban cuenta a diario de las numerosas detenciones que se practicaban en la ciudad, y de infinidad de requisitorias, llamamientos y edictos de los juzgados sobre enemigos del régimen para su comparecencia voluntaria ante los mismos previa a su ingreso en prisión.

«Han sido detenidos Hermenegildo Zayas Zayas, autor de numerosos registros y asesinatos, y que formaba parte del piquete de ejecución de la checa establecida en el palacio del duque de Medinaceli (...), Agustín Domínguez Rodríguez, que asesinó a cuatro hijos de Ángela Azcoitia (...), Alejandro Arias Lugo, acusado de pertenecer a la checa de Fomento y haber contribuido a la muerte de un hermano de don Juan Rosell (...), Emilio Oliva García, propietario de un taxi que ha figurado como uno de los destinados a trasladar a los elegidos para paseos (...), Julio Galindo, su esposa Carmen Callejón y los hijos de éstos: Julio Galindo Callejón, Carmen Galindo Callejón y Concepción Galindo Callejón, que vivieron todos en la calle del Doctor Esquerdo número 34, comparecerán ante el juzgado militar de la quinta tenencia de alcaldía (distrito del Congreso) sito en la calle de San Agustín, 11, en el improrrogable plazo de tres días, a partir de la publicación de la presente, para constituirse en prisión en virtud de procedimiento sumarísimo de urgencia número 1.650 que se les sigue, quedando apercibidos de que si no lo hacen serán declarados en rebeldía.»

Y así cientos y cientos de nombres cada jornada.

Madrid era barrida calle por calle en busca de enemigos de la patria con un odio sin precedentes. Un edicto de la Auditoría de Guerra del Ejército de Ocupación, de 30 de marzo, establecía la obligación de comparecer en el plazo máximo de diez días en los juzgados militares instalados en las tenencias de alcaldía de cada distrito a los dos inquilinos varones de mayor edad de cada edificio en el que se hubieran cometido «asesinatos, robos, saqueos, detenciones o cualquier otro hecho delictivo durante el dominio rojo» para prestar declaración. Los vecinos en cuestión debían vivir en Madrid antes de la entrada de las tropas nacionales y no haber militado en ningún partido político del Frente Popular antes del alzamiento. Pero no era éste el único método para desenmascarar a los enemigos.

La misma Auditoría de Guerra, y en su nombre el juez instructor de la llamada Causa General, instruida para averiguar los «crímenes» cometidos en la España roja, había emplazado también a comparecer en su juzgado, instalado en la calle de la Victoria número 1, a los familiares de «asesinados y desaparecidos» en el Madrid republicano. En primer lugar el cónyuge sobreviviente, en su defecto el mayor de los hijos, siempre y cuando residiera en Madrid y tuviera más de diecisiete años, a falta de los anteriores los padres del muerto o desaparecido y, en última instancia, sus hermanos. También eran citados quienes hubieran presenciado delitos y, finalmente, quienes tuvieran noticias de ellos. Cualquiera valía para delatar.

Aquel 18 de abril le tocó a Joaquina López Laffite, que hacía sólo unos días había sido nombrada secretaria femenina de la JSU, y a toda su familia. Tenía veintitrés años y era la menor de cuatro hermanos, un chico y tres chicas, huérfanos de padre y madre desde 1931. El padre había sido comandante del Ejército, y sus sucesivos destinos le habían llevado por todo el país. Y así habían nacido sus hijos, «salpicados» por la geografía nacional. Carlos, el mayor, tenía treinta años, y era natural de Las Palmas de Gran Canaria. María contaba con un año menos y había nacido en Lugo. Lola, de veinticinco años, en La Coruña, y Joaquina, la menor, vino al mundo en la localidad asturiana de Trubia. Carlos era el único casado, con su prima Elisa Aguilar Laffite, cuatro años mayor que él y, para no desentonar, natural de Mahón (Menorca). Durante la guerra había trabajado como electricista en el Parque de Artillería de la capital. Militaba en la Unión General de Trabajadores (UGT) desde abril de 1936 y se sentía más próximo al Partido Socialista que a los comunistas, lo que le había costado alguna que otra discusión con Lola y Joaquina, que se afiliaron a la JSU al poco de empezar la guerra.

Todos trabajaban, menos Joaquina. María era mecanógrafa y había estado empleada en la casa Durán hasta que comenzó la guerra y se marchó voluntaria como enfermera al hospital de reposo que se instaló en el teatro Beatriz, en el que los soldados heridos en el frente terminaban de curar sus heridas, y también en el hospital de la Sexta División. Lola, que también era mecanógrafa, trabajó durante cuatro años en Productos Químicos

Farmacéuticos, una empresa radicada en el número 24 de la calle Goya, muy próxima al domicilio familiar, que abandonó cuando el frente de Madrid agonizaba y la derrota era casi una certeza. Se enroló en los carabineros y en más de una ocasión marchó al frente en labores de propaganda para insuflar ánimos a los milicianos. Tenía facilidad de palabra y de arenga, lo que resultó decisivo para ser elegida responsable del club juvenil Ramiro Cable, uno de los muchos que la JSU puso en marcha en la capital como lugar de encuentro y de actividades artísticas, culturales y deportivas. Ella y Joaquina se afiliaron juntas a las juventudes en agosto del 36, pero fue la pequeña la que más se había comprometido con la organización. Había sido secretaria de cultura del sector Este y ayudante del secretario administrativo del Comité Provincial. La derrota la hizo escalar puestos más rápido de lo que ella hubiera imaginado, hasta su actual responsabilidad en la dirección madrileña.

Cuando los nacionales entraron en Madrid quemó toda la propaganda que ella y sus hermanas guardaban para borrar cualquier rastro sobre su militancia política. Un bando de 4 de abril establecía que «los que posean documentos que hayan pertenecido al enemigo (periódicos, imprentas, folletos, escritos, ficheros, listas, libros de actas de sociedades o entidades que hubieran colaborado directa o indirectamente en el Gobierno rojo) vienen obligados a entregarlas en la Delegación del Estado para la Recuperación de Documentos (DERD), sita en la calle de Santa Engracia número 7, hotel, con los apercibimientos de rigor».

La DERD había sido creada por Ramón Serrano Súñer, ministro de la Gobernación, y funcionó durante la guerra en los territorios ocupados por el Ejército nacional con el objetivo de recopilar y clasificar la documentación intervenida a instituciones y organismos hostiles y desafectos al Movimiento Nacional para facilitar al nuevo Estado información sobre sus enemigos. Hacer caso de aquellas ordenanzas radiadas, publicadas en los diarios y distribuidas por las esquinas era un ejercicio de autodenuncia que nadie con un poco de sensatez estaba dispuesto a protagonizar. Lo mejor era quemarlo todo, que aquellos papeles tan comprometedores fueran pasto de las llamas y el olvido.

Pero eso no iba a ser suficiente en esta ocasión, ni les iba a servir para librarse de la inquina de algún vecino o conocido que acudió a comisaría a denunciar que en aquella vivienda del número 109 de la calle de Goya había una familia de «rojas». La propaganda franquista denigraba la imagen de la miliciana, de las mujeres que habían participado en la guerra del bando republicano, un papel transgresor e inaceptable para un régimen que exaltaba la sumisión de la mujer y su papel como «reposo del guerrero». El odio contra ellas era aún mayor que contra los hombres, y también el castigo. La prensa afín se encargaba de despreciar su imagen, la de la miliciana que había tomado un rifle para ir al frente, y la de la que había permanecido en la retaguardia.

«Una de las mayores torturas del Madrid caliente y borracho del principio fue la miliciana del mono abierto, de las melenas lacias, la voz agria y el fusil dispuesto a segar vidas por el malsano capricho de saciar su sadismo. En el gesto desgarrado, primitivo y salvaje de la miliciana sucia y desgreñada había algo de atavismo mental y educativo. Quizá nunca habían subido a casas con alfombras ni se habían montado en un siete plazas.

Odiaban a lo que ellas llamaban señoritas. Las aburría la vida de las señoritas. Preferían bocadillos de sardinas y pimientos a chocolate con bizcochos. (...) Eran feas, bajas, patizambas, sin el gran tesoro de una vida interior, sin el refugio de la religión, se les apagó de repente la feminidad. El 18 de julio se encendió en ellas un deseo de venganza, y al lado del olor a cebolla y fogón, del salvaje asesino, quisieron calmar su ira en el destrozo de las que eran hermosas.»[44]

Sólo Joaquina mantenía su militancia activa, aumentada ahora por sus nuevas responsabilidades, lo que había hecho que aquel mes de abril fueran frecuentes las visitas a su domicilio. Cuando irrumpieron a voces en su casa, se asustaron, pero a ella no le sorprendió. Se los llevaron a todos, a los cuatro hermanos, a la mujer de Carlos y a una amiga de Joaquina que había ido a verla: Concepción Pérez Moreno. Fueron conducidos a un chalé de la calle Lope de Rueda que había sido checa y en la que ahora se hacinaban los detenidos. Allí permanecieron varios días sin saber qué sería de ellos, hasta que fueron a la Jefatura de Policía Militar del distrito de Buenavista para prestar declaración.

Joaquina no se derrumbó. Se limitó a reconocer su militancia política en la JSU, aunque sólo durante la guerra, y que una vez acabada ésta no había vuelto a entablar contacto con la organización. La Policía desconocía aún el relevante papel que había asumido hacía apenas unos días.

44. Artículo firmado por José Vicente Puente en el diario *Arriba*, órgano de la Falange, el 16 de mayo de 1939.

«Ingresé en la JSU en septiembre de 1936. Ese mes me presenté voluntaria en la sede de Mujeres Antifascistas,[45] en la calle O'Donnell, y de allí me reclamaron para que fuera a trabajar al Comité Provincial, que estaba en la calle Núñez de Balboa número 62. Durante el primer mes me dediqué a dar clases a los demás afiliados y después fui nombrada secretaria de cultura. Allí estuve hasta febrero de 1938, en que me nombraron ayudante del secretario administrativo. Después de la disolución de la JSU me retiré a mi domicilio. Allí me visitaron varias amigas para enterarse del paradero de otros compañeros tras el final de la guerra.»[46]

Un «informe de conducta social y política» de los detenidos reclamado por el juez al jefe de los Servicios de Investigación y Vigilancia de la Auditoría de Guerra del Ejército de Ocupación no aportó más datos incriminatorios que la militancia política de izquierdas de todos los hermanos. El informe en cuestión señalaba que Joaquina López Laffite pertenecía a la JSU, «donde era una gran propagandista, habiendo estado por Ciudad Real de propaganda y ha hecho manifestaciones contrarias al Ejército nacional». De su hermana María se aseguraba que era también «muy roja, aunque mucho menos que la anterior», si

45. La Asociación de Mujeres Antifascistas (AMA) fue presidida por Dolores Ibárruri *Pasionaria* y reunió a mujeres socialistas, comunistas y republicanas. Fue la organización femenina más importante del bando republicano, con cerca de 65.000 afiliadas.

46. Declaración de Joaquina López Laffite sin fecha, en el procedimiento sumarísimo de urgencia número 14.388.

bien el autor del escrito resaltaba que «al ser detenida levantó el puño». Carlos era definido como militante de UGT y del Partido Comunista, cosa que era falsa, y como prueba de cargo adicional se incorporaba que había hecho «algo» de propaganda de izquierdas. Su mujer, Elisa, salía mejor parada porque, aunque «roja», «está considerada buena persona». El despropósito del autor del informe alcanzaba su culmen con Lola, de quien afirmaba que, según informaciones de los vecinos, había regañado en varias ocasiones con sus hermanos «por defender al Glorioso Ejército Nacional». Ella, que militaba en la JSU y había arengado a los milicianos en el frente. La conducta de todos ellos, informaba el agente para concluir, «ha sido buena en cuanto a daños se refiere. Todos sin antecedentes en el gabinete».

Joaquina y sus hermanas ingresaron en la prisión de Ventas y Carlos en la de Porlier, a la espera de que un consejo de guerra les juzgara por sus actividades subversivas.

La JSU salía indemne de la detención de uno de sus dirigentes, pero no iba a librarse del cerco policial. Madrid era la capital de los delatores y días después, el 28 de abril, era detenida Luisa Rodríguez de la Fuente, responsable de uno de los grupos del sector de Chamartín de la Rosa. El denunciante en este caso fue el agente de Policía Manuel Fernández Álvarez, que conocía de su filiación comunista durante la guerra. Como su compañera Joaquina, se limitó a reconocer que había parte de una célula comunista de la calle de Mateo Inurria. Tampoco el «informe de conducta social y política» aportó datos incriminatorios contra ella.

«Sin datos en el gabinete. Durante todo el tiempo de la guerra ha vivido en su actual domicilio, calle de Manchegos 3, en unión de sus padres. Es de profesión sastra, habiendo trabajado con Juan Domínguez, calle Manchegos 9. Ha pertenecido a la Juventud Comunista y al Partido Comunista, siendo secretaria femenina del local establecido en Andrés Martín, ahora calle de Requetés. La vecina del mismo número 6 de la calle de Manchegos, llamada Brígida Poza, me comunica que no ha observado en esta joven ningún detalle criminal, habiendo observado en ella una buena conducta pese a las ideas comunistas de la aludida. Lo mismo dice en el número 12 Paula Sánchez Jabard.»

Pese a ello, como Joaquina y sus hermanos, Luisa fue encarcelada en la prisión de Ventas.

Lo peor estaba aún por llegar.

# 8
# Las primeras víctimas

El sector de Chamartín de la Rosa era, con diferencia, el mejor organizado y el que contaba con un mayor número de militantes. En apenas un mes los jóvenes habían conseguido poner en marcha, además de éste, los sectores Norte, Este, Oeste y Ventas, pero sólo el de Chamartín disponía de cuatro grupos o escuadras en formación. El resto se conformaba con disponer de una dirección y, como mucho, un grupo de militantes.

Además de los grupos de Sergio, del que formaban parte Ana López Gallego, Martina Barroso, Elena Gil Olaya y Victoria Muñoz, y del que intentaba constituir Luisa Rodríguez de la Fuente, el barrio disponía de otros dos más. Uno de ellos lo dirigía Ricardo Gómez, y tenía entre sus miembros a Vicente Criado Pérez, Ricardo Molina de la Mata y los hermanos Francisco y José Pérez Sánchez, que se habían limitado a recuperar algunas armas de una alcantarilla en la que sabían que habían sido arrojadas. El cuarto y último grupo del sector estaba al mando de José Bustillo, un muchacho que durante la guerra había luchado en el mismo batallón con Gregorio Muñoz, *Goyo*, el ahora responsable militar del sector, quien le recuperó para la JSU.

Se habían perdido de vista desde hacía tiempo, porque José cayó herido al poco de empezar la guerra y permaneció ingresado varios meses en el Hospital de Alicante, hasta que se recuperó y regresó a Madrid. Entre Goyo y él consiguieron atraer a Rafael Muñoz Coutado, conocido por los amigos como *Falín*, que había luchado en la sierra, donde perdió la pierna izquierda, y fue elegido después concejal del Ayuntamiento de Chamartín de la Rosa en representación de los jóvenes comunistas. Como en una cadena sin fin, Rafa contactó con Julio Martínez Pérez, un argentino nacionalizado español que había ingresado en el cuerpo de carabineros[47] al poco de estallar la guerra y había luchado en varios frentes, entre ellos el de Brunete, a él se le encargó recuperar armas para el sector.

Había muchos familiares de camaradas que tenían pistolas en casa y no sabían cómo deshacerse de ellas. Entregarlas en las juntas municipales de distrito, como reclamaban las nuevas autoridades, o arrojarlas en las alcantarillas entrañaba un riesgo. Lo más sencillo era dárselas a alguien de confianza dispuesto a hacerse cargo de ellas.

Fue así como Julio recibió la oferta de un antiguo compañero carabinero, Joaquín Ferreira Malpica, quien le aseguró que tenía a su disposición un fusil para la organización. Lo que no sabía Julio era que tanto su amigo como la persona que le acompañaba, Luis Fernández Villarjubín, eran dos de los muchos agentes de la nueva policía franquista que en aquellos días se hacían

47. El cuerpo de carabineros fue creado en 1842 para reprimir el contrabando y vigilar las costas y fronteras. Fue suprimido en 1940 y sus cometidos y funciones pasaron a depender de la Guardia Civil.

pasar por «rojos» para localizar y detener a los comunistas que quedasen libres en el Madrid liberado. Ambos estaban adscritos a la Dirección General de la Policía Urbana, al frente de la cual se encontraba Aurelio Fernández Fontenla, que habría de hacerse tristemente famoso entre los detenidos por la crueldad de sus interrogatorios.

Julio Martínez mordió el anzuelo y se convirtió, sin saberlo, en uno de los hilos que iba a llevar a la madeja de la JSU.

La Policía les pisaba los talones.

«Por confidencias llegadas a este organismo comenzaron las investigaciones policiales que han dado por resultado el presente atestado. Éstas han dado un eficaz resultado en el sector de Chamartín de la Rosa, Tetuán y Estrecho, de donde se tuvo noticias de estar actuando clandestinamente las juventudes socialistas y comunistas unificadas, sabiéndose que ya funcionaban los grupos, al parecer por distritos, que recibían las órdenes de un Comité Provincial.»[48]

El informe, firmado por Aurelio Fernández Fontenla, director general de la Policía Urbana, rubricaba las investigaciones de

48. Informe de dos páginas, sin membrete, firmado por el director general de la Policía Urbana y fechado el 15 de mayo de 1939, que fue incorporado al sumario 55.047. En dicho sumario tan sólo fue procesada una de las detenidas: Ana Hidalgo Llera. El resto de los detenidos fueron repartidos entre el sumario 13.896, que fue la primera causa instruida contra la JSU, y el 30.426, tramitado a partir del anterior y más conocido como el de «Las Trece Rosas».

sus agentes infiltrados: Joaquín Ferreira y Luis Fernández, que, aprovechándose de la amistad del primero con uno de los militantes del sector, se había ofrecido para entregarles un arma. Esta infiltración, que sin duda aportó a la Policía datos sobre la reorganización de los jóvenes comunistas en el barrio, pudo ser complementada con alguna denuncia o delación desde dentro de la JSU, a las que aludirían las «confidencias» con las que se abre el documento policial.

El primero en ser detenido fue Manuel González Gutiérrez, *Manolín*, el secretario general del sector y la persona que hacía de enlace con la dirección de la JSU. «Detenido este individuo —recoge el informe— dijo quiénes eran los jefes de grupo, practicándose a continuación la detención de algunos de éstos.» Uno tras otro fueron cayendo Gregorio Muñoz, «jefe militar» del sector; Julián Muñoz Tárrega, el secretario de organización, Rafael Muñoz Coutado, *Falín*, encargado de la recogida de armas, Julio Martínez Pérez, el joven que sin saberlo había puesto a la Policía tras la pista de la renovada JSU, y otros muchachos que lideraban algunos de los grupos creados en el sector, como Sergio Ortiz, o habían sido sondeados para que colaboraran con la organización.

Junto a ellos fueron detenidas dos muchachas: Ana Hidalgo Llera y Ana López Gallego. La primera era la mujer de Aquilino Calvo, dirigente de la JSU que permanecía apresado en el campo de concentración de Albatera (Valencia), y su domicilio había sido utilizado para ocultar a militantes de las juventudes llegados a Madrid tras el fin de la guerra. La segunda había sido captada por Tárrega para que se hiciera cargo de la organización femenina en el sector.

La justicia franquista actuó a una velocidad de vértigo e instruyó contra ocho de los detenidos un procedimiento sumarísimo de urgencia, el 13.896, que concluyó con el fusilamiento de todos ellos en la madrugada del 17 de mayo. La citada causa no ha podido ser consultada sesenta y cinco años después, en 2004, al estar «desaparecida» en el Archivo del Tribunal Militar Territorial número 1. Los ajusticiados fueron Julián Muñoz Tárrega, Julián Fernández Moreno, Gregorio Muñoz García, José Pérez Sánchez, Sergio Ortiz González, Joaquín Fernández Vera, Daniel de Diego y Ricardo Gómez Alonso. La única noticia sobre su suerte la aportó el diario *Abc*, en su edición del jueves 18 de mayo de 1939, con el título «Consejo de Guerra».

«En las primeras horas del día de ayer ha sido vista y fallada causa» contra los arriba citados «todos ellos pertenecientes a la JSU, habiendo recaído contra los mismos sentencia de muerte, la que una vez aprobada ha sido ejecutada en las últimas horas de la tarde de ayer».

Un hecho inédito, ya que ningún diario volvió a informar de las sucesivas y habituales ejecuciones que tendrían lugar en Madrid, salvo para dar cuenta, de manera genérica y sin facilitar identidades, del cumplimiento de la justicia franquista contra los enemigos del régimen. El primer fusilamiento del que existe constancia en los libros de inscripción de defunciones del Cementerio del Este se llevó a cabo el 6 de mayo de 1939. Según el mismo, el siguiente se registró veinte días más tarde, el día 26. El fusilamiento de los ocho militantes de la JSU el día 18 debió, pues, ejecutarse en otro emplazamiento de la capital, pese a que las tapias del citado camposanto fueron el principal escenario de la muerte de los opositores al régimen durante los primeros años de la posguerra. La información de *Abc* —y este tipo de notas eran «remitidos» de obligada inserción en toda la prensa— da cuenta también de una ejecución llevada a cabo apenas unas horas después de celebrado el consejo de guerra, algo que no era habitual. De hecho, en la mayoría de los casos los condenados esperaban durante meses la ejecución de la sentencia, y sólo en ciertas ocasiones ésta se llevaba a efecto transcurridos varios días desde la vista oral.

La imposibilidad de consultar la causa por la que fueron fusilados estos ocho jóvenes de la JSU impide conocer la fecha aproximada de su detención, aunque a la vista de las declaraciones de otros militantes capturados en la misma operación y desviados después hacia otros sumarios, es posible afirmar que debió producirse en los primeros días del mes de mayo. La causa, así, seguramente se instruyó con enorme celeridad, en una semana o menos, y fue ejecutada de manera inmediata. Un castigo ejemplar.

Manuel González Gutiérrez, *Manolín*, el líder del sector, de dieciséis años de edad, que fue el primer detenido, y cuyas declaraciones permitieron a la Policía identificar al resto de los responsables, sorprendentemente no fue procesado en la causa 13.896, sino en la 55.047, instruida con posterioridad y a la que fueron a parar otros militantes de la JSU que no serían juzgados hasta enero de 1940. Dada su minoría de edad, Manolín fue entregado a la jurisdicción especial de los Tribunales Tutelares de Menores, donde se pierde su pista.

La desarticulación del sector de Chamartín de la Rosa, el más importante y organizado de los que había puesto en marcha la JSU, estrechó el cerco policial en torno a las juventudes.

«Uno de los que se sabe por la declaración de los detenidos que forma parte del Comité Provincial de las Juventudes Socialistas Unificadas, y como tal miembro transmitía órdenes al enlace que tenía dicho comité para que éste las transmitiera al comité de Chamartín, es un individuo llamado José Pena Brea», decía el enrevesado informe policial firmado por Fontenla.

El secretario general de la JSU era así identificado por la Policía franquista cuando llevaba poco más de un mes en Madrid. A continuación se trataba de dar con él para precipitar el desmantelamiento de la organización con la captura de todos sus dirigentes. Lo que no sabían los investigadores era que Joaquina López Laffite, la joven denunciada y detenida el 18 de abril anterior, era una de las integrantes de dicha dirección. Joaquina permanecía en ese momento ingresada en la prisión de Ventas a la espera de ser juzgada por su militancia comunista, aunque nadie la había relacionado con la estructura clandestina de la JSU y ella había conseguido salir indemne de los interrogatorios sin desvelar dato alguno.

Siguiendo la pista del joven Pena la policía franquista dio con el paradero de otros desafectos, que sin tener nada que ver con la trama organizativa de la JSU ni del PCE, sí lo tienen con esta historia.

# 9
# El complot

## Una rosa: Blanca Brisac

«En Madrid, siendo las once horas del día tres de mayo de mil novecientos treinta y nueve, Año de la Victoria, ante el instructor y el secretario que certifica comparece la que dice ser y llamarse Manuela de la Hera Maceda, hija de Honorio y de Manuela, natural de Madrid, de diez y nueve años, soltera, sus labores, con domicilio en la calle de Buenavista número treinta y seis...»

El funcionario de la División de Investigación Política de la Policía Militar tecleaba la máquina de escribir con los dedos índices a un ritmo desdeñoso y torpe a un tiempo. Como si de un formulario se tratara, el agente se dispuso a dejar constancia de la comparecencia de aquella muchacha nerviosa que decía estar dispuesta a prestar un servicio a la patria. Manuela inició su relato diciendo que tenía noticias de que en el número uno de la calle de San Andrés, domicilio de Enrique García Mazas, al que todo el vecindario conocía como *Agudo*, un apodo que había heredado de su padre, se celebraban reuniones clandestinas a las que acudían individuos del Partido Comunista que preparaban un complot para atentar contra el Generalísimo el día del desfile de la Victoria. Las personas que participaban de aquellos contubernios se saludaban puño en alto y daban vivas a Rusia. Ella, dijo Manuela, no conocía a las citadas personas, sólo al mencionado Agudo, del que sabía era músico y miembro del Sindicato de Profesores de Orquesta, y que su mujer se llamaba Blanca. También sabía que un tal Juan Canepa, músico igualmente, tenía mucha relación con el matrimonio y le suponía entre los habituales de aquellos encuentros. De él tenía la certeza de que escondía armas en su casa porque así se lo había escuchado ella personalmente, pues no en vano era su cuñado, el marido de su hermana Julia de la Hera.

Poco más de media hora de comparecencia que el probo funcionario cerró con el formulismo de rigor: «Que no tiene más que decir, de lo que certifico».

Hacía días que Juan Canepa había abandonado el domicilio de su suegra y su cuñada, en el número 36 de la calle de Buenavista, por las continuas desavenencias entre ellos. No se aguantaban. Él había sido un destacado activista del partido durante la guerra, lo que le había granjeado la enemistad de aquellas dos mujeres. Juan era, junto con Federico Bascuñana, uno de los compañeros que se habían librado de la redada policial que acabó con la detención de Matilde Landa y de la mayor parte de los miembros del Comité Provincial que estaban reorganizando partido. Si había vivido con ellas hasta entonces era porque aquél fue también el domicilio de su mujer, Julia, hasta que ella marchó a Alicante. Desde entonces no habían vuelto a verse. La situación con la familia de su esposa era tan crispada que finalmente optó por mudarse a casa de su madre, en el número 16 de la calle Lope de Vega. Fue a este domicilio al que fechas atrás acudió en su busca Severino Rodríguez Preciado, el muchacho que quedó al frente de la JSU hasta la llegada de José Pena, para intentar contactar a los jóvenes con el partido. Nadie le abrió la puerta y no volvió por allí.

Juan vivía escondido, había sido el secretario del Sindicato de Profesores de Orquesta, llamado también de los Trabajadores de la Música, y propagandista del PCE. La casa de su madre estaba en el tercer piso, y él pasaba el día entre su domicilio y el de la familia García Batanero, que vivía en el cuarto, con la que tenían amistad desde hacía más de veinticinco años. Allí subía a desayunar, comer y cenar a cambio del pago de una pequeña pensión. La casa se había convertido en una especie de lugar de acogida para familiares y amigos. Celestino García Novoa, el cabeza de familia, su mujer, Librada Batanero Sancho, y el hijo de ambos, Francisco García Batanero, compartían su escueta vivienda con una sobrina del matrimonio, Victoria Batanero Henche, y su marido, Domingo Cándido Luengo, a quienes la guerra trajo a Madrid. Apenas si salían a la calle, y mucho menos se atrevían a abandonar la ciudad por miedo a ser detenidos. Vivían agazapados, escondidos, a la espera de que aquella ciudad henchida de odio, rencor y ánimo de revancha recuperara su pulso cotidiano.

La hora de la comida se convertía en una suerte de reunión en la que Juan tomaba la palabra para vaticinar que la guerra en Europa iba a estallar de un momento a otro, y que entonces ya se vería lo que pasaba con los nacionales. Los vencedores tenían miedo, decía, como demostraba el hecho de que Franco aún no hubiera bajado a la capital. «Madrid es una ciudad roja y aquí quedan todavía muchos comunistas con armas dispuestos a todo.» «Yo —decía Juan— no he matado a nadie, no he cometido delitos de sangre, pero si por haber escrito artículos y ocupado un cargo en Espectáculos van a fusilar a alguien, entonces yo seré uno de ellos. (...) Los rojos hemos cometido barbaridades, pero también los nacionales.» Y tras repetir día tras día su perorata terminaba a punto de llorar cuando reconocía que su mayor obsesión era la certeza de que no volvería a ver a su familia. Después se despedía de todos y bajaba a dormir a su casa. Y así un día tras otro esperando que ocurriera no sabía qué.

Enrique García Mazas, el otro «comunista» al que Manuela de la Hera acababa de denunciar en el cuartel de la Policía militar, tenía treinta y cinco años y estaba casado con Blanca Brisac, de veintinueve. Eran como el día y la noche. Él alto y delgado, con el pelo cortado a cepillo, la piel morena y una barba cerrada. Ella bajita y regordeta, de una piel blanquísima y dientes como el nácar. Él era uno más de una amplia familia de nueve hermanos, cuatro varones y cinco chicas, en la que los hombres se habían dedicado a la música, y Blanca era la mayor de tres hermanas, hijas de un francés judío, fallecido hacía años, que había sido el próspero propietario de una fábrica de paraguas en Bayona (Francia), afincado en San Sebastián tras desertar del Ejército francés durante la Primera Guerra Mundial, y que terminaría trasladándose a Madrid. Se conocieron siendo muy jóvenes en el cine Alcalá. Ambos tocaban en la banda de música que, a pie

Blanca Brisac, segunda a la izquierda, con sus padres y hermanas. (Foto cedida por Enrique García Brisac, hijo de Blanca.)

de pantalla, amenizaba las películas mudas que se proyectaban en la sala. Enrique el violín y Blanca el piano. Se casaron y se fueron a vivir de alquiler a una amplia vivienda en el número 1 de la calle de San Andrés, en el barrio de Maravillas, que compartían con Ricardo, el mayor de los ocho hermanos de Enrique, y sus cinco hijos.

Enrique se ganaba la vida tocando el violín en el café Europeo, ubicado en la glorieta de Bilbao, esquina a la calle Carranza, y Blanca ayudaba con la venta de las labores que cosía en casa. Tuvieron una hija, Mercedes, que murió de pulmonía a los pocos meses de nacer, y después nació el pequeño Enrique, que tenía ya once años y era la alegría de aquella casa. Llevaban una vida sencilla y feliz hasta que la guerra lo vino a trastocar todo. El alzamiento pilló a Enrique en el balneario de Corconte, en Santander, al que acudía a tocar cada verano con la orquesta de los hermanos Aquino, Tomás y Gaspar. Estuvieron todos a punto de ser fusilados, pero finalmente quedaron libres y, pese a estar en zona nacional, Enrique se las arregló para regresar a Madrid con su mujer y su hijo. No fue movilizado al frente porque era estrecho de pecho, pero quedó adscrito como platillero a la banda de música del Regimiento de Ingenieros, y de vez en cuando tenía que ponerse el uniforme y acudir a tocar en algún desfile de tropas o con motivo de algún mitin republicano. En tres años de guerra no había disparado ni un solo tiro, aunque el sindicato le dio una pistola, que él devolvió sin usar el 27 de marzo, un día antes de que los nacionales entraran en la ciudad. Ésa había sido toda su participación en la guerra. Una guerra que no había traído a su familia más que calamidades, con la muerte de uno de sus hermanos en el frente alcanzado por una bala perdida. Paradojas de la vida, el hambre le había curado a él una úlcera de estómago que padecía desde hacía años.

Juan Canepa y Enrique García Mazas eran amigos desde hacía once años y habían compartido responsabilidades en el Sindicato de Profesores de Orquesta. El primero como secretario y el segundo como vocal. Pero Enrique, a diferencia de su compañero, nunca había tenido inquietudes políticas, y si se había afiliado al PCE unos meses después de que estallara la guerra fue porque así se lo recomendaron otros camaradas del sindicato, entre ellos Esteban Dodignon, su presidente, y el propio Juan. Aquella decisión le granjeó la enemistad de su familia política, que no simpatizaba con la causa republicana. Una situación que se agravaba con la militancia de Blanca en la UGT desde 1938 y que, como otras muchas mujeres de la retaguardia, había cosido para los hombres que luchaban en el frente. Los recelos no habían impedido que Enrique, Blanca y su hijo vivieran algunos meses durante la guerra en el domicilio de la madre de Blanca y de sus dos hermanas, Concepción y Esperanza, en el número 38 de la calle Goya, al verse obligados a abandonar su casa por la proximidad del frente y los frecuentes bombardeos a que era sometido el barrio. Se aguantaron como pudieron hasta que regresaron de nuevo a su casa de San Andrés.

El fin de la guerra y la entrada de las tropas nacionales en la capital hicieron que Enrique perdiera el contacto con su amigo Canepa, hasta que a primeros de abril éste le hizo llegar por unos compañeros el recado de que necesitaba verle con urgencia. Era un viejo amigo al que no podía dar la espalda. Si le llamaba era porque se encontraba en dificultades. Blanca pensó que podía ser peligroso que viesen a su marido con un militante comunista que tanto se había significado, y decidió ser ella quien acudiera a la cita. Una mujer pasaría más inadvertida. Fue primero a casa de su suegra en la calle de Buenavista, donde le recibieron con caras destempladas. Canepa ya no vivía en aquella casa, le espetaron, ni querían volver a saber nada de él.

Blanca le buscó entonces en casa de su madre, en la calle Lope de Vega, y allí le encontró. Juan le pidió que tan pronto como Enrique encontrara algún trabajo viera la manera de ayudarle a él a encontrarlo porque no tenía medios para vivir, y le entregó algo de ropa para que la empeñara en el Monte de Piedad. No tenía dinero, era peligroso salir a la calle y vivía de la caridad de los vecinos del piso de arriba. Se vieron tres o cuatro veces más y fue el pequeño Enrique quien le llevó las veinticinco pesetas que le dieron a su madre por aquellas vestiduras.

Ni Juan Canepa, ni Enrique García Mazas, ni Blanca Brisac, ni la familia Batanero pensaron por un momento que su amistad les iba a costar tan cara, y menos aún que iba a ser alguien tan próximo a ellos quien les denunciara ante la Policía.

«Diligencia para hacer constar que en virtud de la anterior comparecencia, el señor instructor acuerda se practiquen gestiones por agentes afectos a esta División para proceder a la detención de los denunciados.» La Policía Militar tenía entre sus manos no una denuncia más de las muchas que a diario se recibían en comisarías y cuarteles, sino que le había sido revelada una operación conspirativa de los comunistas para intentar asesinar al Generalísimo. Un complot que sólo existía en la mente de aquella muchacha de diecinueve años nerviosa y asustada, Manuela de la Hera, que acababa de prestar declaración con el convencimiento de que denunciando a su cuñado y sus amigos «comunistas» su familia quedaría «limpia» a los ojos inquisidores de los vencedores.

«Vinieron a buscar a mi padre por la mañana —recuerda Enrique García Brisac—. Varios policías entraron en casa, lo revolvieron todo y se lo llevaron sin dar ninguna explicación. Le encerraron en un edificio que había sido checa durante la guerra, en la calle de Almagro, y que se había transformado en un centro de detención de los nacionales. Mi madre se quedó a la puerta de casa llorando sin saber qué hacer ni qué decir, y días después, cuando fue a visitarle y llevarle un paquete, fue también detenida. No entendíamos nada de lo que estaba pasando porque mis padres no se habían significado nada políticamente y hasta eran beatos en sus creencias religiosas. Ellos mismos estaban tan convencidos de que no podía ocurrirles nada, que mi padre rechazó la oferta de marcharse a México que le hizo un hermano de Juan Canepa fechas antes de que acabara la guerra. Le dijo que se marchara con él y mi padre le contestó que no tenía nada que temer.»[49]

Aquel lúgubre edificio de la calle Almagro era una de las dependencias de la División de Investigación Política que había recibido la denuncia y que iba a hacerse cargo de la investigación sobre la existencia de una conspiración para atentar contra el Caudillo. Uno a uno, todos los detenidos negaron tener nada que ver con ningún complot. Eran, simplemente, vencidos. Juan Canepa fue el único que no prestó declaración porque, según consta en la diligencia policial, «se suicidó en los calabozos de esta dependencia». En el registro de su domicilio la policía encontró ocultas en el interior de un piano una pistola Máuser del calibre siete setenta y cinco especial, otra Astra, con

49. Los datos personales sobre Enrique García Mazas y Blanca Brisac fueron facilitados al autor por su hijo Enrique García Brisac.

las cachas de nácar, del calibre nueve corto, y una tercera de la marca Star y calibre siete setenta y cinco. Ésas eran las pruebas irrefutables de que la denuncia era cierta y el complot contra el Caudillo real. Poco importaba lo que declararan los detenidos. ¿Qué iban a decir en su descargo, sino que ellos no sabían nada? Pero la verdad resplandecería, dijeran lo que dijeran.

«Preguntada para que diga ser cierto que en su casa se han celebrado reuniones de personas de uno y otro sexo, todos comunistas, para organizar un complot a fin de perturbar el orden público el día del desfile en Madrid, atentando contra la vida del Generalísimo, y que la declarante servía de enlace entre los organizadores de dicho complot, del que era figura destacada Juan Canepa y su esposo Enrique García Mazas.»[50]

Blanca escuchaba asustada el cúmulo de acusaciones sin fundamento que le lanzaba el juez militar, sin saber cómo negar lo inexistente con más palabras que un simple no, con algún argumento que convenciera a sus inquisidores de que decía la verdad.

«Contesta que no es cierto.

»Preguntada para que diga si con alguna otra persona ha hecho comentarios o tenido conversaciones sobre la actuación de las autoridades nacionalistas, o ha expresado el concepto que le merecía la marcha de los sucesos de la guerra.

50. Los entrecomillados son transcripción literal de la declaración prestada por Blanca Brisac Vázquez ante el juez militar número 4 el día 18 de mayo de 1939, incorporada a la causa 30.426.

Blanca Brisac en 1939 en una foto tomada meses antes de su fusilamiento. (Foto cedida por Enrique García Brisac, hijo de Blanca.)

»Contesta que únicamente cuando Madrid era bombardeado alguna vez ha dicho que los bombardeos eran una canallada, sin que hiciera otro comentario, y que decía eso por ser contraria a toda violencia, añadiendo que deseaba que terminara la guerra, fuera como fuera. Que antes de producirse el Movimiento Nacional era de ideología derechista, y en las últimas elecciones, lo mismo ella que su marido votaron la candidatura de derechas, pero después, quizás por el ambiente, fue cambiando de ideología, deseando únicamente que terminara la guerra para tener tranquilidad.»

Uno a uno, todos los detenidos negaron las acusaciones de Manuela de la Hera, aunque todos reconocieron que Juan Canepa alardeaba del poder de los comunistas y del miedo de Franco a venir a Madrid por temor a que estuvieran preparando algo para el día de la Victoria. La Policía tenía la denuncia, las armas encontradas en casa de Canepa y sus comentarios políticos. El nexo que les iba a permitir fabricar el complot lo facilitó Domingo Cándido Luengo, el marido de Victoria Batanero, la joven pareja que vivía refugiada en casa de sus tíos y que compartió mesa, mantel y conversación con Juan.

Domingo tenía veintiocho años, era natural de Jaraiz de la Vera (Cáceres), estudiaba para practicante y durante la guerra había sido, «por imposición», según su testimonio, capitán de Sanidad Militar del Ejército Rojo.

«Que cree que el Canepa se ocultaba de la autoridad, pretendiendo llegase el día del desfile, fecha en la que probablemente, y acaso en combinación con otros, pretendía realizar algún atentado, aunque desconoce las personas que pudieran relacionarse con él para este fin.»[51] Domingo relató a sus captores que él mismo había recomendado a su tío que denunciara a aquel vecino incómodo ante las autoridades por sus manifestaciones, que ponían en peligro a todos los que vivían en aquella casa, y que así lo había hecho aquél en la tenencia de alcaldía de distrito.

La Policía ya tenía su complot y las pruebas. El matrimonio García Batanero, su hijo y su sobrina fueron puestos en libertad «por no considerarles complicados en los actos que se denuncian». No así Enrique García Mazas y su mujer, Blanca Brisac, Esteban Dodignon y el propio Domingo Cándido Luengo, a quien su confesión no le sirvió para salvarse. Para la Policía, si estaba al tanto de la preparación del atentado era porque él mismo estaba implicado. Los hombres fueron trasladados a la prisión de Yeserías, y Blanca, la única mujer imputada, a la de Ventas. Empezaba para ellos la cuenta atrás de un incierto destino.

51. Declaración literal de Domingo Cándido Luengo, incorporada a la causa 30.426.

# 10
# Mujeres solas

## Dos rosas: Julia Conesa, Adelina García

Fueron a buscarla a casa. Dolores Conesa Gutiérrez y su hija mayor, Trinidad, estaban cosiendo cuando llamaron a la puerta con violencia. Eran dos policías que preguntaban por Julia, por su Julita. Tenía que acompañarles a comisaría. No quisieron decirles cuál era el motivo, sólo que se trataba de una gestión rutinaria, unas comprobaciones, cosa de nada, y que en unas horas estaría de vuelta. Fue así como el 5 de mayo de 1939 se llevaron a Julia Conesa Conesa, de diecinueve años de edad, nacida en Oviedo, aunque toda su familia era natural de Cartagena.

Su padre, José Conesa Soriano, fue maquinista de la línea Madrid-Oviedo, pero su muerte prematura en 1928, a consecuencia de una pulmonía, dejó a su mujer al frente de la familia. Tenían tres hijas que Dolores tuvo que sacar adelante a base de muchas puntadas. La mayor, Trinidad, tenía once años cuando su madre enviudó. Después de ella habían nacido Ángeles, dos años menor, y Julia, la más pequeña, que tenía siete cuando se quedó sin padre.

La familia residía en una pequeña vivienda en el número 5 de la calle Galería de Robles, entre la calle Alberto Aguilera y la plaza del Dos de Mayo. Una casa de mujeres solas, porque aunque tras la muerte del padre de familia la hija mayor se había casado con un joven apuesto, Antonio Paje Escudero, éste había marchado al frente nada más empezar la guerra, y aquellas cuatro paredes y aquellas cuatro mujeres se quedaron de nuevo solas. Antonio y Trinidad se habían conocido en el Círculo Socialista del Norte, que estaba en la calle Monteleón, al que los jóvenes acudían los domingos a bailar. Vivía en la vecina calle del Cardenal Cisneros y su padre era monitor de Salud y Cultura, una organización vinculada al partido socialista que se preocupaba del ocio de los trabajadores. Allí, entre pasos de baile, fraguaron su amor y se casaron en 1936, cuando Trinidad acababa de cumplir los veinte años.

Antonio Paje era militante de las juventudes socialistas y fue teniente de Transmisiones en el Ejército republicano. Luchó hasta el final de la guerra en el frente de Somosierra, y al acabar la contienda fue hecho prisionero y trasladado al campo de concentración de la Santa Espina, en Valladolid. Ángeles, la mediana, también tuvo novio. Era piloto y su avión fue derribado en combate. Cuando supo que había muerto estuvo a punto de volverse loca. Le quería con locura. Cayó en una profunda depresión que le hizo enfermar. Su madre la envió a Cartagena a pasar una temporada con la familia, por ver si la brisa del mar la mejoraba de su estado, pero Ángeles no pudo olvidar. Regresó a Madrid y desde entonces permanecía postrada en cama, abatida, desmadejada por un dolor imposible de localizar.

Julia salía también con un muchacho cuya familia tenía una cerrajería, pero a ella le interesaba mucho más el deporte que aquellos amoríos que tantos problemas daban a sus hermanas. Trinidad seguía suspirando por su Antonio, preso lejos de Madrid, con el corazón encogido cada vez que imaginaba qué iba a ser de él, qué iba a ser de ellos. Y Ángeles, enferma por el cariño de un hombre muerto. A Julia le gustaba correr, y antes de que los nacionales entraran en Madrid solía hacerlo por la Casa de Campo. Fue el deporte lo que la llevó a la Juventud Socialista Unificada. Se afilió en el sector Oeste a finales de 1937 con la intención de seguir los cursos de gimnasia y deportes que se impartían en los locales de la organización, y terminó siendo monitora y secretaria deportiva del mismo. Ni su madre ni sus hermanas sabían nada de ello. Nunca quiso preocuparles y, además, a ella sólo le interesaba el deporte, no la política. ¿Para qué explicarles entonces que se había afiliado?

Pero la guerra se lo llevó todo. El deporte y las risas. La sede de la JSU se convirtió en un improvisado hospital de sangre y ella tuvo que ponerse a trabajar para ayudar en casa. Lo hizo como cobradora de tranvías por un jornal de doce pesetas al mes. «Todos los hombres útiles al frente. Todas las mujeres, al trabajo para reemplazarlos», proclamaba la Agrupación de Mujeres Antifascistas (AMA). En Madrid y Barcelona la incorporación de las mujeres a los puestos que dejaban vacantes los hombres que iban al frente fue fundamental para el mantenimiento del transporte público. Tal fue su aportación que el 80 por ciento del personal de la Compañía Metropolitana de

Madrid era femenino durante la guerra. Así, no fue extraño ver a mujeres conduciendo autobuses, metros o tranvías o, como Julia, ejercer de cobradoras. Cuando los nacionales entraron en la capital perdió el trabajo porque la empresa, la Sociedad Madrileña de Tranvías, decidió que aquélla no era una ocupación para mujeres y comenzó a cubrir sus vacantes con personal masculino.

Además, las depuraciones de quienes habían colaborado con la República dejaban vacantes que cubrían quienes habían luchado contra ella. Un bando emitido el 30 de marzo llamaba a todo el personal que había trabajado en ferrocarriles, tranvías y metro con posterioridad al 18 de julio de 1936 a que se presentara en los lugares en que habitualmente prestaba servicio para proceder a su depuración. No eran los únicos, un edicto de la pomposamente llamada Auditoría de Guerra del Ejército de Ocupación había convocado a todos los funcionarios civiles del Estado a presentarse ante el juez militar de funcionarios, instalado en Castellana 13, en el plazo máximo de quince días para prestar declaración. Debían acompañar cuantos avales, certificados y documentos facilitaran «el esclarecimiento de su actuación durante el dominio rojo, así como su afección al Movimiento Nacional». Tener trabajo iba a ser una tarea imposible para los «rojos». Excombatientes, mutilados, familiares de fallecidos y afectos, sin más, tenían preferencia para ocupar los puestos de trabajo de la Administración. El resto estaba condenado a ganarse la vida como pudiera, sirviendo en casas particulares o cosiendo en la propia.

Cuando fueron a buscarla cosía, como su hermana Trinidad. Ambas habían aprendido de su madre el oficio de modista. Preguntaron por ella y se fue con aquellos hombres malencarados, de gesto adusto y poco amistoso. Iba a ser cuestión de horas, unas comprobaciones de rutina, nada importante, y volvería a casa. Pero no volvió. Ni esa noche ni al día siguiente. El nerviosismo y el miedo se apoderaron de su familia. No sabían adónde se la habían llevado, ni dónde preguntar por ella. Julia no era la primera a la que venían a buscar a casa, y tuvieron que ser algunos vecinos quienes les comentaran, casi en secreto, que a otros detenidos en el barrio por la Policía o por las milicias de la Falange los tenían encerrados en una comisaría de la calle Segovia. Y hasta allí se fue Trinidad a buscar a su hermana. Allí estaba, efectivamente, aunque no pudo verla. Los agentes se limitaron a decirle lo que otros le dijeron antes, que iba a estar retenida unos días, mientras se aclaraban algunos extremos de su actuación durante el periodo «rojo», pero que iba a salir enseguida. Palabras vacías ante las que no convenía insistir porque aquellos hombres grises amenazaban con detenerte si te obstinabas en las preguntas. Vuelva usted otro día.

También fueron a buscar a su casa a su amiga Adelina García Casillas, de diecinueve años de edad como ella, pero no la encontraron. El 30 de marzo, recién entradas las tropas nacionales en Madrid, sus padres la enviaron con sus dos hermanos pequeños a casa de unos familiares en Hoyo Casero (Ávila), de donde eran naturales. Eran días revueltos en la capital y lo mejor era que los chicos estuvieran lejos mientras la ciudad recuperaba la calma. Su padre, guardia civil, había permanecido durante toda la guerra en Madrid, lo que le convertía en sospechoso mientras se aclaraba si era o no afecto al régimen.

Cuando los agentes preguntaron por ella tampoco dieron explicaciones a su familia. Tenía que contestar unas preguntas y lo mejor que podía hacer era regresar a Madrid o darían parte de ella al juzgado como rebelde. Ellos volverían en unos días para verificar su vuelta, y si no la encontraban serían otros los encargados de buscarla, y ya no con tan buenos modales como los suyos. Asustada, su madre le escribió para pedirle que se pusiera en camino hacia Madrid tan pronto como pudiera porque la Policía quería hacerle unas preguntas. Y Adelina volvió a casa. ¿Qué podía temer? Tan sólo había estado afiliada a la Unión de Muchachas, de la JSU, y en algunas ocasiones había repartido propaganda, pero desde que terminó la guerra no había vuelto a saber nada de sus compañeros. Esperó a sus captores en su domicilio y se la llevaron sin más explicaciones. Adelina, como Julia, tampoco volvió a casa.

Con Julia detenida en comisaría, su hermana Ángeles se consumió como una flor. La tristeza se hizo más fuerte que ella y murió. El dolor desgarró a la familia. Primero papá y ahora ella. Los llantos de Dolores y Trinidad cuando acudieron a pedir permiso para que Julia pudiera asistir al entierro de su hermana obraron lo inesperado. Tendría permiso, aunque acompañada de dos agentes, y regresaría a su celda tan pronto como hubiesen terminado las exequias. Y Julia salió de su encierro para dar tierra a su hermana en el cementerio del Este. Sólo asistieron la madre, las dos hermanas y dos tíos, hermanos de Dolores Conesa. Ningún vecino, ningún amigo. Mezclarse con una fami-

Las hermanas Trinidad y Julia Conesa (a la derecha), en una imagen de 1937. (Foto cedida por su sobrino Antonio Paje Conesa.)

lia que tenía a alguno de sus miembros detenido como enemigo del nuevo Estado era un gesto que requería mucho valor. Quien lo hiciera podía ser «marcado» e incorporado al laberinto en el que los vencedores habían convertido la justicia. Por eso no les acompañó nadie. Por eso el dolor fue, si es que era posible, aún más grande.

Desde entonces, ir a comisaría se convirtió para Trinidad en un gesto rutinario, incorporado a las tareas diarias con las que ocupaba aquellos días sombríos. Hasta que una mañana la costumbre se rompió y tuvo la sensación de que el mundo se le caía encima. Julia había sido trasladada a la prisión de Ventas.

«Sírvase usted disponer lo necesario con el fin de que ingresen en ese establecimiento, a mi disposición, los individuos que al margen se relacionan, pues así lo tengo acordado en las diligencias que instruyo por rebelión en proveído del día de la fecha, sirviéndose usted participarme tal ingreso. Julia Conesa Conesa, Adelina García Casillas, Concepción Campoamor Rodríguez, Julia Vellisca del Amo, Amparo Serrano Expósito, María Serrano Expósito y Josefa Serrano Expósito.»[52] Rubricado por el titular del Juzgado Militar Permanente número 8.

Para Dolores Conesa comenzó un habitual ir y venir de prisión los días señalados para las visitas. Entonces esperaba encogida y asustada, confundida entre una enorme fila de personas que intentaban descifrar el destino de sus seres queridos y pasarles algún paquete que paliara su desesperante situación en aquel inmenso pudridero humano. Allí coincidió con los padres de Adelina, y allí supo de otra amiga de su hija también ingresada en aquella prisión: Julia Vellisca del Amo, como su Julita muy aficionada al deporte.

El origen de sus detenciones estaba en una denuncia presentada el 4 de mayo en el acuartelamiento de la Segunda Compañía Eventual de Madrid por un muchacho de dieciséis años, Gaspar Ruiz Faura, contra su amigo Bernardino Francisco Sanz, un año

52. El escrito figura incorporado al expediente penitenciario de Julia Conesa Conesa, que se encuentra depositado en el archivo del centro de inserción social Victoria Kent, antigua prisión de Yeserías.

mayor que él.[53] Faura aseguraba que su compañero le había contado que las juventudes comunistas se estaban reorganizando en el barrio con el objetivo de preparar atentados y actos de sabotaje el día del desfile de la victoria, y que contaban con chicas dedicadas al espionaje que se habían infiltrado en la Falange. El grupo disponía de armas, y como carecía de un domicilio para las reuniones, celebraban éstas en la calle, mientras simulaban dar un paseo.

La detención de Bernardino y sus posteriores declaraciones ante sus captores fueron el hilo de una cadena de detenciones en las que se vieron envueltos su novia Concepción Campoamor Rodríguez, Enrique Sánchez Pérez, los hermanos Pascual y Manuel González Pérez, Alfonso Domínguez Palazuelos, Juan José Pacheco Flores, Delfín Azcuaga Montes, Fernando López González, Antonio Fuertes Moreno Peñuelas, novio de Julia Vellisca, esta misma y sus amigas Adelina García Casillas y Julia Conesa Conesa. Muchos de ellos habían formado parte durante la guerra del Círculo Aida Lafuente, una de las numerosas organizaciones culturales de la JSU, que en este caso llevaba el nombre de una miliciana asturiana muerta durante la revolución de octubre de 1934.

La familia de Julia Conesa sostiene que la Policía se incautó de un fichero de militantes que el citado centro cultural tenía en la calle Modesto Lafuente, que se utilizó en su contra. El gru-

53. La denuncia aparece incorporada al sumario 55.047, en el Archivo Militar Territorial número 1.

po fue acusado de tramar un complot y de ser el autor de unos pasquines con la leyenda «Menos Franco y más pan blanco» que aquellos días habían aparecido por las calles y que ninguno de ellos reconoció como propios. Para las nuevas autoridades, aquellos muchachos eran la semilla del comunismo derrotado en el campo de batalla. Un germen que no había que dejar crecer. Julia Conesa, Adelina García y Julia Vellisca pasaron así a formar parte del enorme almacén de vidas humanas que era la cárcel de Ventas.

La prisión se levantaba en el límite del ensanche del conocido como «Madrid moderno». Había sido construida por la República sobre terrenos públicos, en los límites de expansión del centro urbano hacia el Este. Limitaba al Norte con el tramo final de la calle Alcalá, al Este con los descampados del arroyo del Abroñigal, al Sur con el paseo del Marqués de Zafra y al Oeste con la plaza de Manuel Becerra. Tenía su entrada por el número 37 de la calle Marqués de Mondéjar, esquina con la calle Nueva del Este. Aquel edificio sobrio y moderno, de ladrillos rojos y paredes encaladas, dotado de grandes ventanales, había sido construido a iniciativa de Victoria Kent, directora general de Prisiones con la II República, que quería que las cárceles no fueran sólo lugares de castigo, sino espacios donde las internas se educaran para su vuelta a la libertad. No conforme sólo con ello, había creado también el primer cuerpo especial de funcionarias para sustituir a las religiosas de la orden de las Hijas de la Caridad, que hasta la inauguración de Ventas en 1933 se hacían cargo de las prisiones de mujeres bajo la dependencia de los funcionarios del Cuerpo de Prisiones, encargados de su dirección y administración. Su primer director había sido Francisco Machado Ruiz, hermano de los poetas Antonio y Manuel Machado.

Pero aquella prisión ante cuya puerta de acceso esperaba ahora Dolores no tenía nada que ver con los aires renovadores que Victoria Kent había intentado llevar al mundo penitenciario. Sus seis galerías, con veinticinco celdas individuales cada una, eran ahora un enorme almacén de reclusas, con hasta doce internas obligadas a compartir el espacio destinado a una sola. Y en aquel caos vivía su adorada Julia. Los días de visita eran para Dolores de agitación. Días preciosos y terribles al mismo tiempo. Por unos minutos podía ver a su hija y decirle a gritos cuánto la quería, separadas por alambradas y ahogadas sus voces por las de una turba de derrotados que, como ellas, luchaban por hacerse escuchar por sus familiares. Aquellas visitas le dejaban el estómago revuelto y el alma aún más dolorida por la visión de aquella joven cada día más flaca que había perdido el color sonrosado de sus mejillas.

Madre e hija idearon un método para comunicarse y trasladarse sus angustias sin la premura y la desesperación de aquellos encuentros fugaces: escribirse notas que entraban y salían de prisión de manera clandestina. Una de las innumerables normas emitidas por los vencedores establecía que las cartas que se depositaran en los buzones estuvieran abiertas para facilitar las operaciones de censura postal, siendo preferible el empleo de tarjetas postales. Estas tarjetas postales «oficiales», debían pasar la censura militar antes de entrar o salir de prisión y tenían que ser encabezadas obligatoriamente con la fecha seguida de la frase «Año de la Victoria», y concluidas con un «Arriba España. Viva Franco», lo que no garantizaba que finalmente llegasen a su destino. Julia y su madre compaginaron las tarjetas postales con notas que escondían en los dobladillos de la ropa que Dolores recogía en prisión para lavar. Aquello eran bocanadas de vida, arrebatos de cariño.[54]

«Querida hija: me alegraré que al recibir ésta estés bien, nosotros bien, a Dios gracias. Ésta es para decirte que por qué no escribes, aunque sean cuatro letras, porque se te han escrito tres cartas, una de tu hermana y dos del muchacho que habla contigo. Esperábamos contestación. Con el paquete de ropa te mandamos tarjetas para que escribas en cuanto recibas ésta. Dinos cómo estás y si necesitas algo. Desde luego, nosotras creemos que saldrás pronto. Te mando varias cosas de comer. Sin más, por ésta recibe besos de tu madre, abuela y tías. No dejes de escribir. Hasta la tuya. Besos de tu tío Antonio. Lola.»

«Querida mamá, me alegraré que al recibo de estas letras estés bien. Mamá, he recibido el paquete, pero mándame los zapatos, que no tengo, y un vestido, y jabón, y no te preocupes por mí, que me encuentro bien. Da muchos besos y abrazos para todos, y en particular para mi novio, que me acuerdo mucho. Da muchos besos a mis sobrinos y tíos y abuela. Y para la Trini, y tú recibe lo que quieras de tu hija, que no te olvida. Julia.»

54. Las cartas de Julia Conesa recogidas en este libro han sido facilitadas al autor por su sobrino Antonio Paje, hijo de Trinidad Conesa y Antonio Paje Escudero. Suyo es también el relato sobre la familia Conesa y la detención de su tía.

Aquello era una injusticia y había que demostrarlo antes de que fuera demasiado tarde. Dolores Conesa comenzó a recoger firmas entre los vecinos. Avales que confirmaran a las autoridades que Julia era inocente de todo cuanto pudieran acusarla. Que ella era sólo una muchacha en flor que no suponía ningún peligro para los vencedores. Pero qué más daba, había sido señalada y estampar ahora la firma en un escrito de apoyo suponía significarse. No fueron muchos los que se atrevieron a poner su nombre en él. El novio de Julia fue uno de los que sintió el calor agobiante del miedo.

«Querida mamá, me alegraré que al recibo de estas letras estés bien, yo bien gracias a Dios.

Mamá, hoy día 7 que me toca escribir cojo el lapicero para escribir a mi mamaíta con todo el cariño que siento.

(...)

Mamá, cuánto siento no poder ayudarte a buscar trabajo y trabajar la una para la otra.

Pues de lo que me dijiste de mi novio nada me importa, todavía soy muy joven. Si ése se ha ido, nada me importa, otro me vendrá, ¿no te parece? El día que yo salga de aquí ya le hablaré muy claro a ese idiota, tú no te apures por nada, que cuando yo salga se arreglará todo.

Bueno, mamita, recibe muchos besos y abrazos de tu hijita, que no te olvida un momento. Julia.»

Las cartas fueron, durante aquellos primeros meses de incertidumbre y desasosiego, lo único cierto a lo que poder agarrarse. La única certeza de que Julia estaba allí y estaba viva, aunque nadie sabía por qué motivos ni durante cuánto tiempo. La misma angustia de tantos y tantos derrotados, mientras el Ejército de liberación seguía empeñado en hacer de España «Una, Grande y Libre» al precio que fuera. Aún habrían de ocurrir muchas cosas. La represión no había hecho más que empezar y los muchachos de la JSU comenzaban a sentirse acosados.

La gran redada estaba aún por llegar.

# 11
# La redada

Cómo consiguieron dar con él es un misterio. Apenas salía a la calle y en aquel inmueble nadie le conocía. Quizá fue eso. La extrañeza de un vecino ante un inquilino desconocido, o tal vez la delación de un compañero que perdió las convicciones por la presencia intangible del miedo. Fuera cual fuese el motivo, allí estaba aquella jauría de policías y falangistas, pistola en mano y en un clamor de voces e imprecaciones. Era la madrugada del 11 de mayo cuando le sacaron a empujones de la cama: aturdido por el sueño interrumpido, y asustado por aquella manada de hombres que le zahería y le golpeaba mientras bramaban por la pieza cobrada. Bajó las escaleras a empellones, intentando recomponer la dignidad del derrotado. Descalzo, pugnaba por mantener el equilibrio mientras forcejeaba con los botones de la camisa y el cinturón del pantalón para no salir desnudo a la calle.

Ahora le harían hablar, que explicara lo que tramaba y que diera, uno a uno, los nombres y direcciones de todos los que estaban con él en la conjura. Le montaron en uno de los coches que esperaba junto a la acera, y el estruendo se perdió al final de la calle, diluido en la oscuridad de la noche. Habían pillado a un jefe comunista a una semana del desfile de la victoria y eso compensaba tanta vigilia patriótica en busca del enemigo.

El Caudillo había anunciado su traslado a Madrid, y la capital se preparaba para los fastos que habrían de dar realce a la victoria. El ministro de la Gobernación, Ramón Serrano Súñer, había hecho pública en Burgos una orden que anticipaba lo que habría de ser la mayor celebración desde el fin de la guerra.

«Alcanza la guerra el término simbólico y la victoria su más alta coronación con la entrada oficial del Caudillo en Madrid.

»España dispone la celebración solemne de este día en que la Patria siente el orgullo de su unidad, lograda por el unánime sacrificio, y ve como promesa cierta de un porvenir glorioso el desfile ante su Caudillo de un Ejército triunfador y de un pueblo hecho armada milicia. Renuévense en él, por la virtud fecundadora de una sangre heroica y creyente, las mejores glorias militares de nuestro siglo; se abren cauces inéditos para futuras empresas por el ímpetu ambicioso de una revolución nacional en marcha, y gózase el español viendo el universal reconocimiento de su nombre levantado por el Caudillo, que convirtió en Victoria el Alzamiento e hizo de la lucha incierta nuestro seguro triunfo.

»Por cuanto significa alegría nacional por la liberación de nuestras tierras y gentes y victoriosa confirmación de nuestra fe en el destino de la Patria, este día será celebrado conforme a las disposiciones siguientes:

»1.º Se establece el denominado "Día de la Victoria" para el 19 de mayo de 1939.

»2.º El día 18, vigilia de la celebración, cumplirán las provincias españolas festividades religiosas, desfiles y fiestas populares en las que participen todos los hombres.

»El día 19, dedicado a la celebración en Madrid, se dará lectura en las plazas mayores de todas las ciudades, pueblos y aldeas de España a la proclama que dirigió el general Franco el 19 de julio de 1936, al tomar el mando del Ejército de África, y el último parte de guerra del Cuartel general del Generalísimo.»

José Pena Brea fue conducido a la comisaría del Puente de Vallecas. En aquellos primeros meses de posguerra era habitual que los detenidos fueran trasladados al destacamento policial o militar más próximo, donde se les tomaba declaración para obtener de ellos cuantos datos sirvieran para capturar a otros compañeros. Allí podían permanecer días, e incluso semanas, sin ningún tipo de garantías, antes de ser ingresados en prisión. Algunos pasaban antes por el edificio que la Dirección General de Policía Urbana tenía en la calle Jorge Juan, en el que estaba instalado también el Tribunal Militar número 8, donde agentes «especializados» en la lucha contra la subversión los sometían a nuevos interrogatorios y torturas. Algunos se perdían por el camino y aparecían muertos en un descampado, otros se «suicidaban» en dependencias policiales, y quienes conseguían entrar en prisión lo hacían, por lo general, en un estado físico lamentable. Pero ni siquiera en ese momento terminaba su suplicio, ya que podían ser llamados en cualquier momento «a diligencias», lo que suponía su excarcelación, sin fecha fija de regreso, para ser sometidos a nuevos interrogatorios por policías, militares o falangistas. Cualquiera que tuviera datos incriminatorios sobre el detenido podía reclamar su entrega. Después había que eludir la muerte en los consejos de guerra sumarísimos que se celebraban a diario en la plaza de las Salesas, aunque fuera a cambio de una condena a treinta años. Salvar la vida a cualquier precio.

Un mes exacto había durado la libertad de José Pena Brea. El 10 de abril había llegado a Madrid desde Valencia tras ser excarcelado, y el 11 de mayo se encontraba de nuevo en manos de los nacionales. Sabía que la ortodoxia del partido obligaba a mantener silencio sobre el mismo y a no desvelar dato alguno que pusiera al enemigo sobre la pista de otros compañeros. Hacerlo, aunque fuera bajo el más atroz de los castigos, era considerado una traición, una muestra de debilidad ideológica. José quiso pero no pudo. ¿Dónde está el límite del dolor físico a partir del cual un hombre deja de ser él? ¿Dónde el contorno del miedo insuperable? Se derrumbó y contó lo que sabía para acabar con aquel suplicio. Primero, de forma escueta, y después, con todo detalle. Aquellos hombres feroces tenían suficiente rencor para hacerle hablar al precio que fuera. Y descubrió en su cuerpo que la crueldad humana no tiene límites ante el dolor ajeno, ante el sufrimiento del que llaman enemigo. La muerte parece entonces un final deseado, un desconocido al que nunca te atreverías a dirigir la palabra y al que ahora quisieras abrazar.

Contó que había defendido a la República, que intentó escapar de España por el puerto de Alicante, que allí fue hecho prisionero, que tras unos días preso en la plaza de toros de la ciudad fue puesto en libertad tras hacerse pasar por un simple miliciano, y que, finalmente, llegó a Madrid, donde se había hecho cargo de la reorganización de la JSU. Habló del PCE y de Federico Bascuñana, su enlace y la persona que más datos podía aportar sobre la organización clandestina del partido, ya que era él quien le transmitía las consignas y orientaciones del mismo. Habló y habló de los sectores, de los jóvenes que tenía ya encuadrados, de sus responsables, y de los muchachos y muchachas que compartían con él las responsabilidades en las juventudes. De Severino Rodríguez, de Rubén Muñoz Arconada, de Antonio López, de Sinesio Cavada, *Pionero*...

«Como encargado del sector Este está un individuo apellidado Sebastián, que vive en el número 29 de la calle Londres. En el sector Oeste un tal Ollero, cuyo domicilio desconoce, pero que tiene una novia llamada Virtudes que vive en General Porlier 31 o 35. Al frente del sector Sur un tal Viejo Bueno; en el sector de Chamartín de la Rosa un tal Manolín, que antes de la liberación de Madrid era miembro del Comité Provincial de la JSU de Madrid y que tiene dos hermanos; el sector Norte tiene como responsable a Faustino Jiménez» (...) «Que la JSU que actuaba en clandestinidad después de la liberación de Madrid posee armamento, que el declarante no posee arma alguna, pero que el mejor enterado de esto es un individuo apodado Nueve que vive en Valverde, y cuyas señas exactas conoce una tal Anita, de la calle Dulcinea 32» (...) «Que en cuanto a las consignas referentes a armas, le dijo Bascuñana que había que ir organizando a los que quisiesen entrar en el aparato militar para luego pasar a la organización militar que pudiera tener el partido comunista, pero cree que esto no se había llegado a realizar.»[55]

Nombres y más nombres, direcciones, referencias, descripciones físicas. José Pena contó todo lo que sabía, se deshizo de tan pesada carga para acortar su sufrimiento a un precio enorme. Incluso identificó a los dirigentes comunistas con los que había coincidido en sus primeros días de detención en el Campo de los Almendros, que intentaban pasar inadvertidos aprovechando la confusión creada por el número tan elevado de prisioneros. Sus declaraciones permitieron a los nacionales emplearse a fondo para desmantelar las incipientes organizaciones del PCE y de la JSU en la capital. En días sucesivos fueron cayendo todos los compañeros delatados por el líder juvenil. Antonio López del Pozo y Rubén Muñoz Arconada fueron detenidos el día 12; Severino Rodríguez, al día siguiente; Francisco Sotelo Luna y Federico Bascuñana, el 15; Ana López Gallego, Pilar Bueno Ibáñez, Virtudes García, Mari Carmen Vives, Dionisia Manzanero y Carmen Barrero, el 16. Cada día se producían

55. Las declaraciones de José Pena Brea son las primeras diligencias que aparecen recogidas en la causa 30.426. La primera está fechada el 12 de mayo de 1939. Dos más, como ampliaciones de la anterior, tienen fecha de 13 de mayo. Todas ellas fueron realizadas en el destacamento del Puente de Vallecas. Una cuarta declaración, prestada ya ante el director de Policía Urbana, tiene fecha de 27 de mayo. Su última comparecencia está fechada en mayo, sin especificar fecha concreta, ante el juez militar número 8. Los párrafos entrecomillados son transcripción literal de algunos fragmentos de las mismas.

nuevas detenciones.[56] Importaban los jefes, pero también los militantes de base, y los que habían sido invitados a sumarse a la organización, aunque hubiesen rechazado la oferta, porque ésta era, por sí misma, la prueba irrefutable de su simpatía con el enemigo. Cada detenido era, a su vez, una fuente de nuevas informaciones, de nuevos nombres que se incorporaban, sin saberlo, a la larga lista de perseguidos, que tras ser detenidos eran utilizados como cebos para capturar a otros compañeros.

Nieves Torres relata de esta forma su captura:[57]

«El día de San Isidro, el 15 de mayo, fui a echar una carta y me encontré por la calle con Antonio Sebastián (uno de los responsables del sector Este de la JSU), al que conocía de la guerra. Me dio mucha alegría verle y nos dimos un abrazo. Charlamos un rato y nos despedimos. Momentos después me abordaron varios policías que me dijeron que estaba detenida. Les dije que llevaba las llaves de la casa donde servía y que tenía que entregarlas. Entonces me acompañaron hasta ella y cuando me vio el señor exclamó ¡Ay Nieves, no sabía que estaba usted metida en estos líos! Después les explicó a los policías que me había recomendado una señora de derechas y que estaban muy contentos conmigo. Se despidió y me dijo que esperaba que se aclarara mi inocencia. Estuve un mes en la comisaría de la calle de Lagasca,

56. Las fechas son aproximadas, ya que se corresponden con las de las primeras declaraciones de los detenidos ante la Policía, sin que en ellas conste la fecha exacta de la detención. Tan sólo en la de José Pena se especifica que fue detenido en la madrugada del 11 de mayo.

57. Entrevista con el autor.

donde me hicieron cosas que no quiero recordar. De vez en cuando me sacaban a la calle de gancho para ver quién se me acercaba y detenerle, igual que hicieron con Antonio Sebastián para cogerme a mí. Era terrible».

La detención de los dirigentes del PCE llevó también hasta sus militantes, como Dionisia Manzanero, a quien su compañera Pilar Bueno señaló como el enlace que utilizaran Federico Bascuñana y José Luis Sanabria. Varios agentes fueron a buscarla de madrugada al domicilio familiar.[58]

—No está aquí —respondió su padre, León Manzanero, a las personas que preguntaban por ella, temiéndose lo peor.

—¡Cómo que no está a estas horas!

Dionisia salió entonces a la puerta de su casa para evitar que sus perseguidores entraran en ella, y se entregó.

—Déjalo padre, yo soy la persona que buscan.

Con ello salvó a otras tres compañeras más, cuyas identidades no han trascendido, que habían buscado refugio en su domicilio, escapando de la redada policial. León preguntó por los motivos de la detención e hizo intención de acompañar a su hija, pero se lo impidieron. «No se preocupe, va a ser cuestión de unas horas, lo que tardemos en hacer algunas comprobaciones», le dijeron por respuesta.

Dioni no volvió a casa.

58. La reproducción de la detención ha sido relatada al autor por los sobrinos de Dionisia que, a su vez, recibieron el testimonio de sus padres, presentes cuando ocurrió.

También Severino Rodríguez, el joven que había pasado el testigo de la JSU a José Pena, del que era su número dos al frente de las juventudes, se derrumbó en los primeros interrogatorios. Nombre a nombre confirmó todas y cada una de las identidades aportadas por su compañero, a las que añadió otros nuevos: Anita Vinuesa, Joaquina López Laffite, Florinda Alonso... Declaró que él no era nadie en la organización, incluso había querido dejarla por desacuerdos con sus compañeros. José Pena, y no él, era el «pez gordo» que buscaban, y para dar más verosimilitud a sus palabras aportó un dato adicional que avalaba su peligrosidad: había formado parte de una checa en la que se dieron numerosos «paseos» a los nacionales detenidos durante la guerra. Él, en cambio, era un pobre desgraciado que ahora estaba dispuesto a ayudarles en todo lo que fuera necesario.

«Que José Pena ha sido al principio del Movimiento Nacional secretario general del radio 1 (Este), ubicado en el Palacio de March, sitio de donde se han dado tantísimos paseos» (...) «El firmante perdió varias veces el contacto con los sectores que tenía a su cargo, por la apatía que tenía al trabajo en esta forma. El Sur estuvo mucho tiempo sin contacto, hasta el sábado en que me encontré a Viejo Bueno por Atocha. Ésta fue una de las causas de que me llamaran la atención, y hace nueve o diez días se tuvo una reunión para aclarar mi situación de confianza, dudándose si me quedaba o no en la organización. A esta reunión asistió Pena, Pionero, López y Arconada, que me hicieron presente que estaban descontentos con mi labor» (...) «Manifiesta el declarante que está dispuesto a ampliar su declaración voluntariamente cuantas veces sea posible y necesario para el esclarecimiento total de la organización clandestina de la JSU, e incluso se ofrece a facilitar por su persona la captura de miembros de la misma colaborando en la labor de la autoridad, pues está desengañado de los que hasta ahora han sido sus compañeros».[59]

José Pena y Severino Rodríguez no fueron los únicos que «confesaron». Uno a uno, todos los dirigentes del Comité Provincial de la JSU desvelaron la composición del mismo y las identidades de los jefes de los distintos sectores y éstos, a su vez, la de los jóvenes que habían captado como jefes de grupo. Como eslabones de una cadena, éstos delataron a los muchachos a los que habían pedido que colaboraran con la organización y cuya labor hasta ese momento no había pasado de dar su conformidad y participar en alguna reunión en la calle. La represión cayó sobre todos sin excepciones, y sólo algunos consiguieron escapar de la feroz persecución desatada contra ellos.

Virtudes González, de dieciocho años, y su amiga María del Carmen Cuesta, de quince, fueron dos de aquellos últimos eslabones de la cadena que fueron detenidos. Ambas se habían echado a la calle y recorrido los pueblos de los alrededores tras el golpe de Casado para pedir a los republicanos que no se rindieran, que entregar Madrid a los franquistas no iba a traer más que cárcel, sufrimiento y venganza. Sus palabras no sirvieron de nada. Cuando regresaron la capital

59. Declaraciones literales de Severino Rodríguez de 13 de mayo de 1939 incorporadas al sumario 30.426.

ya estaba en manos de los fascistas. Fueron días de miedo y nervios, de no saber qué hacer ni dónde ir. De dormir en casa de los amigos por miedo a las delaciones de los vecinos con los que se había compartido el sufrimiento de la guerra. El novio de Virtudes, Valentín Ollero, se había incorporado a la JSU clandestina como responsable del sector Oeste, y ella lo hizo con él como su enlace con la dirección juvenil. Su amiga Mari Carmen, que durante la guerra había sido secretaria de Cometas, una organización de la JSU que se encargaba de atender a los hijos de militantes de las juventudes y del PCE con actividades que les alejaran de los horrores de la guerra, hizo también de enlace. Llevar y traer mensajes, organizar citas y buscar nuevos compañeros las ocuparon aquellos días hasta que fueron detenidas.

«Eran las tres de la madrugada cuando se presentó en mi domicilio un destacamento con un inspector, creo que eran unos ocho en total, entre los que se encontraba Emilio Gaspar, un muchacho que aunque no militaba en la JSU había frecuentado mucho la sede durante la guerra. Mi padre ya estaba detenido, mi madre estaba escondida en casa de mi tía Ángeles con mi hermano pequeño, y en casa vivíamos sólo mi abuelo, mi hermana mayor y yo», relata María del Carmen Cuesta.[60] «Yo tenía quince años, pero era valiente. Se dice que los momentos de terror dan al mismo tiempo valor. No lo he comprendido nunca, pero a mí me ocurría así. Mi hermana se moría de miedo, lloraba de

60. Entrevista con el autor.

una manera atroz y era cuatro años mayor. Yo, en cambio, estaba muy tranquila y serena; por dentro algo se me estaba desprendiendo, me temblaban las piernas, pero no sé si es porque les miraba con tanto odio que me hacía mantener una apariencia normal. Nos hicieron vestir delante de ellos y después de haber hablado con los porteros, que eran totalmente contrarios a nuestra forma de pensar y cuya hija, además, tenía un novio al que habían matado los republicanos, nos llevaron a mi hermana y a mí a la comisaría de Jorge Juan. Allí me encontré con mi amiga Virtudes, que ya había sido detenida, y con otras muchachas a las que no conocía (entre aquellas jóvenes estaban Victoria Muñoz, Anita López y María del Carmen Vives). Estaba todo muy oscuro, no nos daban luz, pero por la risa reconocí inmediatamente a Virtudes. Era algo especial, un cascabel. Una chica guapísima, morena, con la nariz aguileña y permanentemente alegre. Empezamos a reír como locas al vernos juntas otra vez, sin darnos cuenta de que nos esperaban días verdaderamente horrorosos. A mi hermana la soltaron al cabo de una semana y Virtudes y yo estuvimos allí durante diez o quince días. Los interrogatorios se producían de madrugada, para que no pudiésemos conciliar el sueño y fuéramos agotando nuestra resistencia. Yo reconocí que era de la JSU y me dieron un bofetón que me sentó en el suelo, pero no me hicieron nada más. Emilio Gaspar, uno de los policías que me detuvo, me había dicho ¡no te preocupes, peque, porque mientras esté yo aquí no te pasará nada! A los tres o cuatro días empezamos a oír gritos estremecedores, espantosos. Empezaron a pasar compañeras por los baños de agua fría, por las anillas eléctricas...»

En Jorge Juan 5 estaba ubicada la Dirección de Policía Urbana que compartía sede con el Tribunal Militar número 8. Se trataba de un edificio de tres plantas que durante la República había sido la sede de la Inspección de la Policía Municipal de Madrid,[61] que al final de la guerra había perdido a la mitad de sus 1.200 agentes. Muchos murieron en el frente y otros optaron por huir para eludir las represalias tras la derrota, ya que la mayoría del colectivo era militante de los sindicatos CNT y UGT. La entrada de las tropas nacionales en Madrid supuso la suspensión en sus funciones a todos los agentes mientras un Tribunal Militar Especial Depurador aclaraba sus responsabilidades políticas durante la guerra. Quienes habían sido perseguidos por la República fueron repuestos en sus cargos, y los desafectos con el nuevo Estado, fusilados. El 26 de abril, el Cuerpo pasó a depender de la Dirección General de Seguridad como policía gubernativa. Un oficial del Regimiento de Artillería a Caballo, Aurelio Fernández Fontenla, de treinta y siete años, viudo y natural de la localidad pontevedresa de Marín, fue nombrado director general.

Fontenla era un hombre especialmente dotado para la labor que le había sido encomendada. Al fracasar el alzamiento en Madrid fue hecho prisionero junto con otros oficiales de su acuartelamiento que se sumaron a los rebeldes, y encarcelado

61. La denominación oficial era Cuerpo de Guardia Municipal de Policía Urbana, creado en 1845, que mantuvo el mismo nombre con la República y con Franco. Es la actual Policía Municipal.

en la prisión Modelo. Allí había sufrido los desmanes de los milicianos, y estuvo a punto de ser fusilado.[62] Consiguió salvar la vida, y ahora regresaba con los vencedores para impartir su justicia. Ataviado siempre con una capa azul marino de forro rojo, su nombre fue pronto conocido en la capital por la brutalidad que sus hombres empleaban en los interrogatorios. Entre éstos se encontraban arribistas y conversos al nuevo régimen, que con su crueldad pretendían demostrar su sumisión a las nuevas autoridades y borrar cualquier atisbo de sospecha sobre su pasado. José González Fernández, Joaquín Ferreira, Luis Fernández Villarjubín, Rodolfo Martínez y Emilio Gaspar Alou fueron los agentes por cuyas manos pasaron la mayoría de los jóvenes de la JSU detenidos en aquellas fechas. De este último María del Carmen Cuesta asegura que bajo esa falsa identidad se escondía Roberto Conesa, entonces tendero de una tienda de ultramarinos, que con el paso del tiempo medraría en el escalafón policial hasta convertirse en uno de los principales mandos de la Policía en los primeros años de la democracia. Un dato que no ha podido ser comprobado documentalmente.

Según el relato de Carmen Machado:

«Aquel sitio tenía fama de que chica joven que entraba salía violada. Y nosotras éramos chicas que estábamos entre dieciocho

62. Estos datos figuran en una declaración prestada por Aurelio Fernández Fontenla el 28 de abril de 1940 como testigo en la Causa General sobre lo ocurrido en la cárcel Modelo de Madrid hasta su clausura en noviembre de 1936. Fondo Causa General, caja 1526, en el Archivo Histórico Nacional.

y veintiún años recién cumplidos, como era mi caso. Era un sitio horroroso, donde las torturas a que se sometía a los detenidos eran oídas por los demás. Un día llegó Fontenla y ordenó que a mí y a otras cuatro se nos cortara el pelo al cero porque, según palabras textuales suyas, estaba asqueado de tanta valentía en las mujeres. Otro día se presentó en nuestra celda preguntando si queríamos comunicar con la familia. Llevábamos allí bastantes días, éramos muy jóvenes, y la realidad es que lo añorábamos. Le dijimos que sí. "Esto, Carmen, ¿cómo me lo vas a agradecer?", me preguntó. "Pues mire, no sé...", le dije. La verdad es que estaba cortadísima, y entonces, sin más ni más, me cogió y me besó. Mi reacción fue echarme a llorar, con una sensación de asco, de impotencia, y él, muy fríamente, me dijo: "Oye, no te pongas tonta, ¡eh!, porque si a mí me da la gana, cuando quiera te saco a mi casa por la noche y luego te devuelvo o no te devuelvo".»

Nieves Torres, miembro de la ejecutiva de la JSU que acababa de ser desmantelada, fue conducida a una comisaría de la calle Lagasca, donde pasaría un mes antes de ser ingresada en la prisión de Ventas.

«En aquella comisaría coincidí con Antonia García, Antoñita, que me explicó que todos los compañeros que estaban allí detenidos eran del sector de Ventas de las juventudes, aunque yo sólo la conocía a ella. Allí me hicieron cosas que no quiero recordar, hasta que por fin me llevaron a Ventas.»[63]

63. Entrevista con el autor.

Antoñita tenía dieciséis años cuando fue detenida y conducida a comisaría.

«Me preguntaban sin parar y querían que les dijera cosas, quién había hecho tal cosa, quién era fulano y quién era mengano... No hablé, no abrí la boca, y por eso se enrabietaron tanto. Me quisieron poner corrientes eléctricas en los pezones, pero como no tenía apenas pecho me los pusieron en los oídos y me saltaron los tímpanos. Ya no supe más. Cuando volví en mí estaba en la cárcel. Estuve un mes trastornada.»

Las corrientes eléctricas en los pechos, muñecas y en los dedos de los pies y manos fue una práctica normal con los detenidos políticos, copiada de los miembros de la Gestapo alemana que se desplazaron a España para perseguir a los agentes de la III Internacional llegados durante la guerra civil en ayuda de la República. Una técnica más depurada que las simples palizas, también habituales, y que las inmersiones en agua hasta casi la asfixia. El dolor como medio para doblegar voluntades y lograr confesiones autoinculpatorias o datos que facilitaran la captura de otros compañeros, de otros enemigos de la patria. Las torturas físicas se complementaban con humillaciones y vejaciones que buscaban el derrumbe psicológico del detenido, su anulación como persona. Muchas mujeres fueron peladas al cero, e incluso les raparon las cejas, para desposeerlas de su feminidad. Las «pelonas» se convirtieron en elemento de burla y escarnio durante los «paseos» a que eran sometidas en sus traslados a prisión o al juzgado, amontonadas en camionetas descubiertas de cuyos laterales colgaban sábanas blancas pintadas con la inscripción «presas rojas». Eran mujeres en las antípodas de la figura femenina preconizada por los fascistas, que tenían en Teresa de Ávila, la «santa de la raza», a su modelo de mujer. Guardiana de la moralidad, la obediencia y la tradición, era la antítesis de la «roja impura».

La ciudad, mientras tanto, vivía ajena a la represión desatada contra los derrotados y mostraba un rostro festivo. Las fachadas y escaparates de los establecimientos se adornaban con banderas rojigualdas, se levantaban arcos triunfales en las principales arterias de la capital y se construían tribunas y más tribunas destinadas a las autoridades, jerarquías, caballeros mutilados y heridos de guerra que habrían de presenciar el desfile de la Victoria, todo ello organizado por la Jefatura Nacional de Propaganda.

«Los obreros trabajan con singular afán, para patentizar su amor a las heroicas tropas de Franco, desposadas desde la iniciación del glorioso Movimiento con la victoria plena y rotunda. Madrid es Madrid y no olvida que debe su rescate al Caudillo, al que desea aclamar con el fervoroso entusiasmo que merece tan invicto Capitán, ante el que han de desfilar las banderas triunfales como remate de una guerra que no tenido par en la Historia.»[64]

Sólo uno de los integrantes de la dirección de la JSU logró escapar a la redada: Sinesio Cavada Guisado, apodado *Pionero*, su responsable militar. Tenía dieciocho años y, a diferencia de otros muchos militantes que se afiliaron a la organización tras

64. *Abc* del 13 de mayo de 1939.

estallar la guerra, él lo había hecho en diciembre de 1935, cuando contaba sólo quince años. Había luchado en el frente, con la Brigada 29, y pese a su juventud podía considerarse un hombre con experiencia. Escondido en una casa de la llamada Huerta de San Fernando, en el distrito de Ciudad Lineal, las declaraciones de sus compañeros detenidos le convirtieron en la pieza más codiciada de la policía franquista.

# Tercera parte
# La venganza

# 12
# Prisión de Ventas

«La madrugada que llegamos a la cárcel de Ventas fue mi primer desmoronamiento. Íbamos peladas, y cuando aquellos enormes cerrojos, que a mí me parecieron gigantes, se cerraron detrás de nosotras, me dio la impresión de que traspasábamos las puerta del infierno y entonces me desmoroné y empecé a llorar de una manera atroz. Era la primera vez que lloraba desde mi detención.»

María del Carmen Cuesta había logrado salir indemne de las dependencias policiales de Jorge Juan 5, donde había coincidido con otras compañeras de las JSU. Fueron días de miedo e incertidumbre, y ahora, que se creía a salvo, se abría ante ella un escenario que a sus quince años nunca hubiera podido imaginar. Aquello era un pudridero humano en el que se hacinaban miles de mujeres.

La moderna prisión de ladrillos rojos y paredes encaladas inaugurada en 1933 como un centro pionero para la reinserción de reclusas se había transformado en un enorme almacén humano que sobrepasaba con creces su capacidad máxima de cuatrocientas cincuenta internas. Las celdas individuales, en otro tiempo dotadas de una cama, un pequeño armario, una mesa y una silla, eran ahora un cubículo desprovisto de cualquier mobiliario, en el que se amontonaban hasta once mujeres con sus colchones o jergones. La medida era de tres por tres metros, y al llegar la noche las reclusas extendían sus petates para dormir, a razón de tres ladrillos de ancho por siete de largo o, lo que es lo mismo, unos sesenta centímetros por un metro y cuarenta. Los amplios departamentos con lavabos, duchas y váteres con que estaban dotadas cada una de sus seis galerías, los talleres, los almacenes y hasta los pasillos hacían las veces de dormitorios para acoger a una multitud harapienta y vociferante de mujeres, la inmensa mayoría de ellas acusadas de delitos políticos. Mujeres detenidas por haber gritado contra los aviones que bombardeaban Madrid, por ser de izquierdas, por haber votado al Frente Popular o lavado ropa para las milicias. Muchas habían ido a dar con sus huesos en la cárcel sin acusación alguna, como rehenes de los vencedores para facilitar la detención del marido, el hijo o el hermano huidos cuando fueron en su busca. Si éstos se presentaban ante las autoridades, ellas recuperaban la libertad; si no, purgaban su culpa.

A aquella muchedumbre confusa en la que convivían madres con hijos, ancianas y muchachas casi niñas se fueron sumando en días sucesivos las jóvenes militantes de la JSU detenidas los días precedentes. Los expedientes penitenciarios[65] permiten establecer que Luisa Rodríguez de la Fuente lo hizo en abril; Virtudes González, Carmen Barrero, Dionisia Manzanero y Pilar Bueno el 17 de mayo; Julia Conesa y Adelina García Casilla al día siguiente, y Blanca Brisac el día 24 del mismo mes. El 3 de junio Joaquina López Laffite, pese a ser una de las primeras detenidas,

65. Los expedientes se conservan en el archivo del centro de inserción social Victoria Kent, antigua prisión de Yeserías.

y Elena Gil Olaya; el día 6 Ana López Gallego, Martina Barroso y Victoria Muñoz García. Unas lo hicieron procedentes del destacamento de Policía Militar del Puente de Vallecas, y otras de los juzgados militares permanentes números 4 y 8. Las fechas de ingreso en prisión y las de sus primeras declaraciones tras ser detenidas dan cuenta de cómo en algunos casos las detenciones se prolongaron durante semanas, e incluso meses, en dependencias policiales, donde eran sometidas a todo tipo de abusos.

La prisión era dirigida con mano de hierro desde la entrada de los nacionales en la capital por Carmen Castro Cardús, una oscense de treinta años, el pelo peinado hacia atrás, muy tirante y recogido en un moño, vestida siempre de oscuro y en cuya cara nunca se dibujaba una sonrisa, que acompañaba sus palabras con ademanes enérgicos que le otorgaban una presencia amenazadora. Licenciada en Farmacia y maestra nacional, había sido elegida para el cargo por el Jefe del Servicio Nacional de Prisiones, Máximo Cuervo, fechas antes de la entrada en Madrid de las tropas de Franco. «Tan pronto tenga conocimiento de la liberación de Madrid, se trasladará usted, acompañada de la celadora señorita María Teresa Igual, a dicha capital para hacerse cargo de la prisión de mujeres. Dios guarde a usted muchos años. En Vitoria a 16 de marzo de 1939. III Año Triunfal»,[66] recogía textualmente la carta que daba cuenta de su nombramiento.

66. La carta figura en el expediente de Carmen Castro, que ha sido consultado por el autor en la Dirección General de Instituciones Penitenciarias. Todos los datos sobre su carrera profesional han sido obtenidos del citado expediente.

El cargo suponía para Carmen Castro un ascenso vertiginoso en su carrera, en pago por sus servicios como quintacolumnista durante el asedio de la capital. Antes de estallar la guerra había trabajado como inspectora farmacéutica municipal y como maestra en la localidad madrileña de Villanueva de la Cañada, donde ganó una plaza en propiedad que ejerció durante poco más de un año. Su incorporación al mundo penitenciario se produjo en junio de 1935, tras aprobar con el número dos las oposiciones convocadas por el Gobierno de la República para cubrir siete vacantes del Escalafón de Maestras de Instrucción Primaria del Cuerpo de Prisiones, siendo destinada a la prisión de Ventas, que entonces dirigía Vidal de Pozas.

El estallido de la guerra la pilló en Madrid y desde el primer momento colaboró con la Quinta Columna organizada por la Falange clandestina en la capital para ayudar a los militares insurrectos. Su contacto para pasar información era un ciudadano alemán, Félix Schlayer, cónsul y encargado de negocios de Noruega, que años más tarde, en 1941, daría cuenta por escrito de sus servicios a fin de que le fuese concedido el título de excombatiente.[67] Entre los más destacados figuraba el haber impedido una «saca» en la prisión del Conde de Toreno para fusilar a un grupo de «damas de España», entre las que se encontraba la duquesa de Vitoria y María Millán Astray, her-

67. Una fotografía de dicho certificado obra en el expediente profesional de Carmen Castro, en la Dirección General de Instituciones Penitenciarias.

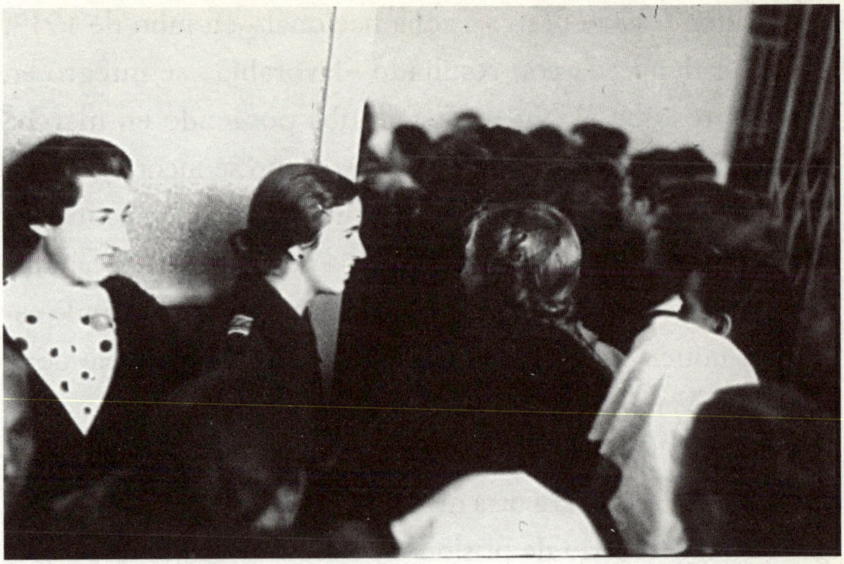

Carmen Castro, directora de la cárcel de Ventas, con uniforme y moño. (Fondo Santos Yubero, Archivo Regional de la Comunidad de Madrid.)

mana del fundador de la Legión. «Tanto este delicado servicio como otros muchos de esa índole, que realizó posteriormente, lo fueron con gran exposición de su vida», asegura el informe del diplomático.

Carmen compaginó su labor como quintacolumnista con otras ocupaciones, como enfermera en alguno de los hospitales republicanos instalados en la capital, lo que le permitió pasar inadvertida. María Lacrampe, militante de la Asociación Femenina Socialista de Madrid, encarcelada en Ventas tras la entrada de los nacionales, asegura haber trabajado con ella atendiendo a milicianos heridos en el frente de batalla.

Carmen Castro pasó a «zona nacional» en julio de 1937, y tras ser depurada con resultado «favorable» se integró en los aparatos que el Nuevo Estado iba poniendo en marcha en los territorios «liberados». Fue así como se incorporó a las prisiones de San Sebastián, Saturrarán (Vizcaya) y, finalmente, a Santander, a medida que la campaña del Norte se decantaba del lado de los rebeldes. Y fue en la capital cántabra donde recibió la noticia de su nombramiento como responsable de la prisión de Ventas.

Su carrera no había hecho nada más que empezar. En su labor tendría como segunda a otra maestra, María Teresa Igual, casada con otro funcionario de prisiones perseguido por la República y recuperado por el franquismo, Eugenio Vargas, que en 1933 había ayudado a fugarse de la cárcel de Alcalá de Henares al millonario Juan March, que en 1936 apoyó financieramente el alzamiento. Por debajo de ellas había un equipo integrado por funcionarias que ya habían ejercido en la prisión madrileña durante el periodo republicano pero que pudieron demostrar su adhesión al régimen, viudas de «víctimas del dominio rojo» y falangistas del Auxilio Social que ocuparon las vacantes dejadas por las funcionarias encarceladas o fusiladas. Una etapa que no sería más que la antesala del regreso de las religiosas a los centros penitenciarios de mujeres para intensificar los «valores morales» en los mismos, según una orden de 30 de agosto de 1938, con la que el Nuevo Estado derogaba el decreto de 23 de octubre de 1931, que dispuso la sustitución de las monjas por mujeres de la nueva Sección Femenina Auxiliar del Cuerpo de Prisiones creado por Victoria Kent.

Aquél era el equipo de mando con el que se encontraron las jóvenes de la JSU al ingresar en Ventas. Una manta de borra para taparse, un plato y una cuchara fueron todos los útiles que recibieron cuando cruzaron por primera vez el rastrillo de acceso a la prisión. El colchón, de lana o de paja, debía serles facilitado por sus familiares, si es que éstos podían permitírselo. Tras el ingreso se procedía al aislamiento durante unos días de las nuevas internas antes de ser distribuidas por las galerías y patios abarrotados. Victoria Muñoz García, Ana López Gallego y Martina Barroso fueron ingresadas en la zona destinada a las menores, aunque otras muchas estaban diseminadas por el resto de la prisión. Dionisia Manzanero Salas, Carmen Barrero Aguado y Virtudes González a la primera galería derecha, y Julia Conesa, Adelina García y Julia Vellisca, a la segunda galería derecha.

«Cuando nos repartieron por la prisión, las mayores fueron a las galerías, y las que éramos menores de edad a una sala que había sido habilitada para nosotras y que era conocida como Escuela de Santa María —relata María del Carmen Cuesta—. En aquella sala seríamos algo menos de un centenar de muchachas al cargo de dos reclusas que hacían las veces de profesoras y de una oficial de prisiones que estaba con nosotras continuamente. Se llamaba Violeta, tenía el pelo rizado, muy mala uva y unos zapatos como de muñeca, muy pequeños y con hebilla, que hizo que la apodásemos Zapatitos. El objetivo era que viviésemos aisladas del resto de la reclusión, pero nosotras nos valíamos de todas las argucias para escaparnos de allí y mezclarnos con el resto de las internas. Yo para ver a Virtudes, que en ocasiones conseguía también entrar en la escuela para estar conmigo.»

Carmen Machado fue otra de las jóvenes ingresadas en el departamento de menores, pese a que tenía ya veintiún años. Un ejemplo más del caos organizativo de la prisión.

«Allí se gozaba de unas mejoras en un sentido, pero de una estrecha rigidez en otro. Teníamos más espacio que el resto de las reclusas y podíamos estudiar, pero nos estaba prohibido salir de aquel departamento si no íbamos acompañadas de la mandante. Nuestra libertad era mucho más constreñida que la del resto de las mujeres de la prisión porque no teníamos ni siquiera la posibilidad de relacionarnos con quien quisiéramos. Yo dormía con Anita López.»

La Escuela de Santa María era una concesión que Carmen Castro había tenido con María Sánchez Arbós, una maestra de cincuenta años de edad que había sido su profesora en la Escuela Normal de Huesca, donde la nueva directora había cursado sus estudios de Magisterio. Había rechazado la oferta de convertirse en una reclusa de confianza, lo que habría aliviado algo las penosas condiciones de vida de la prisión, y pedido a cambio que se habilitara una galería para las mujeres que vivían con sus hijos pequeños, y una sala para que las menores de edad estudiaran. Las más jóvenes recibían allí clases de cultura general, al tiempo que se intentaba aislarlas del ambiente opresivo y de muerte que se respiraba en el recinto. Este dato, que figura en varios textos memorialísticos de presas, es puesto en duda por el testimonio de Elvira Ontañón, hija de Sánchez Arbós, que sostiene que su madre fue encarcelada en septiembre de 1939 como consecuencia de una denuncia.[68] La misma fuente corrobora, no obstante, que su madre dio clases en la prisión y que le hablaba de ellas en sus visitas a Ventas, cuando contaba siete años de edad. Se da la circunstancia de que María Sánchez Arbós era muy amiga de María Teresa Landa, detenida en abril como máxima responsable del PCE en la capital, a quien reprochaba que hubiera abandonado a su hija —la envió durante algún tiempo a la Unión Soviética— para dedicarse a la política y al partido. Otra de las reclusas que ejerció como profesora fue Justa Freire, también maestra de profesión, que organizó los coros de la prisión.

La Escuela de Santa María fue un privilegio, si puede llamarse así, limitado a unas pocas internas. El resto debía amoldarse a un régimen de vida que se iniciaba a primera hora de la mañana con el sonido de una sirena que recordaba la llamada al trabajo de las fábricas. A aquel ruido seco y persistente que se colaba por los oídos para devolverte a la realidad, le seguía, media hora más tarde, otro más prolongado que llamaba a formar y cantar el *Cara al sol* con el brazo en alto. «¡España!», gritaba la funcionaria de turno tan pronto como las internas concluían el himno de la Falange, y éstas contestaban «¡una!», «¡España!», reiteraba, y como un eco resonaba un «¡grande!». Un último «¡España!» era por fin coreado, ahora sí con todo entusiasmo, con un unánime «¡libre!», que para las presas tenía un sentido muy distinto del que le daban sus carceleras. Y así varias veces al día, con

68. Entrevista del autor con Elvira Ontañón.

un automatismo embrutecedor que exigía una lucha tenaz para sobrevivir.

La rutina se rompía cuando las funcionarias recorrían la prisión voceando el nombre de alguna interna que, una vez identificada, escuchaba el fatídico «¡A diligencias!», lo que significaba que había sido reclamada por la policía o los falangistas para ser trasladada a algún centro de detención y ser interrogada de nuevo. Su identidad había sido descubierta en algún documento, o había sido citada por otras detenidas, o los investigadores consideraban, sencillamente, que no había dicho todo cuanto sabía. Salir de prisión para ir a diligencias suponía regresar al cabo de días o semanas destrozada, o no volver jamás.

Había que aguantar a toda costa mientras la Auditoría de Guerra del autodenominado Ejército de Ocupación mezclaba diligencias, asociaba detenidos por su militancia política o el lugar de su detención y armaba así causas, con cuantos más implicados mejor, que eran finalmente juzgadas en consejos de guerra sumarísimos bajo la acusación genérica para todos los imputados de «adhesión a la rebelión». Mientras eso ocurría, nada se podía hacer, si acaso, intentar que la familia consiguiera avales de personas afectas al régimen a las que se hubiera ayudado durante la guerra, o firmas de vecinos que atestiguaran la vida recta y ordenada del detenido. Y esperar. Esperar semanas o meses a que le llamaran a uno a juicio.

«La vida en prisión era muy dura, sobre todo al principio. No hablabas con nadie, no te fiabas de nadie porque se decía que los franquistas habían metido chivatas dentro para identificar a las presas más activas —relata Nieves Torres, que fue destinada también al departamento de menores—. Yo vi en varias ocasiones a Joaquina López Laffite y nunca nos dirigimos la palabra, pese a que habíamos sido buenas amigas. Tenía plena confianza en ella, pero en aquellos momentos no me interesaba saber nada de nadie.»

Las sospechas sobre la existencia de confidentes dentro de la prisión no eran infundadas. En algunos casos se trataba de falsas reclusas que los servicios militares de información o la Falange introducían en los centros penitenciarios para evitar que los partidos se organizaran en su interior e identificar a sus líderes. En otros, eran presas que se prestaban a colaborar con el nuevo régimen a cambio de un trato preferente como reclusas de confianza y, tal vez, de la libertad.

María del Carmen Vives Samaniego, la joven militante de quince años cuyo domicilio en el número 4 de la calle Coloreros había sido utilizado para las reuniones de la dirección de la JSU encabezada por Severino Rodríguez, primero, y José Pena, después, fue acusada por sus compañeras de ser la causante de las detenciones en cadena practicadas por la Policía y, como tal, estigmatizada como «chivata».

«Esta chica, seguramente por las amenazas o la tortura, yo no lo sé —dice María del Carmen Cuesta—, fue llevando a la Policía casa por casa de todos los que estábamos en la calle y habíamos tomado parte en la guerra y pertenecíamos a la JSU. (...) En Ventas nadie le dirigía la palabra, nadie. Estaba en un rinconcito, encogida, hecha un guiñapito. Era morena muy feíta, como un monito, y llevaba vendadas las piernas por la sarna.»

Un testimonio que completa Carmen Machado, que coincidió con ella durante el tiempo que estuvo detenida en la dirección de Policía Urbana, en Jorge Juan 5, y en prisión.

«Ella fue la responsable de una cantidad enorme de caídas en Madrid. Fue muy bien acogida en Ventas por algunas funcionarias teresianas, y posteriormente se le perdió la pista. Se dijo que había ingresado en un convento.» María del Carmen sostiene ahora, transcurrido el tiempo, que «no sé cómo pudimos hacer aquello con ella. Era muy lista, había trabajado como mecanógrafa en el Comité Provincial, y no sé por qué ni cómo se corrió la voz de que ella era la chivata. Aunque hubiera sido así, ¿cómo pudimos acusar a una niña de quince años de haber hablado, cuando hombres hechos y derechos se desmoronaban por la tortura y el miedo?».[69]

El expediente penitenciario de Mari Carmen Vives atestigua que ingresó en la prisión de Ventas el 18 de mayo de 1939 procedente del destacamento de Policía Militar de Vallecas, y que en cuatro ocasiones fue llamada «a diligencias». Pese a ello, sus declaraciones incorporadas al sumario 30.426, incoado contra la plana mayor de la JSU, y en el 55.047, en el que ella misma fue encausada junto a otros militantes del partido, no contienen datos que permitan sostener la acusación de que fue la responsable de las detenciones de sus compañeros de la JSU. Es más, su testimonio, tanto ante la Policía como ante el juez, tiene muchos

69. Entrevista con el autor.

menos datos incriminatorios que los de otros compañeros detenidos. Ella misma, y eso no lo podían saber entonces sus detractores, fue delatada por Severino Rodríguez y José Pena tras su detención, que la señalaron como «enlace» de la dirección de la JSU con algunos sectores. Uno de sus contactos en la misma era Sinesio Cavada, *Pionero*, el único miembro de la ejecutiva que consiguió escapar de la redada.

La extrema masificación de la prisión, que día a día veía crecer el número de internas, supuso un grave problema para su alimentación. Si en la calle eran tiempos de penuria y hambre, la situación se convertía en trágica para las personas privadas de libertad. Las más afortunadas recibían periódicamente paquetes de sus familias, que hacían un esfuerzo ímprobo para enviar algo de comida a sus familiares presos. Las perceptoras de estos paquetes solían, a su vez, compartir su contenido con otras reclusas, según una estudiada organización interna en comunas conocida como «familias».

«Se comía una vez al día, pero sin hora fija —relata Nieves Torres—. Como la cocina estaba prevista para cuatrocientas cincuenta reclusas y nosotras éramos varios miles, comías cuando te tocaba, que lo mismo podía ser por la mañana que de madrugada. Las funcionarias iban por la prisión echando la comida en platos de aluminio que tenían un cerco negro repugnante. La mayoría de los días comíamos lo que llamaban lentejas de Negrín. Se decía que el Gobierno republicano tenía muchas lentejas en unos depósitos que cayeron en manos de los nacionales y que ahora servían para alimentarnos a nosotras. Las sacaban de los sacos con tierra, las hervían y así las comíamos. En menores, María Sánchez Arbós nos decía que nos tapáramos la nariz, que lo importante era que las lentejas acabaran en el estómago.»

Las lentejas eran sustituidas en ocasiones por un caldo negro que se obtenía de cocer vainas de habas, o por algarrobas o arroz. Hacinadas y con el hambre como compañera, la sarna y los parásitos se comían a las internas, y la avitaminosis les provocaba enormes llagas llenas de un líquido acuoso, cuyas molestias se intentaban paliar con trozos de tela que hacían las veces de vendas. Dolencias que se agravaban por la ausencia de unas mínimas condiciones de higiene, con los retretes llenos de excrementos y los grifos y cisternas sin agua.

«Como no había agua, que llevaban de vez en cuando los bomberos, no nos podíamos lavar a menudo ni despiojar —cuenta Josefina Amalia—.[70] Yo, que había seguido por la prensa la inauguración de aquella prisión modelo con la República, me sentí en el infierno allí dentro. ¡Eran tantos los problemas! No teníamos compresas ni paños higiénicos para cuando nos venía la regla y había que utilizar trozos de trapos que no se podían lavar.»

Tomasa Cuevas, interna también en Ventas por aquellas fechas, relata:

«Todas teníamos sarna. Nos daban azufre para que nos fregáramos el cuerpo, y con cubos de agua nos lavábamos cada dos o tres días como podíamos, porque sólo nos proporcionaban dos o tres cubos para todas las mujeres que teníamos el cuerpo

70. Entrevista con el autor.

Interior de la prisión de Ventas el 8 de junio de 1939 durante la procesión del Corpus Christi. (Fondo Santos Yubero, Archivo Regional de la Comunidad de Madrid.)

cubierto de azufre. Para beber nos entregaban cada tres días un poco de agua, la cantidad, aproximadamente, de un bote de leche condensada.

»Por las noches, cuanto terminaba el recuento —dice en su testimonio Antonia García— todo el mundo se tiraba al suelo para coger sitio y según caías así te quedabas. Yo me quedaba pegada a la pared, toda la noche en la misma posición, y a la mañana siguiente tenía las piernas hinchadas. El espectáculo era entonces demencial. Las mujeres se despiojaban, se rascaban las que tenían sarna... tuve la sensación de que nos estaban convirtiendo en animales.»

La tragedia vital de aquellas mujeres no les impidió que, en tono de burla de su propia situación, escribieran una canción que ellas mismas salmodiaban como si fuera un conjuro:

*Cárcel de Ventas*
*hotel maravilloso*
*donde se come*
*y se vive a tó confort,*
*donde no hay*
*ni cama, ni reposo*
*y en los infiernos*
*se está mucho mejor.*
*Hay colas hasta en los retretes*
*rico cemento dan por pan,*
*lentejas, único alimento,*
*un plato al día te darán.*

*Lujoso baldosín*
*tenemos por colchón*
*y al despertar tenemos*
*deshecho un riñón.*

Aquel estado de cosas nada tenía que ver con la propaganda de los vencedores, que dibujaba una España piadosa con los vencidos. El propio Caudillo aseguraba, en unas declaraciones al periodista Manuel Aznar,[71] que «los penales no serán mazmo-

71. Abuelo del ex presidente del Gobierno José María Aznar.

rras lóbregas, sino lugares de tarea. Se instalarán talleres de distintas clases, y cada uno de los delincuentes redimibles elegirá la actividad que sea más de su agrado. Al cabo de cierto tiempo, según las observaciones que sobre cada penado se hayan hecho, se les podrá devolver al seno familiar, en situación de libertad condicional vigilada (...)». Franco hacía, no obstante, una salvedad, porque no todos los presos de la Nueva España eran recuperables. «Yo entiendo que hay, en el caso presente de España, dos tipos de delincuentes: los que llamaríamos criminales empedernidos, sin posible redención dentro del orden humano, y los capaces de sincero arrepentimiento, los redimibles, los adaptables a la vida social del patriotismo.» Un enunciado, este último, en el que, a tenor de los hechos, no tenían cabida las presas políticas, las rojas.

El hacinamiento, el hambre y las enfermedades eran sufrimientos que se incrementaban en el caso de las madres con hijos, que se veían obligadas a convivir con ellos en la cárcel si no tenían a nadie con quien dejarlos. Una situación habitual porque en muchos casos los padres estaban también presos, cuando no muertos. El reglamento penitenciario de 1930, que fue aplicado sin las reformas aprobadas por la República, autorizaba la admisión en las cárceles de los «hijos de pecho» de las internas. La convivencia con sus madres en prisión se limitó hasta la edad de tres años mediante una orden ministerial de marzo de 1940. Al llegar a esa edad, o bien en los casos en que las madres eran ajusticiadas o morían en prisión por «causas naturales» y las familias no podían hacerse cargo de ellos, pasaban a ser tutelados por las juntas provinciales de Protección de la Infancia.

El paternalismo franquista se encargó también de que las embarazadas condenadas a muerte vieran pospuesta su ejecución hasta cuarenta días después de dar a luz. Muchos recién nacidos morían en ese periodo de tiempo por la falta de alimento y de la higiene imprescindible, y los que conseguían sobrevivir se convertían automáticamente en huérfanos tras el fusilamiento de sus madres y eran enviados a hospicios.

«La tragedia de los menores de tres años que acompañaban a sus madres aumentaba al máximo la dureza de la prisión. Aquellas mujeres agotadas, sin leche para criarlos, sin comida que darles, sin agua, sobre míseros petates, sin ropa, sin nada, sufrían doble cárcel. En el verano de 1939, al empezar el implacable calor de Madrid, enfermaban y morían más y más, hasta ocho en una noche.[72]

»Cuando concentraron a los niños en una galería con sus madres se presentó una epidemia de tiña, además de los piojos y la sarna que ya tenían. Los pequeños morían con sus cabecitas llenas de tiña, de las que se caían los trozos de las heridas en costras llenas de pus. Había una humedad y un calor espantoso en aquella galería. Las ropas de los niños se tendían sucias porque no había donde lavarlas, y una vez secas se las volvían a poner. He sufrido más por los niños que por las penadas a muerte. Las dos cosas me resultaban impresionantemente brutales, pero la situación de los niños era enloquecedora. También esta-

72. Testimonio anónimo recogido en *Cárcel de mujeres (1939-1945)*, de Tomasa Cuevas, editado por Sirocco Books (Barcelona, 1985).

ban muriendo y muriendo con un sufrimiento atroz. Tengo clavadas miradas, sus ojitos hundidos, sus quejidos continuos y su olor pestilente.»[73]

Adelaida Abarca, otra de las militantes de la JSU encarcelada tras la redada de mayo, dice:

«Los niños que morían eran llevados a una sala y dejados sobre unas mesitas de mármol. Las madres tenían que vigilar porque era un sitio donde aparecían ratas, y era espantoso ver a esos animales tan desagradables y hambrientos que venían a comerse a aquellas criaturitas escuálidas, esos cadáveres que eran ya un esqueleto.»

Una realidad muy distinta de la que publicitaba el régimen de puertas hacia fuera e, incluso, hacia adentro. El número 7 del periódico *Redención*,[74] órgano del Patronato Central para la Redención de Penas por el Trabajo, de fecha 13 de mayo de 1939, daba cuenta del bautizo en la prisión de Ventas de dos niños y una niña en la capilla instalada en el salón de actos. Las niñas recibieron los nombres de Pilar, en honor de la hermana de José Antonio Primo de Rivera, y María Paz, por María Paz Unceti, fundadora de Auxilio Social y de la Sección

73. «Testimoni de militant desconeguda» reproducido por Giuliana di Febo en *Resistencia y movimiento de mujeres en España (1936-1976)*, editado por Icaria (Barcelona) en 1979.

74. El primer número de *Redención* se publicó el 1 de abril de 1939 y en él el jefe del Servicio Nacional de Prisiones, Máximo Cuervo, escribe que la publicación «nace en cumplimiento de un deseo del Caudillo, que quiere así mitigar la preceptiva prohibición de la lectura de periódicos en las prisiones, por medio de esta prensa especial que él anunció al comenzar el año».

Femenina de Falange. El varón fue llamado Julio, como uno de los fundadores de Falange, Julio Ruiz de Alda. Amancio Tomé, inspector de Prisiones, asistió al acto y «para las madres tuvo bondadosas palabras, preocupándose activamente de la sobrealimentación que han de tener». Propaganda paternalista y falsa de un régimen que despreciaba la vida de las mujeres presas.

Para quienes tenían a sus hijos fuera, su visita y la de sus seres queridos eran los únicos momentos de alegría. Las familias esperaban durante horas en el exterior de la cárcel para poder comunicar. Las que podían dejaban en las oficinas un paquete con algo de ropa, comida o jabón para que les fuera entregado a las internas, y después pasaban a una enorme sala con dos rejas en la mitad, entre las cuales quedaba un espacio por el que caminaba con parsimonia una funcionaria. Momentos después las reclusas entraban en la sala y se abalanzaban contra los barrotes en busca de una mirada conocida. Aquel espacio atestado se convertía entonces en un hervidero de sentimientos, de gritos y llantos, en los que unos y otros intentaban hacerse escuchar. Una sirena daba cuenta del final de la visita, de apenas unos minutos, que concluía con una última mirada, un beso lanzado al aire, una lágrima derramada por la mejilla. ¡Cuánto dolor!

Las cartas llenaban entonces el vacío. Recibir una era motivo de alegría para la destinataria y para las compañeras que compartían celda. Juntas las releían una y cien veces, convirtiendo aquellas líneas en el cordón umbilical que las mantenía conectadas con el mundo exterior y con sus seres queridos. Responder era un ejercicio de autoexigencia en el que las internas volcaban lo mejor de sí para dibujar una situación que distaba mucho de ser real, con la única intención de hacer más llevadero el sufrimiento de sus familias.

«Queridos padres y hermanos. Estoy muy contenta por haber recibido carta vuestra, ya que en ella veo que os encontráis muy bien. Yo, hasta ahora, me encuentro en perfecto estado de salud, gracias a Dios. He recibido los dos paquetes que me habéis mandado, pero es claro que son tantas cosas las que necesito, que me tendríais que mandar un saco grande. De todas las formas, lo que no se os debe olvidar es la faja tubular, que está en la maleta, y los zapatos blancos, pero que les claven unos clavitos que le hacen falta en una suela. Y otra muda con dos bragas, que cuando me toque mandaros el paquete os mandaré la ropa sucia, porque aquí escasea el agua y, además, no tengo jabón.

»Vosotros no preocuparos, que estoy muy bien. Gorda no sé si me pondré, pero morena sí, porque salimos a unos patios que da el sol todo el día. Cuando me veáis no me vais a conocer de lo negrita que voy a estar. Pero me aburro mucho, pues no tengo nada en que matar el tiempo. Quiero que me mandéis cosas para coser. Si queréis que os haga zapatillas, las sé hacer muy bonitas, me mandáis trapos, agujas, algunas finas y gordas, dedal, algunos hilos y algo de tela gorda para hacer de suela, con un papel cortada la plantilla para saber el tamaño. Y si podéis mandarme arpillera que esté bien tejida, y lanas de los ovillos pequeños que tenemos, para haceros una bolsa. De esta forma pasaré mejor el rato y más distraída. Luego diréis que no soy aplicada, ¿eh?

»Juanita, si no tienes mucho trabajo y puedes terminarme el vestido de rayas, te lo agradecería, y mándame cable cortado para hacerme bigudís. Me estoy volviendo muy presumida y quiero ir limpia cuando salga al juicio, por eso quiero que no se os olvide. (...)

»Di a madre que no se preocupe y que coma, que no vuelva a recaer otra vez. Cuidarla bien, que yo confío también en la justicia del Caudillo y pronto nos veremos. Decirle a Pedrín que continúe tan aplicado y a ver si estudia mucho. Si sabéis algo del tío comunicármelo, dar recuerdos a todos y a la familia.

»Sin más por ahora, dar recuerdos a todos y vosotros recibir besos y abrazos con cariño de vuestra hija, hermana y sobrina. Dionisia.»[75]

En el otro extremo de la vida carcelaria estaban las reclusas consideradas de confianza, que disfrutaban de un régimen más atenuado. Una de ellas era Pilar Parras, aunque en su caso no porque hubiera delatado a nadie, sino por su amistad con Carmen Castro, la directora. Tenía veinte años y durante la guerra había servido como enfermera en un hospital instalado por las tropas republicanas en Villaconejos y en otro de Morata de Tajuña. Denunciada por un vecino de su familia, había pasado una semana presa en un centro de detención instalado en el número 8 de la calle de Serrano, y desde allí

75. Carta escrita por Dionisia Manzanero a su familia el 25 de mayo de 1939, a los nueve días de su ingreso en prisión. Juanita y Pedrín, a los que alude en la misiva, son dos de sus hermanos.

ingresada en Ventas el 24 de mayo. En la cárcel trabó amistad con Ana López Gallego, una de las jóvenes de la JSU, con cuyo hermano Manuel se casaría años más tarde, al ser puesta en libertad.

«Cuando entré en prisión me pareció que se acababa el mundo. Tuve la suerte de que en uno de los recuentos me reconoció Carmen Castro —recuerda Pilar—,[76] cuya hermana, Ángela, había sido compañera mía en el Instituto Oftalmológico. Me hizo salir de la fila y me llevó a su despacho. Allí me abrazó y me preguntó qué me había pasado. Le conté que un vecino nos había denunciado a mis hermanos y a mí por comunistas, lo que ella sabía que era falso, y se ofreció a ayudarme. Me preguntó si sabía escribir a máquina y taquigrafía, y me dijo que cada día estuviera a las ocho de la mañana en el rastrillo y no hablara con nadie. Me dieron un cargo en las oficinas, como presa de confianza, encargada de llevar el control de las penadas y de las condenadas a muerte.»

La muerte. Si el hacinamiento, la falta de higiene, las enfermedades y el hambre no fueran ya suficientes para dibujar un escenario de terror, los consejos de guerra sumarísimos que se celebraban a diario en la plaza de las Salesas completaban el estado de desesperación de las presas. Regresar con una condena de seis años era una alegría para la condenada y para las compañeras. Algo normal por problemas derivados de la guerra. Pero

76. Entrevista con el autor.

no sólo ellas se sentían afortunadas; también las que regresaban con treinta años de reclusión a sus espaldas, porque sabían que aquella pena era la antesala de la pena capital, de la muerte, a la que habían logrado esquivar. Como cantaban ellas mismas a ritmo de chotis:

*Es la «pepa» una gachí*
*qu´está de moda en tó Madrid*
*y que tié predilección por los rojillos...*

A las condenadas a muerte sólo les quedaba esperar que la magnanimidad del Caudillo atendiera sus peticiones y les conmutara la pena por treinta años de reclusión. Podían pasar semanas, e incluso meses, hasta que la sentencia fuera devuelta a las autoridades militares con la «C» de conmutada, o la «E» de enterado, que autorizaba la ejecución. Tenía lugar entonces la «saca», el tétrico ritual en el que la directora «cantaba» los nombres de las condenadas por toda la prisión la noche previa a su ajusticiamiento. Las internas eran conducidas a capilla, donde pasaban las últimas horas hasta su traslado al cementerio del Este para ser fusiladas contra sus tapias, lo que facilitaba su rápido enterramiento en las llamadas «fosas de caridad» o de «cuarta» del mismo camposanto.

Los fusilamientos en el cementerio del Este se iniciaron el 6 de mayo y fueron especialmente intensos durante el mes de junio, durante el cual fueron fusiladas más de doscientas personas.[77] La escasa distancia que mediaba entre la cárcel de Ventas y el camposanto hacía que las descargas fueran perfectamente audibles desde las celdas. Las presas esperaban entonces sobrecogidas a que, uno a uno, sonaran los tiros de gracia, lo que permitía conocer el número de víctimas. Sólo dos mujeres, las hermanas Manuela y Teresa Guerra Basanta (como ya hemos señalado más arriba), habían sido abatidas a finales de junio. Ellas fueron las primeras. Su muerte supuso la confirmación de que el régimen no estaba dispuesto a perdonar a las mujeres, que sufrirían el mismo castigo que los hombres. Desde entonces, un miedo aún mayor, si es que era posible, se instaló en la prisión, que vivía sobrecogida el regreso de las compañeras que marchaban para ser juzgadas en las Salesas. La «pepa», la pena de muerte, se convirtió en compañera habitual de aquellas mujeres, cuya única certeza era saber que había dos días vedados a la misma: los domingos, por ser jornada de descanso, y los viernes, día de la pasión de Cristo.

Las familias no eran avisadas nunca, ni de la celebración del juicio ni del ajusticiamiento de la condenada, del que solían enterarse transcurridos varios días, cuando acudían a comunicar con ella y les entregaban sus ropas. Desesperados, iniciaban la búsqueda de su cadáver o el lugar de su enterramiento sobre el que llorar su desconsuelo.

77. Datos obtenidos de la obra *Consejo de Guerra. Los fusilamientos en el Madrid de la posguerra (1939-1945)*, de Mirta Núñez Díaz-Balart y Antonio Rojas Friend. Editado por Compañía Literaria. Madrid, 1997.

Carmen Barrero Aguado, Martina Barroso García, Pilar Bueno Ibáñez, Elena Gil Olaya, Virtudes González García, Ana López Gallego, Joaquina López Laffite, Dionisia Manzanero Salas, Victoria Muñoz García, Luisa Rodríguez de la Fuente, Julia Conesa Conesa, Adelina García Casillas y Blanca Brisac Vázquez pasaron a formar parte de aquel mundo de desesperación. Eran trece muchachas entre otras muchas detenidas por su militancia en las juventudes socialistas que esperaban se aclarara su situación. Algunas ni siquiera se conocían entre sí, aunque el destino terminaría emparentándolas como «las menores» o «las Trece Rosas». Un hecho inesperado sería determinante para ello: el asesinato del comandante de la Guardia Civil e inspector de la Policía Militar Isaac Gabaldón Irurzun.

# 13 Los Audaces

Emiliano Martínez Blas se consideraba un tipo con suerte. Y lo era. Había militado en la JSU durante la guerra y defendido la capital de los fascistas en el frente de Somosierra. Incluso llegó a sargento. Y pese a sus antecedentes como «rojo» podía pasearse por este Madrid de banderas y sacristías sin temor a ser detenido y encarcelado. Tenía influencias. No es que fueran muchas, en realidad era sólo una, pero lo suficientemente poderosa como para que su solo aval le hubiese bastado para ser puesto en libertad cuando ya se temía lo peor, encerrado en el castillo de Santa Bárbara, en Alicante, con miles de soldados más que habían luchado por la República.

Emiliano y Antonio Cañete Heredia, que así se llamaba su padrino, se conocían desde hacía años, cuando él era un joven impetuoso que intentaba abrirse camino como boxeador en la Sociedad Deportiva Ferroviaria, y Antonio un militar aficionado al deporte del cuadrilátero al que llamó la atención aquel chico fuerte y desgarbado que se partía la cara con más voluntad que buenas maneras. Trabaron amistad, y cuando Emiliano se topó con la dura realidad, que nunca llegaría a ser nadie en el mundo del boxeo, Antonio se ofreció a ayudarle. Se estaba construyendo una casa en Villaverde y necesitaba albañiles para terminar la obra. Corría el año 34, la necesidad era mucha, y aceptó. A aquel trabajo siguieron otros en la empresa de ballestas Chelvi y Lavin, primero, y en la casa de calefacciones Boetticher y Navarro, después. Suficiente para ir tirando. Hasta que estalló la guerra y se marchó al frente con sus compañeros de la JSU del círculo de la Guindalera. Regresó herido y desde entonces ya no prestó más que servicios de retaguardia en abastecimiento de gasolina y controles en Madrid, Barcelona y Valencia.

En la capital tuvo ocasión de estrechar su amistad con Cañete. Sabía que era fascista, un quintacolumnista más de los muchos que conspiraban desde el corazón de la República en favor de los rebeldes, pero por encima de todo Antonio era un amigo, casi un padre, que le había ayudado en momentos difíciles. No podía traicionarle y no lo hizo. Al contrario, dio fe de su adscripción a la República cuando el SIM peinaba la ciudad en busca de traidores, y logró que su hermano Leandro, detenido como sedicioso, fuese puesto en libertad antes de que le diesen el «paseo».

Antonio Cañete, capitán de ingenieros, de cuarenta y dos años de edad, no lo olvidó, y cuando concluyó la guerra acudió en su ayuda tan pronto como los padres de Emiliano le informaron de que había sido hecho prisionero y estaba encarcelado en la capital alicantina. Eran tantos miles los detenidos, que la palabra de cualquier patriota era suficiente para que las autoridades librasen una orden de libertad si no existían cargos concretos contra ellos. De vuelta a Madrid, Emiliano buscó a su amigo para darle las gracias y pedirle que, puesto que él formaba parte del Ejército de los vencedores, le ayudara a buscar trabajo. Cañete, como había hecho años atrás, le «contrató» para que le arreglara el piso al que acababa de mudarse, mientras veía la forma de encontrarle una ocupación más estable. Claro que, con sus antecedentes, no iba a ser nada fácil. Ahora, le dijo, tenía que portarse bien y ser cuidadoso sobre con qué gente se relacionaba. Por su propio bien, y también por no ponerle a él en un compromiso. Emiliano le aseguró que no debía preocuparse de nada. Él era un hombre nuevo. Estaba desengañado de sus antiguos camaradas y la guerra le había abierto los ojos. Quería, deseaba incorporarse al grupo de los vencedores, dejar su sitio entre los parias y labrarse un futuro, y para demostrárselo le contó unos hechos que había conocido casualmente y que tal vez pudieran interesarle, ahora que se trataba de limpiar la capital de conspiradores.

Desde su regreso a casa desde Alicante se relacionaba con un amigo de la niñez, Justo Pérez, al que todos en el barrio conocían como *el Bizco*, que había quedado inútil de un brazo a consecuencia de las heridas sufridas durante la guerra. Salían por las tardes a dar una vuelta, recordar viejos tiempos, buscar trabajo y, cuando tenían dinero en los bolsillos, a tomarse un vino. Todo normal. Una de aquellas tardes, mientras paseaban por la calle Goya, se encontraron con una mujer a la que él no conocía de nada, aunque sí su amigo, que les invitó a ir a su casa para presentarles a un muchacho que tenía alojado en ella. No entendía nada, pero como Justo le propuso acompañarle, fue con él a un domicilio en el tercer piso, letra B, del número 39 de la calle Fuente del Berro. Aquella mujer era *la Cacharro* para quienes la conocían, y Casimira Cacharro Barrios para quienes no. Tenía treinta y siete años, era natural de Matanzas (Cuba) y estaba viuda. Durante la guerra se había ganado la vida alquilando habitaciones a evacuados, y su casa seguía siendo ahora una especie de pensión para gente sin domicilio.

Y aquí empezaba la historia. El muchacho en cuestión vestía el uniforme de oficial de Ingenieros del Ejército nacional, aunque, según él mismo les confesó, no lo era y se valía de él como disfraz para moverse por la ciudad sin correr peligro. Daba tan bien el pego que los soldados se cuadraban a su paso en saludo marcial, al que él respondía con solvencia, con energía, sin poder reprimir una sensación de orgullo y de burla por el engaño. Se llamaba Damián García Mayoral, tenía diecinueve años, y se dedicaba al estraperlo de patatas.

El nuevo Gobierno había anunciado la inminente supresión de la cartilla de racionamiento, que se utilizaba en la capital desde noviembre de 1936 para regular la distribución de los productos básicos, pero transcurridos ya varios meses desde el final de la guerra seguía siendo imprescindible para adquirir pan, carne, arroz, patatas, huevos o carbón. La opulencia de la España nacional, que tanto se había utilizado como propaganda para desanimar a la retaguardia republicana, no se veía por ningún lado. La gente no tenía qué llevarse a la boca, los comedores de Auxilio Social estaban repletos, y la picaresca se enseñoreaba de una ciudad donde ni siquiera tener trabajo le garantizaba a uno que podría engañar al hambre. Damián era un pillo, uno de esos pillos que engendra la necesidad, que aprovechándose de su falso uniforme viajaba a Toledo y sus alrededores a comprar patatas diciendo que eran para el Ejército, las cargaba después en cualquier camión y las traía a Madrid, a casa de la Cacharro, donde se vendían de estraperlo a 1,50 pesetas el kilo.

Pero además de pícaro, Damián era un militante comunista que se había fugado de un batallón de trabajo en Lérida. Su prima Adoración Iglesias Marugán le había buscado refugio en el domicilio de Casimira Cacharro, una camarada del partido que utilizaba su casa como pensión para esconder a huidos y perseguidos mientras conseguían documentación o salvoconductos falsos para escapar.

Manuel le contó esta historia a Antonio Cañete, que se interesó por la información y le pidió a su protegido que mantuviera el contacto con esas personas y que le informara de todos sus pasos; incluso que le anticipara alguna de las citas para que pudiera ver personalmente a sus interlocutores. Él le trasladaría todo lo que averiguara al coronel José Ungría Jiménez, máximo responsable del SIMP, para que éste decidiera cómo actuar.

Y el hilo fue, poco a poco, llevando a un ovillo cada vez más interesante para la Policía Militar franquista. En aquellos paseos con su amigo el Bizco éste le presentó a dos chicas, Carmen Cerviño y Concha Carretero, con las que desde entonces caminaban muchos días por el paseo de Ronda hablando de la guerra y del trabajo que habían desarrollado durante la misma en la JSU. Las muchachas le contaron que con dos amigas más, Adela Sánchez y Aurora Bautista,[78] habían trabajado como torneras en Experiencias Industriales, una compañía dedicada a fabri-

78. Aurora Bautista llegaría a ser con el paso de los años una conocida actriz de cine. Sus padres, Santiago Bautista y Sagrario Zumel, fueron dirigentes comunistas en Madrid durante la guerra.

car material de guerra, que tenía sus instalaciones en la calle de Joaquín Costa. Cuando el coronel Casado se levantó contra la República fueron detenidas. La mañana del 6 de marzo acudían temprano a la sede del Comité Provincial de la JSU, en la calle Núñez de Balboa esquina a Lista, a recoger los archivos de la organización, cuando fueron apresadas por compañeros socialistas con los que habían luchado contra los fascistas. Estuvieron encarceladas en Ventas hasta la noche anterior a la entrada de Franco en Madrid, en que fueron liberadas. Entonces se propusieron seguir la lucha desde la clandestinidad para defender aquel «más vale morir de pie que vivir de rodillas» de la mítica Pasionaria.

Concha tenía a su hermano mayor, Pepe, comisario político de la 50 Brigada Mixta, preso en el penal de Ocaña, hasta donde se desplazaba a verle cada vez que podía, y su hermano pequeño, Luis, acababa de regresar a Madrid después de pasar meses evacuado en la localidad gerundense de Palamós. Su familia era una de tantas que habían sido desposeídas de su vivienda por los vencedores y vivía de la caridad de los amigos. De la portería de Santísima Trinidad número 1 se mudaron a una vivienda de alquiler en Feijoo número 3, de la que les echaron al acabar la guerra por ser de izquierdas, y desde entonces vivían en casa de su amiga Adela Sánchez, por Ventas.

Una de aquellas tardes de paseo y conversación un joven desconocido se acercó a las muchachas y éstas se lo presentaron a Emiliano. Se trataba de Sinesio Cavada Guisado, *Pionero*, que buscaba un domicilio seguro donde poder alojarse durante unos días. Aunque Emiliano no lo sabía entonces, Pionero era el único miembro de la dirección de las Juventudes que había logrado escapar a la redada policial practicada en mayo, y desde entonces era uno de los objetivos prioritarios de la Policía. Hasta ese momento había permanecido escondido en casa de los padres de su amigo Gregorio Sánchez, en la huerta de San Fernando, en Ciudad Lineal, con la excusa de que carecía de familia y trabajo. Pero ahora, a mediados de junio, tras más de un mes en aquella vivienda, se hacía imprescindible encontrar un nuevo escondite. Su madre, Teresa Guisado, de cincuenta y dos años, que había pasado la guerra evacuada en Barcelona, había regresado a Madrid y recuperado la vivienda familiar en el número 11 de la calle Marqués de Ley, pero Sinesio no se atrevía a ir por ella por temor a ser denunciado por algún vecino. De manera que, cuando quería ver a su madre, enviaba a algún compañero para que le pasara el recado dándole una cita en algún lugar de la capital.

Tal vez pudieron haberle enviado a casa de la Cacharro, pero Emiliano le ofreció una habitación segura y discreta en casa de una conocida, María Callejón, la madre de un amigo fallecido en la guerra, que tenía alojados en su casa a huéspedes militares, y que hacía unas semanas le había pedido que le enviara a cualquier persona conocida que buscara techo. Pionero se trasladó a aquella casa y Emiliano entró a formar parte de su círculo de confianza. Fue así como se enteró de que la JSU se estaba reorganizando bajo la dirección de aquel joven, y de que su amigo el Bizco participaba en esa reorganización con la ayuda de la Cacharro, que le ponía en contacto con cuantos comunistas llegaban a su casa escapando del enemigo para incorporarlos al partido.

Ya estaba en el secreto y le propusieron que se sumara a las Juventudes como responsable del sector Este. Emiliano aceptó por indicación de Cañete y se vio arrastrado a una vida clandestina de contactos y reuniones. La JSU contaba ya por entonces con otro responsable en el sector Sur, Manuel Chicharro, quien, como en una cadena en la que cada eslabón conduce al siguiente, había captado a José Rodríguez Frade, un cerrajero de cuarenta y un años, militante del PCE, a quien había encargado la formación de un grupo. Otro de los convencidos era Saturnino Santamaría Linacero, un miliciano de dieciocho años que había participado en la defensa de la capital, y que una vez entregada ésta y derrumbado el frente pasó varios días preso en un campo de concentración antes de ser puesto en libertad. La misma historia de tantos. Saturnino también aceptó y se comprometió, a su vez, a atraer a otros jóvenes que estuvieran dispuestos a participar en la lucha clandestina. Lo hizo con Francisco Rivares Cosials, un peluquero de veintidós años con el que había coincidido en el frente y que, al igual que él, también había estado preso algunos días en un campo de concentración, del que consiguió salir al ocultar su condición de oficial del Ejército republicano. Rivares había vivido en Barcelona, donde, más que cortar el pelo, se dedicaba al robo por el método del descuido. Una actividad que le había llevado en varias ocasiones a la cárcel por cortos periodos de tiempo en aplicación de la Ley de Vagos y Maleantes. Se trataba de jóvenes con experiencia en el campo de batalla, conocedores del manejo de armas y que, ahora sí, eran conscientes del riesgo que asumían.

Cuando Emiliano presentó a Pionero y a Damián García Mayoral, el falso oficial que se pavoneaba de pasearse por Madrid como Pedro por su casa pese a su militancia comunista, se estableció entre ambos una estrecha amistad. Eran dos almas gemelas. Dos «echados para adelante» que no le temían a nada ni a nadie, y que estaban convencidos de que su atrevimiento era una especie de escudo que les protegía de los peligros. Podían comerse el mundo. Cambiar el rumbo de la historia. Pronto comenzaron a hacer grandes planes. La primera prioridad era conseguir fondos. Dinero para sufragar sus gastos, ayudar a las familias de los camaradas encarcelados y, sobre todo, para llevar a cabo un plan que Pionero acariciaba desde que acabó la guerra: liberar a compañeros presos. Algo que sólo se podía hacer de dos formas: o asaltando las prisiones, lo que sólo era factible en localidades pequeñas, pero no en Madrid, o sobornando a alguno de los funcionarios que tramitaban los expedientes de los reclusos para que despistaran algunos y los sobreseyeran por falta de acusaciones concretas. Y para esto hacía falta dinero, mucho dinero. Para empezar había pensado en algo sencillo: robar ruedas de camión para revenderlas.

Las confidencias entre ambos fueron a más y Pionero terminó por confiarle a Damián que su gran proyecto era liberar a Eugenio Mesón, el último secretario general de la JSU, encarcelado por el coronel Segismundo Casado y entregado a los franquistas al final de la guerra con los compañeros del PCE Domingo Girón y Guillermo Ascanio. Un objetivo que el partido dejó encomendado a Matilde Landa, cuya pronta detención impidió que llegara siquiera a planearlo. Él, en cambio, le dijo, lo tenía muy adelantado. Había contactado ya con un oficial de prisiones, cuñado de un compañero de la 67 Brigada, quien estaba dispuesto a extraviar el expediente de Mesón a cambio de quince mil pesetas. Si conseguían reunir el dinero estaba hecho. El problema era que no sabía con qué tiempo contaba. Las ejecuciones estaban a la orden del día y el dirigente juvenil era una pieza demasiado golosa como para pensar que su fusilamiento se fuese a demorar por mucho tiempo. Era necesario actuar ya, y los pequeños robos no proporcionaban fondos suficientes. Se hacía imprescindible dar un golpe de envergadura.

Pionero le contó que Mesón estaba al tanto de la operación. Incluso había conseguido entrevistarse con él en la prisión de Yeserías haciéndose pasar por su hermano, gracias a la mediación de Guadalupe Llorens, esposa del dramaturgo Joaquín Dicenta. Esta mujer tenía influencias entre las funcionarias del penal, y cualquier nota suya allanaba el camino a muchas gestiones. Un poder que, sin embargo, no había impedido que uno de sus hijos, amigo de Pionero y también comunista, figurara entre los reclusos de la prisión madrileña.

Damián se ofreció para resolver el problema económico y le pidió a su compañero que pusiera a sus órdenes a dos jóvenes atrevidos y de absoluta confianza con los que ejecutar algunos golpes. Los elegidos fueron Saturnino Santamaría y Francisco Rivares, que junto a Damián formaron el grupo de Los Audaces, como ellos mismos se denominaron. Ahora sólo quedaba fijarse un objetivo.

Cuando Emiliano contó los planes de la JSU a Cañete, éste concluyó que la Policía tenía que actuar ya. El momento elegido fue una reunión que Pionero había convocado a las doce del mediodía del 27 de julio en el bar Royal, en la calle de Alcalá esquina con la de Narváez, a la que finalmente no se presentó, echando por tierra la operación policial. Damián envió entonces a su compañero una nota citándole a un encuentro a las tres de la tarde en una vivienda de la calle Tetuán 4, domicilio de su prima Isabel González Mayoral, en el que pasaba algunas temporadas. A esta cita sí acudió ya Pionero, a quien Damián explicó sus planes para conseguir fondos. El primer golpe lo llevarían a cabo en un estanco de Oropesa, en Toledo, del que tenía la certeza que podrían obtener varios miles de pesetas. Antes quería pasar por Cazalegas (Toledo), donde tenía familia y conocía a personas que podían facilitarle información sobre gente acaudalada a la que poder asaltar.

Se moverían en una zona que él conocía y eludirían Madrid, una ciudad en la que nadie se sentía seguro y todos eran sospechosos para todos. Allí podrían pasar inadvertidos y regresar después a la capital sin tiempo para que les relacionaran con el atraco. Para llevar a cabo el asalto disponían de uniformes militares, armas y documentación falsa, lo que les permitiría desplazarse sin riesgos. Pionero dio el visto bueno a la operación y convocó a Emiliano a otra nueva reunión al día siguiente en la plaza del Ángel para tratar de la organización del Comité Provincial de Madrid, en el que deseaba que ocupara un puesto.

Horas después, Antonio Cañete tuvo cumplida cuenta de los planes y puso en marcha el dispositivo policial para detenerlos a todos, Emiliano incluido. Se trataba, le dijo, de no levantar sospechas. No debía preocuparse de nada, porque tan pronto como sus compañeros hubieran «cantado» sería puesto en libertad sin que éstos se enteraran, y gratificado debidamente por el servicio.

La tarde del 28 de julio, Emiliano fue a buscar a Concha Carretero a su casa para que le acompañara a la cita con Pionero. Estuvieron paseando por el Retiro para hacer tiempo, marcharon después a la plaza de Santa Ana y, a las siete menos cinco, a la contigua plaza del Ángel. Era una norma de seguridad que nadie debía permanecer más de cinco minutos en el lugar establecido para una cita. Si en ese plazo de tiempo ésta no se había celebrado, se daba por cancelada.

Concha Carretero[79] recuerda:

«Nos sentamos en un banco a esperar y yo me puse a cantar. Emiliano me dijo, qué contenta estás, mira que si nos detuvieran ahora, y le contesté ¡no jodas, cómo nos van a detener!».

Puntual, Pionero apareció acompañado de otro camarada, Joaquín Peña, que había conseguido escapar de un campo de concentración de Aranjuez y que el primero pretendía se hiciera cargo de la secretaría general de la JSU al considerarle más capacitado que él para ese papel, dados los cargos que había ostentado con anterioridad en las Juventudes. Peña había rehusado tal responsabilidad, al menos de momento, aunque estaba dispues-

79. Entrevista con el autor.

to a colaborar con él en la reorganización del partido. Por eso le acompañaba a aquella reunión.

Acababan de cruzar unos saludos cuando una turba de policías los encañonó con sus pistolas. Perplejos, sin poder articular palabra, sólo acertaron a mirarse desde la profundidad de su miedo. Miedo por lo que acababa de suceder y por lo que adivinaban que les esperaba. Ese miedo denso, espeso, que acelera el corazón y abotarga los sentidos. Fueron unos minutos de pánico mudo, contenido; instantes en los que uno aborrece lo hecho, aunque ello haya dado sentido a tu vida hasta ese momento. Tal vez sintieron todo esto, a fin de cuentas el miedo es un sentimiento universal, o tal vez no, ¿quién puede saberlo? Lo que es seguro es que Emiliano sintió el peso de la angustia por la traición que acababa de consumar, y por aquellas miradas de desesperación que no iban acompañadas de palabras. Los cuatro fueron conducidos a las dependencias que la Brigada Especial, sección de Guerrilleros, que el SIPM tenía en el número 32 de la Carrera de San Jerónimo. El capitán Ovidio Alcázar era allí el hombre al mando.

Aquellos policías feroces que se habían abalanzado sobre ellos, de nombre Sebastián Fernández Rivas, José Antonio Valmorisco Asensio, Antonio Corral Gil y Crescencio Lucas Martínez, ebrios de euforia, pensaron que acababan de hacer un gran servicio a la patria. Para ellos los detenidos no eran cuatro muchachos asustados, sino cuatro marxistas, cuatro alimañas que pretendían despeñar el país por el barranco del comunismo. ¡Qué distinto se ve todo según la óptica desde la que se mire! Imaginaron, porque eran humanos, que serían recompensados por ello.

«Nos metieron en un coche y se me pasaron por la cabeza las palabras de Emiliano anticipando nuestra detención —dice Concha Carretero— pero en ese momento lo que más me preocupaba era la situación a la que me veía abocada y no le di más vueltas. Ninguno sospechamos que era un traidor que nos había entregado a la Policía. De manera instintiva le dije que él y yo nos haríamos pasar por novios, que fue la excusa que después empleé durante los interrogatorios para justificar mi relación con la JSU. No era militante, les dije, sino la novia de uno de ellos pero sin relación con la organización.»

Habían caído Sinesio Cavada Guisado, *Pionero*, y sus secuaces, pero nadie en la Policía Militar pareció preocuparse por el paradero de los tres Audaces, Damián García Mayoral, Sebastián Santamaría Linacero y Francisco Rivares Cosials, que para entonces, desconocedores de lo que acababa de ocurrir en la capital, se encontraban ya en Cazalegas para cumplir la misión que se habían marcado.

# 14
# El asesinato de Gabaldón

Los chatos de vino recio les aplacaron los nervios. Tomados de un golpe quemaban la garganta y podía seguirse su recorrido hasta el estómago. Subía después un calor ácido hasta la boca que dejaba el paladar pastoso. Se sintieron más seguros y confiados. Aquellos tragos les infundieron valor. Y no es que ellos no fueran valientes, que lo eran, pero aquellas rondas en la taberna de la estación del Norte les reconfortaron. Las dos estrellas de teniente brillaban en la bocamanga del uniforme de Rivares, que parecía hecho a la medida. A fin de cuentas, aquélla había sido su graduación en el último tramo de la guerra, cuando servía en la 128 Brigada y prestaba sus servicios en una compañía especial de guerrilleros. Damián no tenía la sensación de ir disfrazado, también él había sido oficial en el ejército *rojo*, y desde que acabó la contienda se hacía pasar por alférez de las tropas nacionales. Llevaba tantos meses enfundado en aquellas ropas color caqui que se sentía un auténtico militar, y en más de una ocasión se había rebullido dentro de su guerrera cuando algún soldado despistado le negaba el saludo en la calle. Saturnino era el único que carecía de graduación. Ni la había tenido durante la guerra con el Ejército de la República, ni la tenía ahora, ni falta que le hacía. Él se había curtido en los frentes de Levante,

Guadalajara y en la Casa de Campo, y unos galones no le sumaban ni le restaban valor.

Caminaron hacia el Pontón del Rey, mostraron su documentación y se subieron al primer camión que partió rumbo a Cuatro Vientos. Allí volvieron a tomar otro, camino de Talavera, y cuando comenzaba a anochecer llegaron a su destino, la pequeña localidad de Cazalegas, en el Bajo Alberche. Ajenos a la detención esa misma tarde en Madrid de sus compañeros de la JSU, la Policía Militar tenía ya a esa hora cumplida cuenta de su viaje y del asalto que planeaban. Damián se sentía en Cazalegas como en su casa, seguro y con recursos. Se dirigieron al domicilio de sus tíos, Víctor González Fernández y Luisa Mayoral Díaz, que se alarmaron al verle de aquella guisa y acompañado por dos desconocidos. ¡Cómo era capaz de presentarse en el pueblo sabiendo, como sabía, que la gente estaba al tanto de sus andanzas durante la guerra y conocía su militancia comunista! Era peligroso y a ellos les comprometía. A Damián no le importaba. No tenían que preocuparse, porque él y sus amigos sólo pasarían esa noche en su casa. El tiempo justo para ver a la mañana siguiente a algunas personas con las que necesitaba hablar antes de seguir viaje a Oropesa.

Quien sí se alegró de verle fue su prima Purificación González Mayoral, con la que mantenía una estrecha relación. Esa noche pasearon por el pueblo e intercambiaron anécdotas y confidencias. A la mañana siguiente Damián se entrevistó con la persona o personas de las que habló a sus tíos, sin que se sepa a ciencia cierta de quién o quiénes se trató. Bien pudo ser su amigo Manuel Fernández Sanguino, hijo del médico del pueblo, de nombre José Fernández Sanguino, pero es sólo una suposición y no una certeza. Tampoco sabemos el contenido de lo hablado, aunque es probable que la conversación girara en torno a la gente de posibles del pueblo o de otros de los alrededores. Personas a las que quizás conviniera dar un escarmiento y, de paso, sustraerles parte de lo que ellos a su vez habían robado. El caso es que lo tratado bien pudo tener que ver, y mucho, con lo que ocurrió al día siguiente.

Damián y sus compañeros pasaron la noche en casa de sus tíos y el sábado 29, a media tarde, emprendieron viaje a Oropesa. Tomaron un camión que les llevó hasta Talavera de la Reina, cruzaron el pueblo a pie, y tras pasar sin incidentes un control de la Legión se montaron en otro camión que les condujo hasta el cruce de la carretera de Velada. Allí tuvieron que echar de nuevo pie a tierra y esperar el paso de otro vehículo, una camioneta Cuba, que les trasladó hasta las inmediaciones de Oropesa. Cuando llegaron anochecía, y en una taberna ubicada en la carretera que sube hasta el centro del pueblo dieron cuenta de una frugal cena: una lata de anchoas, pan y vino, después de departir con los dueños, a los que comentaron que iban a hacer un servicio importante en Navalmoral de la Mata.

El comandante de la Guardia Civil Eugenio Isaac Gabaldón Irurzun, adscrito a la Policía Militar, salió a las cinco de la tarde de ese mismo sábado 29 de su domicilio en la Corredera del Cristo número 44, de Talavera, acompañado de su hija Pilar, de dieciocho años, y de su conductor, José Luis Díez Madrigal, de veintitrés. Disfrutaba de una licencia por enfermedad y quería aprovechar la tarde para ir a El Puente del Arzobispo y ver la marcha de las obras de la casa que se estaba construyendo en la localidad. Vestía de paisano: un traje azul de raya diplomática, sombrero gris, camisa blanca y corbata negra. Una pistola de 8,35 milímetros con las cachas de nácar, de la que nunca se separaba, y su placa del SIPM eran los únicos atributos que le identificaban como militar en activo. Cogieron la carretera en dirección a Oropesa, y a la entrada se desviaron hacia su destino. Comenzaba a anochecer cuando emprendieron el camino de regreso, aunque aún tuvieron tiempo para detenerse a comprar dos jamones en un establecimiento conocido como el del Lagarterano. Fue cosa de poco, porque el comandante no quería llegar muy tarde a casa. Al día siguiente la familia celebraba una misa por el alma de uno de sus nueve hijos, de cuya muerte se cumplían tres años. Serían las diez y media, poco más o menos, cuando su coche enfiló por la carretera de Extremadura en dirección a Talavera.

Media hora antes «Los Audaces» habían salido de Oropesa andando en dirección también a Talavera. Se apostaron en la cuneta, a unos quinientos metros del pueblo, y esperaron. Pasaron tres vehículos a los que no prestaron atención, hasta que Damián se fijó en los faros de un Ford ocho cilindros de color verde, matrícula B.G. 6731, que circulaba con moderación y se mostró con su uniforme de oficial para que detuviera su marcha. Era el coche del comandante Gabaldón. ¿Por qué se detuvo? es una pregunta sin respuesta. El militar era una persona extremadamente desconfiada que no permitía que nadie subiera a su automóvil en la carretera, incluso tenía dada orden a su conductor de que no parara más que en los controles y, pese a ello, los tres falsos militares montaron en su vehículo.

No es la única duda, pues tampoco se ha establecido nunca con certidumbre por qué los jóvenes de la JSU, cuyo primer objetivo declarado era un estanco, pararon su vehículo. ¿Fue una casualidad? Tal vez, aunque también pudieron actuar sobre aviso gracias a los datos facilitados por alguno de los desconocidos interlocutores de Damián. El hecho es que éste y sus compañeros subieron a aquel coche. Damián y Saturnino montaron delante, con el conductor, y detrás lo hizo Francisco con el comandante y su hija.

Viajaron en silencio, roto sólo por los comentarios intrascendentes que se intercambian los desconocidos que comparten compañía. Al llegar al cruce de Velada, Damián concluyó que la farsa había llegado a su fin, desenfundó su pistola y encañonó con ella al conductor, apuntándole en la cabeza, mientras su compañero y Francisco hacían lo mismo con Gabaldón y su hija. Sorprendido, el comandante se irguió para pedir explicaciones por aquel atropello sin sentido. Le mandaron callar, y aunque su estricto sentido castrense le empujaba a empuñar su arma, el llanto atemorizado de su hija le convenció de comportarse como un padre antes que como un militar de honor.

Circularon aún un pequeño tramo, hasta que Damián ordenó al conductor que sacara el coche de la carretera y lo estacionara en un pequeño claro junto a unos árboles. Después, obligaron a sus rehenes a bajar del coche, y mientras Saturnino y Francisco les encañonaban Damián les registró en busca de dinero. Terminada la tarea les hicieron caminar a empujones hacia un cañaveral próximo y solitario. Fueron unos minutos interminables, en los que sólo se escuchó el sonido agudo y monótono de los grillos. Ese ruido de las noches calurosas de verano que acompaña al desvelo producido por el calor. Después, el estruendo seco de una detonación, seguida de tres más, y las pisadas apresuradas de Damián que regresaba excitado hasta donde se encontraba Francisco para pedirle su arma. La suya se había encasquillado y quería rematar el «trabajo». Volvió a perderse en el negro espeso de la noche y el silenció se rompió de nuevo con cuatro detonaciones más, acompañadas del fulgor de los disparos, que durante unos instantes casi imperceptibles dibujaron en la oscuridad las siluetas amenazadoras de los cañizos. De nuevo el silencio.

Subieron corriendo hasta la carretera, sudorosos y excitados por lo que acababan de hacer, y el sonido de los grillos se hizo imperceptible por los jadeos y la risa nerviosa de aquellos jóvenes que debieron pensar que acababan de ganar la guerra. Se habían sentido tan fuertes que hasta se atrevieron a subirle la falda para verle las bragas a aquella joven que yacía inerte mientras su traje azul plisado de cuellos y puños blancos se teñía con el rojo de su sangre. Montaron en el Ford y reemprendieron viaje hacia Talavera con un pingüe botín de ciento cuatro pesetas, dos placas del SIPM y un cuaderno cuadriculado de tapas negras con anotaciones de puño y letra del comandante.

«Mirad lo que pone de éste», dijo Damián a sus compañeros mientras leía en voz alta una página abierta al azar: «Argimiro Díaz, dueño de la taberna El Faro, elemento de los más destacados izquierdistas. Su taberna tenía las paredes llenas de pinturas con la hoz y el martillo, así como estrellas comunistas» (...) «Julio García Moya, químico, cacique máximo en todas las situaciones. Colaboró con la dictadura del general Primo de Rivera, con la República se decía por sí mismo ser el más republicano de este pueblo, y ahora también se infiltra en la Comisión Militar con el fin que se ignora. Parece ser es masón» (...) «Ángel Carrillo —continuó su lectura mientras sus compañeros reían el tono burlón que ponía—, dependiente de comercio muy destacado como izquierdista, y su esposa mucho más que él. Peligrosos los dos».[80] Éste no nos jode más la vida, concluyó cerrando el cuaderno.

Aquellas anotaciones con letra de calígrafo eran incorporadas después por el comandante Gabaldón al fichero de comunismo y masonería que llevaba años realizando en torno a los vecinos de Talavera y los pueblos de los alrededores. Una especie de vademécum de enemigos de la patria en el que nadie escapaba a sus indagaciones. En una extensa relación de páginas numeradas, que comenzaba en la página 1.076 y concluía en la 1.131, en el cuaderno que hojeaba Damián, el oficial de la Guardia Civil anotaba cuantos datos recogía sobre sus convecinos. Dos de ellos acaparaban sus desvelos: José Fernández Sanguino y el doctor Ángel Juárez de la Cruz, médico de la localidad toledana de La

80. Transcripción literal de dos de las notas del cuaderno del comandante Gabaldón, que aparece incorporado al sumario número 37.038 incoado por su asesinato. En el Archivo Militar Territorial de Madrid.

Mata, de los que tenía la certeza lideraban una logia masónica. El primero era el padre de Manuel, amigo de Damián y una de las personas con las que pudo entrevistarse la noche anterior al crimen que acababa de cometer.

¿Fue Manuel Fernández Sanguino o su padre quienes facilitaron a Damián los datos para asesinar al comandante? Motivos tenían para ello. Ellos y otros destacados prohombres de la provincia estaban en el disparadero del comandante, que los había señalado como masones, uno de los demonios, junto con los comunistas, del generalísimo Franco[81] y de cualquier español de bien que se preciara de serlo. Pero nunca las cosas son tan simples como aparentan. El doctor Ángel Juárez de la Cruz, médico de La Mata, y uno de los objetivos del militar que acababa de perder la vida, era el suegro del capitán de la Guardia Civil y compañero de Gabaldón en el SIPM Pedro Fernández Amigo. Éste había sido su valedor para incorporarse a la Policía Militar y ahora, junto a sus dos inmediatos superiores en la misma, el comandante Cristino Torres y el teniente coronel Francisco Bonell Huici, eran para Gabaldón sospechosos de actividades masónicas y objeto también de sus investigaciones. Estaba convencido de que la masonería se había infiltrado en la Policía Militar para actuar en su beneficio, y que ello explicaba

81. La primera ley dictada contra la masonería una vez acabada la guerra fue la de Responsabilidades Políticas, que además de poner fuera de la ley a todos los partidos incluía también en dicha prohibición a «todas las logias masónicas». Posteriormente, el primero de marzo de 1940, se aprobó la Ley para la represión de la masonería y el comunismo.

las extrañas liberaciones de algunos detenidos. Todo ello lo había denunciado al excelentísimo señor ministro de la Gobernación, que había ordenado la detención de algunos agentes y abierto una investigación para averiguar sus ramificaciones en el SIPM.

El Ejército nacional había localizado numerosos ficheros masónicos a medida que «liberaba» España. Madrid no había sido una excepción. La documentación hallada en un palacio del paseo de Recoletos número 2, una vivienda de la calle Caños y una casa baja de Ciudad Lineal había aportado numerosos datos sobre la masonería en la capital, y hasta la relación completa de todos los miembros de alguna logia, como era el caso de la Unión de la Liga de los Derechos del Hombre. En una de aquellas listas, que habían sido depositadas en el Ministerio de la Gobernación, en la Puerta del Sol, figuraba el nombre de un capitán de Caballería que había servido en Larache llamado Francisco Bonell, el mismo nombre que el del teniente coronel del SIPM, aunque éste no había servido en la plaza africana. ¿Se trataba de la misma persona? Quién sabe.

Las sospechas de Gabaldón sobre los tres militares referidos iban más allá. También sospechaba que se habían enriquecido facilitando el paso de *rojos* a la zona nacional con avales que borraban su pasado a cambio de cantidades fabulosas de dinero. Según sus pesquisas, sus compañeros se servían de un portero, Antonio Acebedo, para esta tarea. Éste fue denunciado por un inquilino por la sustracción de algunas alhajas de su casa, pese a lo cual no fue molestado por la Policía gracias a la mediación del teniente coronel Bonell, que avaló su conducta intachable, quedando descartado, en consecuencia, que hubiera podido no ya protagonizar, sino participar siquiera en tal robo. El apoyo prestado por aquellos mandos militares fue tan notable, que hasta la víctima se vio obligada a retractarse de sus acusaciones.

Las investigaciones del comandante suponían un enorme riesgo para su persona, ya que de los tres militares sospechosos de ser masones, el teniente coronel Bonell había tenido un destacado papel durante la guerra, y desde el puesto del SIPM en La Torre de Esteban Hambrán, en Toledo, había coordinado algunas organizaciones de la Quinta Columna en Madrid, de cuyas averiguaciones informaba puntualmente a Burgos. Uno de los informadores de Bonell era nada más y nada menos que José Centaño de la Paz, ayudante del coronel Segismundo Casado, que terminaría levantándose contra el Gobierno de Negrín. Incluso la entrega de Madrid a las tropas de Franco se fraguaría en intercambios de mensajes a través del puesto de Bonell. Se trataba, pues, de un renombrado militar cuyo patriotismo ponía ahora en duda un modesto comandante de la Benemérita.

Las relaciones de Gabaldón con sus compañeros eran tan tensas que había solicitado su baja en el SIPM aduciendo como excusa que se encontraba enfermo de paludismo, con la intención de reincorporarse a la Guardia Civil tan pronto como se hubiera recuperado. Tenía, pues, numerosos e importantes enemigos, y no es de extrañar que muchos desearan su muerte.

El Ford continuaba su camino a Talavera. Ya se divisaban las luces de la ciudad a lo lejos cuando el vehículo se detuvo. ¡Cómo podían tener tan mala suerte! Pasaron unos minutos sin saber qué hacer: continuar el camino a pie o esperar el paso de otro coche para que les ayudara. Ocurrió esto último y, para su fortuna, se trató de un camión militar. Damián se colocó en el centro de la calzada, y haciendo ostensibles gestos con los brazos para hacerse ver le obligó a parar. Su conductor, Francisco Gutiérrez Ruiz, accedió a echar una mirada al motor por ver si podía resolver la avería, y tras darse por vencido se ofreció a remolcarles hasta el Parque de Automóviles de Talavera. Eran las doce de la noche cuando llegaron a su destino. El soldado mecánico Miguel Juarista Martínez les dijo que no había nada que hacer. La avería era importante y tendrían que aguardar hasta la mañana siguiente. Francisco Rivares, que oficiaba de teniente con sus dos estrellas en la bocamanga, le dijo que no podían esperar. Tenían un asunto importante entre manos y era de vital importancia que llegaran a Madrid lo antes posible, de manera que cogerían cualquier vehículo que fuese en esa dirección y ya mandarían a alguien para recuperar el coche una vez reparado.

Los tres Audaces se dirigieron a Cazalegas andando. Fueron varias horas de caminata en una noche estrellada de verano, sin que ningún vehículo se cruzara en su camino. Volvieron a casa de los tíos de Damián, que se habían ausentado del pueblo. En la casa sólo dormían su hija Purificación y su prima Sofía Núñez Mayoral, que había llegado ese mismo día al pueblo para comprar patatas y luego revenderlas en Madrid. Repondrían fuerzas durante unas horas y al día siguiente emprenderían el camino de vuelta a Madrid.

Mientras esto ocurría, Manuela Velasco Santamaría, de cuarenta y cuatro años, la esposa del comandante Gabaldón, comenzó a impacientarse por el retraso injustificado de su marido. Su hijo Luis, militar como su padre, decidió echarse a la carretera por ver si había sufrido un accidente o una avería. Hizo y deshizo el camino hasta El Puente del Arzobispo, y cuando regresó a casa de madrugada su gesto era de preocupación. No había rastro de su padre, ni éste había telefoneado a casa para dar cuenta de su tardanza. A la mañana del día siguiente, domingo 30, fue a la comandancia de la Guardia Civil de Talavera y denunció la desaparición. La noticia se transmitió al cuartel de Oropesa, y agentes de ambos cuartelillos iniciaron su búsqueda. Horas después el vehículo abandonado en el Parque de Automóviles de Talavera era identificado como el asignado al comandante Gabaldón y la preocupación dio paso al abatimiento al conocerse que el vehículo había llegado hasta allí remolcado, con dos oficiales y un soldado a bordo. A las nueve y media de la mañana del lunes 31 una patrulla de la Benemérita localizaba el cadáver del comandante, de su hija y del conductor ocultos entre unas cañas, a escasa distancia de la carretera de Extremadura a la altura del kilómetro 121. Los cuerpos presentaban varios impactos de bala y uno de gracia en la cabeza.

Damián, Saturnino y Francisco estaban ya en Madrid cuando esto ocurría. Pasaron la noche del 31 en el número 4 de la calle Tetuán, domicilio de otra prima de Damián, Adoración González Mayoral, hermana de Purificación, y marcharon después a casa de la Cacharro. Las cosas parecían ir sobre ruedas hasta que se torcieron. En Fuente del Berro se enteraron de que Casimira había sido detenida y de que la Policía les buscaba a los tres. Se marcharon de allí a toda prisa. ¿Qué podían hacer? Los uniformes que hasta ese momento les habían protegido ahora les delataban. Tenían que deshacerse de ellos y recuperar su condición de civiles. Acordaron que Saturnino fuera a casa de Francisco Rivares, en el número 84 de la calle Atocha, con una nota manuscrita por éste para que su mujer, Herminia González, le entregara ropa para los tres. Después se encontrarían de nuevo en la glorieta de Pirámides.

«Los Audaces» desconocían la detención de Pionero tres días antes, y que la Policía Militar les seguía la pista por los domicilios que frecuentaban. Saturnino fue apresado en casa de su compañero, y poco después lo fueron Damián y Francisco cuando esperaban su llegada en las proximidades del puente de Toledo, gracias a los datos facilitados por aquél. Los tres fueron conducidos a la sección de Guerrilleros, en la Carrera de San Jerónimo, donde permanecían encarcelados Sinesio Cabada, *Pionero,* Emiliano Martínez Blas, Joaquín Peña y Concepción Carretero.

«En los días siguientes a nuestra detención fueron llegando a las dependencias de la Policía Militar en las que nos encontrábamos otros jóvenes de la JSU detenidos —cuenta Concha Carretero—[82] como Carmen Cerviño, Casimira Cacharro, María Callejón, Juana Doña y después los compañeros que habían ido a Talavera: Damián, Saturnino y Francisco, junto a otras chicas a las que no conocía de nada: Purificación González, Sofía

82. Entrevista con el autor.

Núñez. (...) A las chicas nos metieron en una habitación y a los chicos en otra. Primero nos preguntaron cómo funcionaba la organización, quiénes estaban en ella, y después pasaron ya a interrogarnos por el asesinato del comandante Gabaldón, del que nosotras no sabíamos nada. Nos dieron palizas tremendas, con porras y vergas, y estuve veinticuatro horas inconsciente a consecuencia de los golpes. Yo les decía que no sabía leer ni escribir, y que si iba por las Juventudes era porque me gustaban los chicos, porque me gustaba Emiliano, pero que no sabía de qué me hablaban. Y de ahí no me sacaron. Si a nosotras nos trataron mal, el trato que dieron a los chicos fue mucho peor. A mí me hicieron ir varias veces a limpiar la sangre de la habitación donde les interrogaban. Al único que no pegaban era a Emiliano, aunque nosotros eso no lo sabíamos entonces, y para disimular que había sido torturado lo traían a rastras entre varios agentes y lo tiraban en la celda. En aquel momento no sospechamos que él nos había entregado.»

Y así, mientras la Policía simulaba su interrogatorio, Emiliano relataba a los agentes las reacciones de sus compañeros en la celda y las conversaciones que mantenían entre ellos.

«Cuando fueron detenidos los autores (del asesinato de Gabaldón) los encerraron en un sótano de la Sección (de Guerrilleros), donde también encerraron al declarante (Emiliano Martínez Blas) para que se enterara de sus conversaciones y pudiera luego informar, y que lo que oyó fue que unos se echaban la culpa a los otros, y sobre todo le decían a Damián que no debía haber hecho aquello, a lo que éste contestaba "pero no os dais cuenta de que tratándose de un comandante de la Policía Militar, si le dejamos, hubiéramos sido detenidos inmediatamente y reconocidos por él", y por este estilo era toda la conversación.»[83]

Entre las personas que participaron en aquellos interrogatorios había dos personajes, entonces menores, que con el paso del tiempo llegarían a las más altas cotas del Estado: el capitán de la Policía Militar Manuel Gutiérrez Mellado, que estaba a las órdenes del teniente coronel Francisco Bonell, y el ayudante del fiscal, Carlos Arias Navarro.[84]

Pionero era el principal encartado y las torturas se cebaron en él. Habló y escribió once cuartillas a lápiz y letra temblorosa identificando a todos y cada uno de los militantes comunistas que conocía, aunque no tuvieran relación con estos hechos. Relató todo lo que sabía con la esperanza de acabar cuanto antes con aquel suplicio. Y el dolor por el maltrato físico dio paso al sentimiento de culpa y al miedo. Debió de creerse pequeño y miserable, él que tan fuerte se había sentido.

La prensa informó del asesinato de Gabaldón con varios días de retraso y de manera inconcreta, eludiendo, incluso, la muerte

83. Declaración de Emiliano Martínez Blas, en el Archivo del Tribunal Militar Territorial de Madrid.

84. Carlos Arias Navarro fue presidente del último Gobierno de Franco, en sustitución del almirante Carrero Blanco, asesinado por ETA en 1973, y Manuel Gutiérrez Mellado fue vicepresidente del Gobierno con Adolfo Suárez durante la transición.

de su hija, y aunque no daba cuenta de las detenciones ya practicadas, sí afirmaba que la Policía conocía las identidades de los autores e instigadores del crimen.

«Con el brío de uno de nuestros héroes del frente ha muerto en acto de servicio el comandante de la Guardia Civil, inspector de Destacamentos de la Policía Militar de Madrid, D. Isaac Gabaldón Irurzun, y ha caído a su lado, igualmente en acto de servicio, el agente conductor D. José Luis Díez Madrigal.

»Todavía quedan misiones duras que cumplir por España, y a ellas van quienes deben, dispuestos al sacrificio de su vida si es necesario. Las autoridades saben ya todo lo que necesitan saber sobre la muerte del comandante Gabaldón y del conductor D. José Luis Díez. Pero no sólo tienen información segura y rigurosa sobre los directores y ejecutores del crimen, sino sobre todas sus ramificaciones y sobre las complicidades que en este caso han quedado probadas.

»Una vez más España y los españoles pueden estar seguros de la justicia. Con el rigor que los más elementales principios de la moral pública y privada exigen, con la inexorable energía que la autoridad demanda si quiere ser verdadera autoridad, con el sentido más profundo de homenaje a nuestros Caídos y a la España que el Caudillo va haciendo cada día, los órganos justicieros del nuevo Estado proceden ya a tramitar todo lo relacionado con este suceso, y se hallan segurísimos de llegar al fin necesario.

»No hay vía libre, sea cual sea, no hay camino hábil ya en España ni para la perversidad clandestina ni para el crimen impune. Crimen y perversidad son inmediatamente sancionados con una exactitud que no deja el menor lugar a dudas. La seguridad del Estado nacional es tan fuerte que frente a ella han fracasado, fracasan y fracasarán sangrientamente todos los degenerados y todos los miserables. Sobre este tema tuvimos ocasión de hablar anoche con el gobernador civil de Madrid, y las palabras que escuchamos de quien tan formidable concepto tiene del mando y de la responsabilidad nos permiten escribir todo lo que antecede.»[85]

La Justicia de Franco iba a caer sobre los ahora detenidos y sobre aquel grupo de muchachas que purgaban desde hacía meses en la prisión de Ventas su militancia en la JSU. A fin de cuentas todos ellos eran militantes de la misma organización comunista, todos cómplices, todos enemigos de la patria. Poco importaba que algunos de ellos no pudieran, materialmente, haber tenido relación con el suceso.

85. *Abc* del 2 de agosto de 1939.

# 15
# Consejo de guerra

## Las trece rosas

Adelina tenía don de gentes, una alegría contagiosa y un hablar desbordado, sin límite, que la había hecho muy popular en la cárcel. Ella era la única interna con permiso para moverse con libertad por toda la prisión repartiendo la correspondencia que las familias remitían a las presas. Su sola presencia era un rayo de esperanza que iluminaba el rostro de aquellas que escuchaban su nombre de los labios gruesos de aquella muchacha de piel morena a quienes todas conocían como *la mulata*. Cuando la destinataria era alguna amiga no voceaba su nombre, sino que se aproximaba a ella por sorpresa y le colocaba la carta delante de la cara por el placer de observar cómo se le mudaba el gesto. Aquel día le tocó a su querida Julita, a Julia Conesa. Era una tarjeta postal de sus tíos Antonio y Agustina, que leyó con calma para hacerla tan larga como fuera posible.

«Querida sobrina: nos alegraremos que al recibir ésta estés bien, nosotros todos bien gracias a Dios. Hoy te mandamos el pan hecho por el tío y algunas cosas más, pocas, porque ya te puedes figurar la situación. También te mandamos más tarjetas para que nos escribas.

»Dinos cómo lo pasas. Esperamos que sea ya cuestión de poco, y que pronto estés en casa. Dinos si sabes cuándo vas a prestar declaración, o sea, cuándo es el juicio.

»Recuerdos de la Engracia y su niño. Besos de tu madre, de la abuela, de tía Sofía y también los recibes nuestros.»[86]

Aquellas tarjetas no daban para más por mucho que se comprimiera la letra. Doce líneas. Tampoco la existencia. No había nada que contar, porque nada ocurría en aquella vida de angustia y miedo. «Esperamos que sea ya cuestión de poco, y que pronto estés en casa.» Julia releyó aquella frase como si fuera un conjuro capaz de hacerle recuperar la libertad. Habían pasado ya casi tres meses desde que la Policía fue a buscarla a casa y la llevó a comisaría para que contestara unas preguntas. Una gestión sin importancia que se había enredado hasta dar con ella en Ventas, sin que supiera a ciencia cierta por qué estaba allí ni por cuánto tiempo.

La carta fue premonitoria. Días después, exactamente la mañana del 2 de agosto, una celadora la llamó «a jueces», una expresión que daba cuenta de la presencia en la cárcel del juez instructor para comunicarle la celebración de la vista oral, que invariablemente tenía lugar al día siguiente, los cargos de que era acusada y la petición del fiscal. Tras Julia fueron llamadas sus amigas Adelina García Casillas y Julia Vellisca; las chicas del depar-

86. Transcripción literal de una carta remitida por los tíos de Julia Conesa.

tamento de menores Ana López Gallego, Virtudes González y Martina Barroso; y otras compañeras que vivían repartidas por toda la cárcel: Pilar Bueno, Carmen Barrero, Joaquina López Laffite, Antonia Torres Llera, Elena Gil Olaya, Dionisia Manzanero, Luisa Rodríguez de la Fuente, Victoria Muñoz y Blanca Brisac. Quince muchachas cuyo destino había sido unido a una misma causa.

El magistrado Eduardo Pérez Griffo, de treinta años, capitán honorífico del Cuerpo Jurídico Militar y titular del Juzgado Militar número 8, que había instruido el sumario con la colaboración del falangista José Zubizarreta Gutiérrez como secretario, les comunicó que estaban todas acusadas de un delito de «rebelión militar», por el que el fiscal les pedía la pena de muerte. Había transcurrido casi un mes desde que diera por concluido el sumario, después de tramitarlo conforme al procedimiento recogido en el decreto 55, de 5 de enero de 1937. El texto legal establecía que cualquier instrucción judicial se iniciaba con el atestado de la Policía, se ampliaba con los informes de las autoridades sobre los antecedentes políticos y sociales de los acusados, y terminaba con la toma de declaración a éstos.

La investigación se cerraba con un auto resumen del juez, que hacía a un tiempo las veces de auto de procesamiento y compendio de las actuaciones. En su texto, el magistrado acusaba a las quince jóvenes y a otros cuarenta y tres muchachos más de formar parte de JSU, una de las organizaciones que, escribía, «pretende ejecutar en España las órdenes que le vienen del extranjero para procurar el fracaso de las instituciones político-jurídicas del Nuevo Orden Estatal, que el Ejército y la Falange han dado e impuesto a España. Para ello cuenta con los viejos cuadros de la época marxista, con la perversidad de sus antiguos afiliados, con la falta de patriotismo de los traidores y, en fin, con todo el poder del oro y de las organizaciones de tipo democrático e internacional que, como la masonería, son los culpables de la tragedia y del crimen que se perpetró en nuestra patria». Pérez Griffo remataba su perorata afirmando que todos ellos formaban parte de una red de apoyo a los presos y, la acusación más grave, que proyectaban un golpe de mano el día del desfile de la victoria, para lo cual habían recogido armas y explosivos en trincheras, alcantarillas y casas particulares. Todo ello, remataba, «para boicotear las iniciativas de engrandecimiento patrio, y seguir en la paz la misma tónica que en la pasada guerra: infamias, mentiras, atentados, lucha de clases, comunismo, masonería, etcétera».

Un discurso que justificaba las cincuenta y ocho penas de muerte que reclamaba el fiscal, quince de ellas para muchachas menores de edad o que apenas sobrepasaban los veinte años. Blanca Brisac, con veintinueve, era la mayor de todas, y la única que estaba casada y tenía un hijo. Algunas habían compartido militancia en el barrio, pero otras ni siquiera se conocían hasta que ingresaron en Ventas. Incluso habían sido interrogadas por juzgados diferentes y acusadas de delitos distintos, pese a lo cual la autoridad judicial había decidido refundir sus causas en una sola y dar así unidad a una investigación que no la tenía.[87]

87. La arbitrariedad con que se fraguó el sumario 30.426 queda de manifiesto con sólo ojearlo. Al menos dos juzgados, el 8 y el 4, tomaron declaración a los

Debieron pensar que daba igual. Militaban o simpatizaban con el PCE, la JSU o ambas organizaciones a la vez, y la acusación para todos ellos era la misma: rebelión militar.

La noticia corrió por la prisión de boca en boca. ¡A las menores les piden la «pepa»! Nunca hasta entonces una causa había incluido tal número de mujeres, ni habían sido tantas las peticiones de muerte. El revuelo inicial dio paso a los preparativos para la vista oral. Las presas de la «familia», con las que se compartía el espacio vital, los petates y los escasos alimentos que algunas recibían desde el exterior, se encargaban de que la compañera que iba a ser juzgada dispusiera de las mejores ropas. Un vestido, unos zapatos y medias. Era una manera de recuperar la dignidad exterior que les había sido arrebatada por meses de privaciones y sufrimientos. En la sala de vistas estarían, además, sus familias, si es que el día anterior, como hacían de manera rutinaria, habían acudido a las Salesas y se habían enterado del señalamiento.

La celebración de una vista era también la ocasión para que las reclusas que tenían a sus padres, maridos, novios o hermanos encarcelados intentaran ponerse en contacto con ellos haciéndoles llegar notas manuscritas a través de la red de comunicación

detenidos. En algunas declaraciones ni siquiera consta el juzgado que las practicó, y en el caso de algunos detenidos, ni siquiera hay constancia de que pasaran a disposición judicial, ya que tan sólo se conservan sus declaraciones ante la Policía. Numerosas diligencias están también numeradas hasta en tres ocasiones, lo que permite deducir que se instruyeron de manera independiente y al unificarse en una sola causa se numeraron de nuevo.

entre prisiones que se había organizado de manera espontánea en las Salesas, aprovechando los juicios masivos que se celebraban cada día. Hombres y mujeres se las ingeniaban para sacar mensajes en papel de sus respectivas cárceles y los intercambiaban en los calabozos mientras esperaban ser llamados a sala.

A las nueve y media de la mañana de aquel jueves 3 de agosto, mientras las quince muchachas de Ventas eran trasladadas en camión hasta el Palacio de Justicia, tenía lugar en la Iglesia de Jesús, situada en la plaza del mismo nombre, una misa por el eterno descanso del alma del comandante don Isaac Gabaldón Irurzun y su conductor, don José Luis Díez Madrigal, «que murieron por Dios y por España el día 29 de julio del año actual», según rezaba una esquela publicaba en el diario *Arriba*. Había sido sufragada por los compañeros de las víctimas, «el teniente coronel, jefes, oficiales, agentes y personal de la Guardia Civil, de la Policía Militar de Madrid», que rogaban una oración por sus almas. ¡Qué caprichoso es en ocasiones el destino!

Permanecieron encerradas en los calabozos ubicados en los sótanos de las Salesas —hombres por un lado y mujeres por otro— mientras las llamaban a sala. Llegado el momento subieron esposadas de dos en dos, y al llegar al enorme vestíbulo desde el que se accedía a los numerosos tribunales, tuvieron la impresión de estar en un mercado callejero por el bullicio de voces y saludos, de miradas al acecho de caras familiares.

Los guardias civiles encargados de la custodia de los presos les apremiaban a culatazos para que entraran en la sala asignada. Los reos se sentaban en los primeros bancos, ocupando en ocasiones varias filas dado el número de encausados, e inmediatamente detrás de ellos se situaban los agentes de la Benemérita, que sólo una vez acomodados reposaban sus armas en las rodillas. Cuando el trajín cesaba y el orden parecía imponerse, el ujier gritaba ¡Audiencia Pública!, y el público que esperaba en la puerta entraba en avalancha para ocupar los lugares más próximos a los presos. La sala perdía de nuevo la compostura y los nombres volaban de boca en boca buscando un rostro conocido, que al ser descubierto provocaba un sollozo a duras penas reprimido.

Los acusados, cincuenta y ocho en este caso, conocían entonces a su abogado defensor, con el que nunca hasta ese momento habían intercambiado ni una palabra, ni la cruzarían entonces, y cuyo conocimiento de la causa se limitaba a una discreta ojeada. A fin de cuentas todas las causas eran iguales, y su papel se limitaba a solicitar para los inculpados la misma pena que el fiscal, aunque rebajada en un grado. Si el ministerio público reclamaba pena de muerte, él pedía treinta años de reclusión, y si era ésta la petición fiscal, él la rebajaba a veinte, y así sucesivamente.

Sonó la campanilla del ujier y se hizo en la sala un silencio solemne que presagiaba la entrada del tribunal por la puerta que daba al estrado. Los jóvenes de la JSU iban a ser juzgados por el Consejo de Guerra Permanente número 9, presidido por el teniente coronel Isidro Cerdeño Gurich, y la asistencia, como vocales, de los capitanes Remigio Sigüenza Plata y Fernando Ruiz Feingenspan, y el teniente José Sarte Julia. El capitán García Marco era el ponente o encargado de redactar la sentencia. Cuando todos hubieron tomado asiento, el presidente declaró constituido el consejo de guerra para juzgar la causa 30.426, instruida por el procedimiento sumarísimo de urgencia, y leyó los nombres de todos los acusados. Tomó entonces la palabra el señor fiscal, que tras el obligado preámbulo sobre los peligros que acechaban a la patria y los peligros del comunismo, fue desgranando las acusaciones que formulaba contra cada uno de los allí presentes.

«Pilar Bueno Bueno es miembro del Comité Provincial, en el que ejercía un cargo de gran confianza durante los días de dominación marxista. Liberada la plaza de Madrid por el Ejército Nacional, esta encartada entra a actuar en estas organizaciones por el estado espiritual en que se encontraba al morir su novio tuberculoso, trabajando con el cariño y entusiasmo de los primeros días, hasta el punto de arrastrar a otras compañeras que por su corta edad se encontraban reacias a delinquir contra la Patria. Según dice en sus declaraciones, la misión que tenía encomendada era la de favorecer a los presos y perseguidos, la de facilitar mediante suscripciones dinero para sufragar los gastos de éstos, la de ayudar a los jóvenes en la recogida de armas, y organizar la sección femenina que estas organizaciones tenían prevista para la clandestinidad.[88]

»Virtudes González García —continuó el fiscal—, natural de Madrid y de dieciocho años de edad, es de las Juventudes

88. Este entrecomillado y todos los que siguen han sido tomados del auto-resumen del juez instructor.

Socialistas Unificadas desde el mes de agosto de 1936, ejerciendo desde esta fecha el cargo de secretaria femenina del club Pablo Vargas, perteneciendo al Comité Provincial del Partido y actuando, después de liberada la plaza de Madrid, clandestinamente, trabajando en unión de Joaquina López Laffite en la organización de las chicas, y teniendo entrevistas con los dirigentes en la entrada del metro de Ríos Rosas.»

Las acusaciones contra todos ellos reiteraban su militancia en la JSU o en el PCE y en la organización de un «socorro rojo» para ayudar a los derrotados, dando cuenta en cada caso del año en que se habían afiliado y cualquier otro dato adicional que cada uno hubiera facilitado durante los interrogatorios. La lectura de las imputaciones duraba apenas unos segundos, el tiempo que el fiscal tardaba en leer las tres o cuatro líneas en las que quedaba reflejada toda la actividad del acusado.

«Dionisia Manzanero Salas, natural de Madrid, de veinte años, era el enlace que Federico Bascuñana tenía para estar en contacto con las diversas ramas de las organizaciones en estos últimos días de trabajo clandestino.» Punto y final.

«Anita López Gallego, de veintiún años, natural de La Carolina, provincia de Jaén, es acusada de pertenecer a las Juventudes Socialistas Unificadas y a uno de los grupos de dicha organización formados después de la liberación de Madrid por las fuerzas nacionales.» Punto y final.

«Victoria Muñoz García, natural de Madrid, de dieciocho años, es acusada de ser de las Juventudes Socialistas Unificadas y formar parte de sus grupos clandestinos.» Punto y final.

Sólo en algún caso, como el de Julia Conesa, la monotonía de los cargos se aderezaba con alguna otra acusación, en el suyo «haber sido cobradora de tranvías durante la dominación marxista». Un dato que, al entender del fiscal, demostraba aún más palmariamente el delito de rebelión militar de la acusada.

La arenga de cuartel del fiscal concluyó con un alegato en el que acusaba a todos los procesados de ser responsables de un delito de adhesión a la rebelión, previsto y penado en el artículo 238 del Código de Justicia Militar, con la agravante de la «trascendencia de los hechos y peligrosidad».

En su turno de palabra, el defensor se limitó a exponer que no eran de apreciar en todos los casos juzgados las agravantes citadas por su compañero, y solicitó que se estudiara atentamente la actuación de cada uno de los procesados porque muchos de ellos no eran autores de los delitos de que se les acusaba, sino tan sólo cómplices.

Sin tiempo para más, el presidente, teniente coronel Isidro Cerdeño Gurich, declaró constituido el consejo en sesión secreta para deliberar y dictar sentencia. No se sabe el tiempo que se prolongó la misma, pero sí que no debió de ser mucho, porque el fallo fue redactado el mismo día, declarando probadas todas y cada una de las acusaciones del fiscal, que aparecen recogidas casi en su literalidad. La resolución estaba redactada con la retórica de los vencedores: grandilocuente, ampulosa, ramplona y hueca, en la que los razonamientos jurídicos habían sido sustituidos por soflamas patrióticas que servían para justificar un fallo decidido de antemano.

«Resultando probado, y así lo declara el consejo, que los procesados, miembros de las JSU y del PCE, con enlaces para ejecutar en nuestra patria órdenes emanadas del extranjero, tenían por misión hacer fracasar las instrucciones político-jurídicas de nuestro Estado Nacional, para lo cual circularon las órdenes necesarias a fin de organizarse nuevamente y poder actuar en todas aquellas misiones que pudieran producir aquellos actos delictivos que vulnerasen en cuanto fuese dable el orden social y jurídico de la Nueva España, procurando para ello la recogida de armas, recaudación de dinero y actos de fuerza y propaganda consecuentes a tal fin, y tratando de infiltrarse en las filas de FET y de las JONS y del Ejército, siendo dirigida toda esta actuación criminal por el Comité Provincial con la ayuda eficaz de las jóvenes afiliadas a las referidas JSU.

»Considerando que constituyendo el móvil de nuestro Movimiento Nacional la necesidad imperiosa y sagrada de salvar, no ya las ideas o principios de Patria, sino su propia existencia, fundamentándose aquel por ello en factores de honor, disciplina y sacrificio, que con carácter de revocables e intangibles han de permanecer incólumes, defendidos dentro de un orden de derecho que con plena y absoluta autoridad rige las instituciones de la nación, sin que cuantos postulados integraran aquel Glorioso Movimiento puedan ser nunca violados sin que surja al acto el derecho efectivo de defensa que al Estado Nacional corresponde por medio de sus órganos sancionadores, correctores y represivos.

»Considerando que la actuación de los procesados es reveladora de su plena y absoluta identificación con las doctrinas marxistas, acusándose tal identificación palmariamente, no sólo por los antecedentes de los encartados, sino por la contumacia en el desarrollo de aquella actuación que extravasando el mero aspecto ideológico se ha concretado con realidad específica y determinada en exteriorizaciones categóricas demostrativas de una intención de solidaridad con la causa roja de sobrada relevancia penal para definir una responsabilidad criminal de los procesados como autores por participación directa y voluntaria del delito de adhesión a la rebelión previsto y penado en el Código de Justicia Militar y Bando declaratorio del Estado de Guerra.»

Seis folios que lo mismo habrían servido para justificar esta causa que cualquier otra contra los enemigos de la patria, y que concluían en un terrible «fallamos que debemos condenar y condenamos a cada uno de los procesados a la pena de MUERTE y accesorias legales para caso de indulto».

Sólo Julia Vellisca eludió la pena capital. El tribunal consideró que no había incurrido en un delito de adhesión a la rebelión, sino de auxilio a la misma, lo que la hacía merecedora de una pena de doce años y un día de reclusión. Fue la única concesión a la defensa.

La farsa había terminado. La efímera vida de las Trece Rosas se consumía.

# 16
# La saca (II)

5 DE AGOSTO DE 1939

Dieron las cuatro de la madrugada y se escuchó el rumor de un vehículo, el runruneo de un camión viejo y destartalado.

Elisa Parejo, que así se llamaba la celadora encargada aquella noche de la entrada principal de la prisión de Ventas, franqueó el acceso al oficial de la Guardia Civil que se había apeado del camión. Lo hizo con la reserva de quien se sabe en presencia de la muerte. Aquel hombre de rostro anguloso y mirada severa le entregó el escrito dirigido a la directora, doña Carmen Castro, fechado el 4 de agosto y con membrete de la Prisión Provincial de Porlier.

«A fin de dar cumplimiento a lo interesado por el Ilmo. Sr. Jefe de los Servicios de Orden Público y Policía de Madrid, a las 4.30 horas de mañana (por la madrugada del día 5) hará entrega a la fuerza pública encargada de la ejecución de la sentencia dictada en Consejo de Guerra sumarísimo contra los reos que al dorso se expresan; debiendo comunicárselo a dicha Autoridad, Ilmos. señores Auditor de Guerra y Jefe del Servicio Nacional de Prisiones. Dios guarde a Vd. muchos años.»[89] Firmado el inspector director.

Al dorso de la misiva la directora comprobó que las identidades coincidían con las de las trece jóvenes que desde hacía varias horas permanecían en capilla. Uno a uno fue leyendo para sí, con un imperceptible movimiento de labios, los nombres de aquellas muchachas: Carmen Barrero Aguado, Martina Barroso García, Blanca Brisac Vázquez, Pilar Bueno Ibáñez, Julia Conesa Conesa, Adelina García Casillas, Elena Gil Olaya, Virtudes González García, Ana López Gallego, Joaquina López Laffite, Dionisia Manzanero Salas, Victoria Muñoz García y Luisa Rodríguez de la Fuente. Faltaba una, Antonia Torre Yela, pero sólo ella y sus compañeras se dieron cuenta y callaron. Carmen Castro asintió con la cabeza, en un gesto que denotaba su conformidad con lo que allí ponía, y ordenó la salida de las reclusas. Una funcionaria escribió a máquina, bajo el nombre de las trece condenadas, «me hice cargo de las sentenciadas a que se refiere la presente orden, y un recibí bajo el epígrafe "el jefe de la Fuerza", que firmó el oficial del Instituto Armado que reclamaba su entrega».

Una a una cruzaron aquel portón de madera que habían franqueado por primera vez meses atrás con el desasosiego de quien se sabe ante un mundo inhóspito, y al hacerlo miraron al horizonte que les había sido hurtado durante tanto tiempo. Aún era noche

89. Transcripción literal de la orden de entrega de «Las Trece Rosas». En el archivo penitenciario del Centro de Inserción Social Victoria Kent, antigua prisión de Yeserías. El documento aparece incorporado al expediente penitenciario de Carmen Barrero Aguado.

cerrada y en lontananza no se adivinaba nada. Sólo las luces del camión y de las farolas ayudaban a dibujar las siluetas de los objetos más próximos. Caminaron en silencio unas decenas de metros y subieron a la parte trasera del vehículo. Las acompañaba la funcionaria María Teresa Igual en representación de la prisión. Una tarea que el reglamento encomendaba a la directora, y que ésta delegaba en su colaboradora aduciendo problemas de corazón, a los que en nada beneficiaba asistir a este tipo de acontecimientos.

«Yo estaba asomada a la ventana de la celda y las vi salir —cuenta María del Pilar Parra—.[90] Pasaban repartidores de leche con sus carros y la Guardia Civil los apartaba. Las presas iban de dos en dos y tres guardias escoltaban a cada pareja. Desde donde yo estaba no se las podía ver con claridad, pero parecían tranquilas.»

La madre de Virtudes González era el único familiar que se encontraba a la puerta de la prisión cuando las sacaron, y pudo ver cómo montaban a su hija en el camión para conducirla a la muerte. Gritó todo cuanto pudo a aquellos hombres distantes a quienes no parecía afectar la situación. «¡Canallas! ¡Asesinos! ¡Dejad a mi hija!», y al iniciar el camión la marcha corrió tras él hasta que cayó de bruces. Sus gritos fueron acallados por las funcionarias de Ventas, que, no sabiendo qué hacer con ella, la metieron en la prisión, donde quedó ingresada.

90. Entrevista con el autor. Su testimonio aparece también recogido en *Las Trece Rosas*, de Jacobo García Blanco-Cicerón, en *Historia 16* número 106, de febrero de 1985.

En la mesa del despacho de Carmen Castro permanecían las solicitudes de indulto que cada una de las condenadas había redactado el día 3, al regresar de la vista en las Salesas, para pedir clemencia al Caudillo, y que la directora había declinado tramitar. Quién sabe si porque apenas había dado tiempo a nada desde que les notificaron la pena de muerte, o porque consideraba que no eran merecedoras de tal medida de gracia. Eran folios y más folios en los que las condenadas clamaban por su inocencia, relataban sus penurias durante la guerra y tras la «liberación» de Madrid por las tropas nacionales, y pedían la conmutación de la pena de muerte. Trazos de unas vidas apenas dibujadas en líneas escritas con pulcritud y esmero, como si de la presentación dependiera su suerte. Confiadas en que aquel a quien iban dirigidas fuera su depositario final, y la lectura de aquellas letras rectas y redondas sirvieran para despertar en él la compasión y, como quien escribe un garabato, se dignara dibujar una C grande, vistosa, salvadora, de pena «conmutada». ¿Serían ellas capaces, con su candidez de jóvenes, de convencer a aquel militar entorchado al que todos llamaban Generalísimo de los ejércitos?

«Excelentísimo Señor:

»Dionisia Manzanero Salas, de veinte años de edad, natural de Madrid, con domicilio en Madrid, calle de María Ignacia número 15, en la actualidad recluida en la prisión de mujeres de dicha capital, con la mayor humildad llega a las plantas de VE para suplicar clemencia, confiando en la estricta justicia que el Glorioso Caudillo ha prometido a los españoles. Respetuosamente, declara lo siguiente:

»En el día de hoy se ha seguido Consejo de Guerra en el Tribunal Permanente número 8 del Palacio de Justicia, habiendo recaído la pena de muerte por acusarme de enlace entre el Comité Provincial del Partido Comunista y un sector, después de liberado Madrid por las tropas nacionales.

»En descargo de estas acusaciones que se me hacen tengo que manifestar que ingresé en el Partido Comunista en abril de 1938 para ver si tenía medios de poder trabajar en algún sitio y solventar un poco mi situación económica, muy precaria desde el comienzo de la guerra, pues no había encontrado trabajo en mi oficio de modista. En realidad, en este partido no he hecho vida, pues apenas aparecía por su domicilio nada más que para ver si tenían trabajo para mí, que es lo que me interesaba. Esto no llegué a conseguirlo hasta febrero de 1939, que iba algunos ratos a escribir a máquina en el radio y me daban ciento cincuenta pesetas. Pero fue cosa de unos días, porque inmediatamente se constituyó la Junta de Defensa y ya dejé de ir por allí.

»En el momento que las tropas nacionales entraron en Madrid mi única preocupación era el buscar trabajo de mi oficio, que es lo que me interesaba, pensando que en esos momentos me sería más fácil volver a entrar en algún taller de modista. No he tenido contacto con nadie desde la constitución de la Junta de Defensa, por lo tanto, cuando las tropas nacionales liberaron Madrid no veía a nadie del Partido Comunista. Solamente sobre el día 11 de mayo fue a mi casa un muchacho que no conocía y me dijo que fuese a casa de Federico Bascuñana. A este Bascuñana le conocía yo de haberle visto alguna vez de los que fui al Partido Comunista. Cuando fui a su casa me dijo que no podía decirme lo que quería, tenía mucho que hacer, que fuese otro día. Pero no pude hablar otro día con él (por lo tanto no sé lo que él pensaría hablarme) pues el día 15 de mayo fueron a detenerme a mi casa. Y cuál fue mi sorpresa al ver que en la comisaría, al tomarme declaración, me acusaron de ser enlace de Bascuñana y un sector, y que a través de mi proceso he visto que éste era secretario general del Partido Comunista, cuando yo no sabía que el partido continuara trabajando, ni me he relacionado con nadie desde antes de la Junta de Defensa, y ha sido el día de la celebración del juicio cuando me he enterado de todo cuanto dicen que ocurría. Pero quiero hacer constar que no sabía nada de esto pues, además, estoy en contra de atracos y demás cosas que en el juicio se mencionan.

»Durante la guerra he estado en contra de denunciar a nadie, pues en mi vecindad había gente de derechas y nunca se les ha molestado por mi parte, como algunos familiares míos y otros conocimientos, entre ellos las señoritas de la Torre, domiciliadas en San Joaquín número 6, y jamás se les molestó, como se puede comprobar.

»Por lo que antecede, y fiada en la generosidad y recta justicia del Ilustre Caudillo, solicita el perdón para tan grave pena, lo que no duda alcanzar de la bondad y recto sentir del Generalísimo, prometiendo vivir de hoy en adelante por Dios, por España y por su Revolución Nacional Sindicalista.»[91]

91. Transcripción literal de la carta de indulto escrita por Dionisia Manzanero Salas, facilitada al autor por sus familiares.

La historia de Dionisia, y la de Julia, y la de Blanca, y la de todas ellas, quedó atrapada, olvidada en el cajón de la directora de Ventas, a la que habían llegado de la mano del capellán de la prisión, más interesado en la salvación espiritual de aquellas muchachas que en su perdón terrenal. Eran vidas descarriadas, sin futuro ni destino, condenadas a purgar con su muerte la culpa de una existencia equivocada. Y aunque las peticiones de indulto hubieran sido cursadas tampoco habría servido de nada, porque aquella ejecución era un acto de venganza, un castigo ejemplar, con el que el régimen se permitió saltarse incluso sus propias normas formales, que establecían que las penas de muerte quedaban en suspenso hasta que se recibiera el «enterado» del Caudillo. Un formalismo que el Cuartel General de S. E. el Generalísimo no cumplimentó hasta el 13 de agosto, cuando habían transcurrido ya ocho días desde que les dieron tierra.

«El que derrama sangre, con sangre debe morir», había dicho Carmen Castro a las internas cuando las hermanas Guerra Basanta, Manuela y Teresa, fueron fusiladas dos meses antes, en junio, y se inició con ellas la ejecución de *rojas*. Una tercera reclusa, Palmira González Soto, debía haberlas acompañado ante el pelotón, pero la sospecha de que estaba embarazada, que posteriormente se rebelaría falsa, retrasó su fusilamiento hasta el mes de noviembre.

El trayecto fue corto, apenas unos minutos para recorrer en silencio los escasos quinientos metros que separaban el penal del cementerio del Este. Despuntaba de manera tímida en el horizonte la línea de un sol de verano cuando se apearon del camión, y siguiendo las instrucciones de sus guardianes se dirigieron hacia una tapia habilitada en el mismo camposanto como lugar de ejecución. Todo era silencio. Sólo se escuchaban las respiraciones aceleradas, el caminar marcial de quienes las custodiaban, y el ruido metálico de los fusiles al chocar con el correaje. El corazón golpeaba con fuerza en el pecho, desbocado, y se podían sentir sus latidos en las sienes. Era una mezcla de terror y emoción al intuir el reencuentro con los compañeros de la JSU, con el novio o con el marido, para compartir el postrer paso hacia la muerte.

Cuando llegaron a una pared de ladrillo visto, en la que se apreciaban con nitidez los impactos de las balas, y les mandaron detenerse, supieron que habían llegado a su destino. Pero allí no estaban los hombres, que habían sido fusilados unas horas antes, y todo se hizo más negro. Virtudes supo que no podría abrazar a Vicente Ollero, y Blanca sintió que no tendría ocasión de cruzar una última mirada con su marido, Enrique García Mazas, ni de sentir el calor de un abrazo, la pasión de un beso. Morirían solas, como antes lo habían hecho ellos.

La arena era allí más negra, teñida por la sangre de los ajusticiados, imposible borrarla con el agua que los empleados del recinto vertían para diluir aquel líquido denso, viscoso y caliente que se pegaba al suelo para constancia de tanta muerte acumulada. A escasa distancia se apreciaban alineadas fosas de paredes enladrilladas, de las llamadas «de cuarta», una a continuación de otra, preparadas para albergar los cadáveres de los ejecutados por la Justicia de Franco. Unas ya cubiertas y otras listas para cobijar decenas de cuerpos.

Las colocaron en línea, hombro con hombro. Transcurrieron unos instantes interminables, de un silencio espeso, interrumpido por el amartillar de las armas del pelotón de ejecución y las voces de mando del oficial que ordenaba cada paso de aquella ceremonia. Sonó entonces una descarga atronadora, una enorme traca que retumbó en el silencio de la madrugada. Las presas de Ventas, que esperaban con el corazón encogido aquel fatídico momento, supieron que «las menores» habían sido ejecutadas. Los días en que el viento soplaba en dirección a la cárcel eran perfectamente audibles los disparos o el tableteo de la ametralladora, el ra-ta-ta-ta-ta que indicaba que ese día la saca había sido numerosa. Después, con una cadencia monótona, sonaban uno a uno los tiros de gracia, que el jefe del pelotón descargaba sobre las cabezas de las víctimas, y que aquella madrugada las presas contaron para confirmar la muerte de sus compañeras. Uno, dos, tres… trece.

«Desde el departamento de menores no escuchamos las descargas por su ubicación dentro del penal —relata María del Carmen Cuesta—.[92] Algunas permanecimos arrodilladas desde que se las llevaron, durante un tiempo que a mí me parecieron horas, sin que nadie dijera nada. Hasta que María Teresa Igual, la funcionaria que las acompañó, se presentó en nuestra sala para decirnos que habían muerto muy serenas y que una de ellas,

92. Entrevista con el autor.

Anita, no había fallecido con la primera descarga y gritó a sus verdugos "¿es que a mí no me matan?".[93] Después nos entregó algunos de sus efectos personales. A mí la tela para un vestido que le había enviado a Virtudes su madre, y un cinturón de cuentas con cabecitas de distintas razas de Joaquina. La impresión por aquellas muertes fue tremenda, y desde entonces supimos que ser menores de edad ya no era un motivo para salvar la vida.

»Aquello fue espantoso, porque si fue terrible perder a aquellas compañeras, verlas salir por la noche, tener que soportarlo con aquella impotencia, más lo fue ver la sangre fría de María Teresa Igual relatando cómo habían caído —cuenta Carmen Machado—. Entre las cosas que nos dijo fue que las chicas iban muy ilusionadas porque pensaban que iban a verse con los hombres antes de ser ejecutadas, pero se encontraron que ya habían sido fusilados.»

Los tenientes médicos Fernando Abelló Pascual y Luis Jiménez Encina, con destino en la Jefatura de Sanidad de Madrid, fueron los encargados de certificar la muerte de las jóvenes y de sus compañeros, que quedaron plasmadas en un documento cincuenta y seis veces repetido que decía así:

«CERTIFICO que Martina Barroso García, natural de Gibona, vecina de Chamartín, de 22 años, estado soltera, ha fallecido en el día de hoy a las 4.30 horas a consecuencia del fusilamiento a cuya pena fue condenada en virtud de la causa 30.426.

93. Algunos textos memorialísticos señalan que fue Blanca Brisac quien no murió con la primera descarga y fue rematada con el tiro de gracia.

Y para que conste, y en virtud de orden del Ilmo. Sr. Auditor de Guerra del Ejército de ocupación y nombramiento del Sr. Jefe de Sanidad Militar de la Plaza, expido el presente en Madrid, a 5 de agosto de 1939.»

La muerte quedaba reducida para los verdugos a un trasiego de papeles dando cuenta a tal y cual autoridad de que se habían ejecutado las órdenes. Una burocracia sórdida, hueca, ajena al dolor producido en los familiares de las víctimas, a los que no se avisaba de las ejecuciones ni de los enterramientos. De lo uno y lo otro se enteraban cuando acudían a la cárcel para comunicar o entregar un paquete a sus seres queridos. Fue así como las familias de las que ya se habían convertido para la memoria colectiva de la prisión en «las menores» o «las Trece Rosas» conocieron su muerte la misma mañana del 5 de agosto, cuando algunas de ellas se disponían a viajar hasta Burgos para pedir el perdón del Caudillo.

«Cuando a las siete y media de la mañana llegamos a la cárcel nos comunicaron que las habían sacado al amanecer y que las habían fusilado —relata María Manzanero, hermana de Dionisia—.[94] Como ya no teníamos que encaminarnos a Burgos nos fuimos al cementerio. No había nadie por allí. Los guardias no estaban y entramos al depósito de cadáveres sin que nadie nos viera. Entonces, ¡Dios mío!, las vimos metidas en las cajas de madera. No me fijé en cuántas eran, sólo buscaba a mi Dioni. Tampoco sé el tiempo que estuvimos allí, sólo que llegó un cura y al vernos llorando y dando gritos nos obligó a salir.»

94. Recogido por García Blanco-Cicerón.

«Mi madre y la tita Antonia, una hermana soltera de mi padre, fueron a ver a mi hermana el día que la habían matado —cuenta José Luis, hermano de Ana López Gallego—[95] y cuando preguntaron por ella en la prisión les entregaron una caja de zapatos con sus pertenencias. Aquello volvió loca a mi madre. No sabía más que llorar e ir al cementerio, donde se quedaba encerrada algunas noches. Otros días, cuando intentaba volver a casa se perdía por el camino y teníamos que salir en su busca. Tuvimos que encerrarla en casa y se convirtió en un vegetal hasta su muerte en 1954. Mi hermano Manuel, el segundo por edad después de Ana, fue quien sacó a la familia adelante. Dibujaba muy bien y hacía bocetos para reformas de viviendas y publicidad, pero estaba tan unido a nuestra hermana que se volvió triste, de una tristeza profunda, intrínseca, que no le abandonó en toda su vida.»

«Yo tenía once años cuando fusilaron a mis padres —dice Enrique,[96] hijo de Blanca Brisac y Enrique García Mazas— y mi familia trató de ocultármelo. Me decían que habían sido trasladados de prisión y que por eso no podíamos ir a verlos, hasta que un día me fui decidido a las Salesas y allí un brigada de la Guardia Civil me dijo que los habían fusilado, y que si yo hubiera tenido dieciséis años también me habrían fusilado a mí, porque las malas hierbas había que arrancarlas de raíz. Mi abuela y mis tías, hermanas de mi madre, con quien estaban enemistadas, lle-

95. Entrevista con el autor.
96. Entrevista con el autor.

garon a decirme que si Franco había matado a mis padres sería porque eran unos criminales. Incluso me ocultaron durante casi veinte años la carta de despedida de mi madre.»

«La madre de Virtudes, que había sido encerrada en la prisión al ver salir a su hija camino del paredón, venía todos los días a menores y se colocaba delante de la puerta —relata María del Carmen Cuesta—. Las funcionarias la dejaban porque se daban cuenta de que había perdido la razón, y entonces yo, pese a que teníamos prohibido salir de allí, iba a su encuentro. Se enganchaba muy fuerte de mi brazo y nos íbamos caminando hasta la enfermería. Desde las ventanas se divisaban las tapias del cementerio del Este y ella se quedaba allí muy quieta y mirando hacia él mientras su respiración se agitaba. Estaba así un rato y de nuevo se agarraba a mi brazo para que la llevara de regreso hasta su petate. Y así un día tras otro, sin que nunca dijera ni una sola palabra. Hasta que dejó de ir por menores y pensamos que la habían soltado, porque contra ella no había ninguna acusación. Su único delito era haber gritado a quienes llevaban a su hija a fusilar.»

«La familia no se enteró siquiera del juicio —dice Antonio Paje, hijo de Trinidad Conesa, hermana de Julia—.[97] Cuando la madre recibió la carta de su hija dándole cuenta de que había sido condenada a muerte y acudió a prisión a verla le dijeron que ya no había nada que hacer, que había sido fusilada, y se limitaron a entregarle la ropa. Tan sólo pudo localizar la sepultura en el

97. Entrevista con el autor.

cementerio, y a los diez años recibió una carta en la que le preguntaban si quería hacerse cargo del cuerpo. Entonces trasladó los restos a otra sepultura del mismo camposanto, propiedad de amigos.»

La carta de despedida de su hija no fue la única que recibió Dolores Conesa. Días después tuvo ocasión de leer otra, fechada el 11 de agosto, que le remitieron veintitrés compañeras de reclusión que intentaban reconfortarla por aquella pérdida irreparable.

«Señora Doña Dolores Conesa.

»Muy señora nuestra: Hace días que tenemos en el pensamiento dirigirle estas líneas, sin que hayamos llevado a efecto este deseo, principalmente por falta de oportunidad. Hoy la tenemos y no dudamos de hacerlo para llevar a su ánimo un poco de consuelo en la triste situación por la que atraviesa.

»Seguramente se extrañará que entre las firmantes figuremos algunas personas completamente desconocidas; pero todas ellas hemos sido entrañables compañeras de prisión de su hija Julia, a la que apreciábamos bastante, a pesar del poco tiempo que hacía que la tratábamos.

»Muchas cosas podríamos decirle de Julita, pero todas ellas le son completamente conocidas por ser las dotes naturales que adornaban su carácter y simpatía, que la hacían querida de cuantas personas la hemos tratado. Puede usted tener la seguridad de que hasta el último momento, y en cuanto nos ha sido posible, ha estado asistida por las compañeras, y que su entereza, a pesar de sus pocos años, no la ha faltado, con lo cual su sufrimiento aminoró bastante porque siempre estuvo animosa. Únicamente fallaba un poco al recordarla a usted, cuyo nombre no faltó ni un momento de sus labios.

»La señora directora, Doña Carmen Castro, a quien también impresionó Julita, ofreció conceder a usted una comunicación especial por el locutorio de abogados, tan pronto se restablezcan las comunicaciones, con las compañeras que compartíamos con ella la celda doce de la segunda galería derecha y si, como esperamos, cuando se halle usted un poco más tranquila, tiene la bondad de venir a pedirla, personalmente podríamos darle más detalles y consolarla en cuanto nos sea posible.

»En tanto, tenga usted la seguridad plena de que desde este encierro la acompañamos sinceramente en su justo dolor, que compartimos, y le deseamos que de lo alto le sea enviado el consuelo que necesita.

»Aprovechamos esta triste oportunidad para ofrecernos a usted, afectísimas y SS. SS. y amigas.»[98]

Todos los diarios del nuevo Estado dieron cuenta el domingo 6 de agosto de 1939 de los fusilamientos del día anterior, aunque sin citar ni el número de los ajusticiados ni sus nom-

98. Firman la carta: Maruja Gil, D. Parrilla, Mercedes del Hierro, Manola Fernández, Victoria Martín, Josefina Jardín, Hortensia Lacrampe, María Lacrampe, Juana Zamora, Esperanza Pérez, Matilde García, Paula Rubio, Julia Vellisca, Emilia Taibo, Justa Soriano, Paquita Fernández, Teresa de los Ríos, Celia Acedo, Petra Fernández, Eufrasia Velasco, Eugenia Moreno, Antonia Garcés y Antonia Blanco. (Carta facilitada al autor por Antonio Paje Conesa, sobrino de Julia.)

bres, y atribuyendo a los mismos ser los inductores del asesinato del comandante de la Guardia Civil Isaac Gabaldón, pese a que la sentencia dictada contra ellos no contenía ninguna alusión al mismo. Una acusación imputada por igual a los cincuenta y seis ajusticiados. Demasiados inductores para un solo crimen. El texto de la noticia, un remitido oficial de obligada publicación, es una clara muestra del sentido de «castigo ejemplar» que el régimen de Franco quiso dar a estas ejecuciones.

«Decisiva e inflexible, la Justicia ha quedado cumplida en sus leyes más elementales con motivo del espantoso crimen que hace muy pocos días costó la vida, por España, al comandante de la Guardia Civil D. Isaac Gabaldón, a su hija, de diecisiete años, y al agente conductor D. José Luis Díez. A las pocas horas del atroz suceso —atroz, además, por las circunstancias en que se produjo— habían sido detenidos, no solamente todos los ejecutores materiales, sino una compacta y considerable banda de inductores, reclutados en los fondos más siniestros del marxismo y de la criminalidad social, alentados desde algunos centros tenebrosos de la revolución comunista. Respecto de esta banda de inductores, quedó cumplida, en la mañana de ayer, la sentencia que dictó el consejo de guerra correspondiente. En cuanto a los autores materiales, aún no ha pronunciado su fallo la Justicia militar, aunque las actuaciones tienen carácter sumarísimo. Pero ese fallo, que ignoramos cuál ha de ser, no tardará horas en hacerse público.

Madrid 11 de Agosto de 1939

Sra. Dª Dolores Conesa

Presente

Muy Sra. nuestra: Hace días que tenemos en el pensamiento dirigirle estas líneas sin que hayamos llevado a efecto este deseo, principalmente, por falta de oportunidad. Hoy la tenemos y nos decidamos de hacerlo para llevar a su ánimo un poco de consuelo en la triste situación por que atraviesa.

Seguramente le extrañará que entre las firmantes figuremos algunas personas completamente desconocidas; pero todas ellas hemos sido entrañables compañeras de prisión de su hija Julia a la que apreciábamos bastante, a pesar del poco tiempo que la tratábamos.

Muchas cosas podríamos decirle de Julita pero todas ellas le son completamente conocidas por ser los dotes naturales que adornaban su carácter y simpatía hasta tal punto que la hacían querida de cuantas personas la hemos tratado. Puede Vd. tener la seguridad que hasta el último momento y en cuanto nos ha sido posible, ha estado asistida por las compañeras y que su entereza, a pesar de sus pocos años, no la ha faltado, con lo cual su sufrimiento aminoró bastante porque siempre estuvo animosa. Únicamente fallaba un poco al recordarla a Vd. cuyo nombre no faltó ni un momento de sus labios.

La Sra. Directora, Dª Carmen de Castro a quien también impresionó Julita, ofreció conceder a Vd. una comunicación especial por el locutorio de abogados, tan pronto se restablezcan las comunicaciones, con las compañeras que compartimos con ella la celda 12 de la 2ª galería derecha y si, como esperamos, cuando se halle Vd. un poco más tranquila, tiene la bondad de venir a pedirla, personalmente podríamos darle más detalles y consolarla en cuanto nos sea posible.

En tanto, tenga Vd. la seguridad plena de que desde este encierro la acompañamos sinceramente en su justo dolor, que compartimos, y le deseamos que de lo alto le sea enviado el consuelo que necesita.

Aprovechamos esta triste oportunidad para ofrecernos de Vd. afectísimas y

s. s. y amigas,

D. Garrido, Julia Vellisca, Mercedes del Hierro, Emilia Ísidro, Manola Fernández, [illegible] Soriano, Margarita Fernández, Victoria Martín, Teresa de los Ríos, Josefina Jardí, Celia Acedo, [illegible] Larrauri, Petra Fernández, María Larrauri, Juana Ramos, Esperanza Pérez, Eufrasia Velasco, Matilde García, Eugenia Moreno, Paula Rubio, Antonia García, Antonia Blanco

Carta de pésame a la madre de Julia Conesa de sus amigas de la cárcel. 11 de agosto de 1939.

»La Nueva España no puede permitir, y no permitirá, un solo desmán contra el Estado que se instaura, contra el sentido de la Victoria y contra la redención de nuestro pueblo merced al patriotismo. Todo esfuerzo contra este país puesto en pie a través de horribles sacrificios; todo esfuerzo, queremos decir, encaminado a perpetuar los hábitos de la criminalidad política, será perfectamente baldío, porque apenas se haya producido quedará inexorablemente aplastado.

»Terrible suerte señalan los principios más justicieros a los ejecutores materiales de un crimen, pero es más terrible, si cabe, la que la nueva España reserva a los núcleos de inductores arteramente parapetados en una clandestinidad que durante muchos años les ha servido de preciosa barricada, pero que ahora no puede guarecer ni una brizna de bandidaje. Muchos o pocos, altos o chicos, todos aquellos que piensen en valerse del pistolerismo para reproducir en nuestra Patria desgarramientos sociales y reacciones de podrida venganza contra la Nación o contra sus representantes, caerán uno tras otro, sin que jamás se quiebre el espíritu de la Justicia bajo la acción de la cobardía, del cálculo o del privilegio.

»Por eso, detenidos, convictos y confesos los inductores del crimen que costó la vida al comandante de la Guardia Civil D. Isaac Gabaldón, a su hija y al agente conductor D. José Luis Díez, han sido juzgados según los métodos de la justicia de Franco, con arreglo a las más estrechas y rigurosas exigencias del procedimiento. Nada se ha omitido; los reos han podido defenderse en la medida necesaria y aportar las pruebas que pudieran apartarles de la sanción. El espíritu justiciero más exigente ha podido comprobar en el proceso el cumplimiento de todas las normas que una auténtica sociedad de hombres honrados impone. Al final, la inducción al crimen, la directa inspiración del asesinato, la dirección moral, sentimental e intelectual de la barbarie han sido consideradas tan dignas de castigo, por lo menos, como la propia ejecución material del asesinato. Porque, en el orden político, el inductor aparece siempre con una personalidad más repugnante y punible que sus instrumentos degenerados y, muchas veces, ciegos.

»Terrible ha sido el fallo; terribles son siempre, en nombre de los más altos principios, los fallos de Dios y los de una Patria que de verdad quiere existir, digna de sí misma y de su Historia. Nadie albergue duda sobre estas materias. Cada vez que se produzca un hecho semejante al de la carretera de Extremadura, la decisión de la Justicia, según el sentimiento y la razón del nuevo Estado, será tan implacable como en esta ocasión. Porque hay un propósito resuelto, que es éste: nadie, y por ningún motivo, podrá volvernos a la tragedia y al espanto que exigieron una guerra libertadora de tres años.»[99]

Éste fue el único eco de aquellas muertes en la España oficial. No serían las últimas. Restaban aún los jóvenes detenidos en las dependencias de la Sección de Guerrilleros de la Policía Militar, acusados de ser los autores materiales de la muerte del comandante Gabaldón.

Sinesio Cavada, *Pionero*, Damián García Mayoral, Francisco

99. Diarios *Abc* y *Arriba* del 6 de agosto de 1939.

Rivares Cosials y Saturnino Santamaría Linacero fueron juzgados la misma mañana de ese 5 de agosto y condenados también a muerte. Y si presurosa fue la ejecución de sus compañeros, más lo fue la suya, llevada a cabo en la madrugada del día siguiente. «Tras los inductores fueron juzgados y condenados en consejo de guerra los autores y cómplices. Tramitado el sumarísimo con escrupulosa observancia del procedimiento judicial, ayer, de madrugada, se dio cumplimiento a la sentencia dictada por las autoridades militares», recogía el diario *Abc* del día 7 de agosto. El rotativo sentenciaba, para tranquilidad de sus lectores: «De todo cuanto se refiere a las actividades criminales que los bajos fondos comunistas quieren poner en práctica, y concretamente han puesto en el asesinato de la carretera de Extremadura, nada queda por descubrir. Inductores y autores directos han pagado ya el inexorable tributo a la justicia».

Ocultaba la información oficial que Pionero, el último responsable de la JSU, fue sacado del pelotón de ejecución en el último momento por el capitán de artillería Manuel Gutiérrez Mellado, que cumplía órdenes del teniente coronel Bonel. Pionero fue obligado a presenciar la muerte de sus compañeros y acto seguido le fue ofrecida la conmutación de la pena capital si aportaba nuevas declaraciones que produjeran beneficios de verdadero interés para la Policía. Pero Sinesio nada más podía ofrecer, porque ya todo lo que sabía lo había contado, y sería finalmente ejecutado el 15 de septiembre. El asesinato de Gabaldón quedó así zanjado oficialmente, aunque la causa se reabriría posteriormente en dos ocasiones a petición de la familia del comandante, que siempre sospechó que los inductores del crimen fueron mandos de la Policía Militar, que se valieron de los jóvenes de la JSU para matar al comandante.

La investigación fue ordenada por el subsecretario de la Presidencia del Gobierno y concluida sin resultados el 31 de mayo de 1949, diez años más tarde. La sentencia dictada entonces señalaba que «no se han podido aportar pruebas de quiénes fueran los inductores, no obstante haber sido realizadas cuantas diligencias fueron consideradas a tal fin». La Justicia de Franco reconocía que tras aquel crimen había una «mano negra» que no había podido ser identificada, pese a que 56 jóvenes habían sido fusilados diez años antes acusados precisamente de ser ellos los instigadores del mismo.

Muchas jóvenes más que habían sido detenidas junto a las ejecutadas fueron juzgadas meses después en otras causas instruidas aleatoriamente, sin que se sepa a ciencia cierta por qué fueron incluidas en otros sumarios y no en aquel por el que fueron detenidas. María del Carmen Cuesta, Ana Hidalgo, Nieves Torres, Concha Carretero y otras muchas cumplieron largos años de prisión por su militancia en el PCE y en la JSU, desperdigadas por penales de todo el país, a los que las presas de Ventas comenzaron a ser enviadas en las llamadas «expediciones» con la finalidad de descongestionar la cárcel madrileña. Salir de «expedición» significaba dejar de ver a los seres queridos durante meses o años, ya que muchos no podían desplazarse hasta otras provincias por falta de medios económicos.

Julia Vellisca, la única «rosa» que se salvó de la pena de muerte a cambio de una condena de doce años y un día de reclusión, fue trasladada a la prisión de Gerona, primero, y a la de Málaga, después. Allí le fue comunicada en 1942 la reducción de su pena a seis años y, más tarde, la concesión de los beneficios de la prisión atenuada en su domicilio.

La dispersión de quienes vivieron aquel suceso no impidió que la muerte de aquellas trece muchachas pasara a formar parte de la memoria colectiva de las presas de la cárcel de Ventas, que la fueron trasladando verbalmente a cuantas compañeras ingresaron en el penal meses, e incluso años, después. Se forjó así la leyenda de «las menores» o «las Trece Rosas», que incorporó a la realidad histórica el acervo de quienes hicieron de esta historia un ejemplo de la lucha de las mujeres contra el franquismo. Y así ha perdurado hasta nuestros días, olvidada de la historia oficial, presente sólo en la memoria de quienes, hoy ancianos, sobrevivieron a aquellos tiempos sombríos.

# Cuarta parte
# La Rosa 14

## 17
## Una muerte anunciada

Antonia escuchó a las funcionarias gritar el nombre de sus compañeras mientras recorrían la prisión en su busca. Aguardó sobresaltada a que la llamaran a ella, pero no lo hicieron, y por un instante tuvo intención de ponerse en pie para advertirles de ello. Paralizada por el miedo, esperó en silencio a que se percataran de su ausencia. Transcurrió un tiempo imposible de medir, probablemente sólo unos minutos que le parecieron eternos, hasta que escuchó el ruido de un camión al arrancar y tuvo la certeza de que se había salvado de la «saca». En ese momento la invadió un extraño sentimiento de culpa, como si al evitar la muerte estuviese traicionando a sus amigas.

Los nervios dieron paso a un estado de agitación que era incapaz de contener. «¡A mí no me matan! ¡A mí no me matan!», repetía y subía el tono de voz. Balbuceaba atropellando las palabras y una compañera le tapó la boca con la mano para que no llamara la atención. «¡Calla, que te van a oír!» Tras el descorrer de aldabas y el sonido de puertas al cerrarse, el penal se sumió en un silencio de velatorio. Primero fue una descarga de fusilería y, pasados unos segundos, el sonido sincopado de los tiros de gracia. Las compañeras abrazaron a Antonia como lo harían con el familiar del difunto en su entierro. «Deberías estar contenta, Antonia. Estás viva», le susurró una de ellas.

Eran las cinco de la madrugada y aún quedaban unas horas para el primer recuento del día. Se tendieron en sus petates y el único sonido perceptible desde ese momento fue el de los cuerpos al moverse, las toses que recorrían las galerías y el eco del llanto de algunos niños. Antonia temblaba, incapaz de desprenderse del pánico y recuperar el sosiego. Castañeteaba los dientes de miedo a que regresaran a por ella y se encontrara sola en el paredón, sin posibilidad ya de compartir su pánico con el de sus compañeras para aplacar el terror del último instante ante el cañón de los fusiles. Josefa lloraba pegada a su cuerpo. «Pobre Luisa», repetía mientras deslizaba su mano por el cabello y la mejilla de Antonia, como si fuera una niña pequeña que requiere de las caricias de su madre para sentirse a salvo. Su hermana, Luisa Rodríguez de la Fuente, sí había sido fusilada. Ninguna de las dos pudo dormir.

Ejecutada la pena, la muerte se convertía en un trámite administrativo que requería un notable papeleo. Tras los enterramientos había que expedir un certificado a la atención del Auditor de Guerra para informarle del cumplimiento de la pena; certificados del teniente médico que había asistido a los fusilamientos dando cuenta del fallecimiento de los reos, y certificados de defunción para su inscripción en el registro. Un trabajo engorroso cuando se repite días tras días con decenas de condenados a muerte. Todos iguales, sin más diferencia que el nombre de los difuntos.

El certificado remitido al auditor señalaba que uno de los condenados no había sido ajusticiado por un error mecanográfico en la orden de entrega de los internos al jefe del piquete de ejecución al escribir su nombre, *Antonio* por *Antonia*.

«En cumplimiento de lo dispuesto en el escrito de V. I. de 4 del actual, a las 4.30 horas del día de hoy ha sido ejecutada la sentencia de pena de muerte en 56 de los 57 reos (13 muchachas y 43 chicos) que figuran en la relación que acompaña a su citado escrito —dice el documento remitido al Auditor de Guerra—, no habiéndose cumplimentado la referente a ANTONIO TORRES YERA por existir error en el nombre y segundo apellido, según me comunica el jefe del piquete de ejecución. Lo que tengo el honor de participar a V. I. para su conocimiento y efectos».

La comunicación tuvo entrada en la Auditoría de Guerra el 7 de agosto, dos días después del ajusticiamiento. En la parte inferior alguien escribió a lapicero la posible causa del error. «Puede ser Antonia Torres Llera.[100] Buscar sumario y ver motivos. Número 26 de la lista.» El número se correspondía con el lugar que ocupaba su nombre en el acta del Consejo de Guerra, justo tras el de Ana López Gallego y previo al de Victoria Muñoz, en el que el secretario del tribunal escribió por error Antonio.

Una nueva saca al día siguiente, 6 de agosto, sin que la citaran hizo que Antonia pensara que, definitivamente, se habían olvidado de ella. Transcurrió un mes sin nuevas ejecuciones, hasta el 5 de septiembre, como si la maquinaria institucional de matar se tomara vacaciones por el verano, y las internas volvieron a sus quehaceres. También Antonia, que ignoraba que el error meca-

100. Aparece literalmente así en el documento oficial, pese a que su nombre correcto es Antonia Torre Yela.

nográfico que la salvó del paredón ya había sido descubierto. Pasaron las semanas y la vida en la prisión de Ventas recuperó la rutina, un alivio para las personas privadas de libertad porque automatiza el paso de las horas, convierte las jornadas en previsibles y evita hacerse preguntas que no tienen respuestas. Un mecanismo de autodefensa que ayuda a aceptar la realidad, por terrible que sea, para no perder la razón. La rutina fue la salvación de Antonia. La rutina y su amiga Josefa Rodríguez de la Fuente, con quien la habían detenido el 14 de mayo. En sólo dos meses y medio desde su captura, Antonia había sido condenada a muerte en el sumario 30.426 junto a las que habrían de convertirse en las Trece Rosas, entre ellas Luisa, la hermana de Josefa, con la que habían coincidido en prisión durante un mes. El miedo es menos miedo cuando se comparte. Josefa, en cambio, fue incorporada a otra causa distinta, la 55.047,[101] y no sería juzgada hasta el 16 de enero de 1940.

Antonia Torre Yela.
Fotografía cedida por su familia.

101. En este sumario figuraban también María del Carmen Cuesta y Faustino Giménez Alonso, ambos de 16 años, y Ana Hidalgo Llera, Antonio Barahona Iglesias, Argimira Hampanera, Francisco Sanz García y Concepción Campoamor Rodríguez, todos ellos de 17 años.

Antonia y Josefa, de 18 y 16 años de edad respectivamente, eran amigas del barrio de Tetuán. Sus familias vivían frente a frente en la calle Manchego, una en el número 3 y otra en el 6, y la buena relación de vecindad se había hecho más estrecha con el noviazgo de dos de sus hijos, Ildefonso Torre y Juana Rodríguez de la Fuente. Antonia era la menor de siete vástagos, tres varones y cuatro hembras, del matrimonio entre Juan Torre y Micaela Yela, naturales de dos localidades burgalesas separadas entre sí por unos pocos kilómetros, Quintanavides y Santa María de Invierno. Todos sus hijos habían nacido cuando vivían en una finca del Estado situada en las proximidades de Colmenar Viejo, en la que el padre ejercía de guardés y la madre se ocupaba de las labores de la casa, que no eran pocas con siete hijos a su cargo. Cuando el cabeza de familia fue destinado al parque de La Rosaleda, la familia se trasladó a Madrid y se instaló en una vivienda baja de poco más de 30 metros cuadrados en Tetuán de las Victorias, un barrio obrero del municipio de Chamartín de la Rosa[102] que había experimentado un enorme crecimiento los años previos con la llegada de muchos campesinos para trabajar en las obras del ensanche de la capital.

La guerra lo cambió todo. Tetuán fue uno de los objetivos aéreos iniciales de los golpistas. Los Junkers JU-52 de la Legión Cóndor lanzaron en sus primeras incursiones proclamas llamando a los vecinos a entregar las armas, y días después dejaron caer sus bombas hasta reducir a escombros muchas viviendas. De

102. El municipio fue anexionado a Madrid en 1947.

otros edificios de vecindad, de no más de tres alturas, sólo quedaron en pie las paredes maestras agujereadas por la metralla. A los primeros ataques en agosto de 1936 continuaron otros bombardeos masivos sobre la capital para minar el ánimo de la población. Los primeros se realizaron en dos tandas, la primera pasada la medianoche y la segunda al amanecer, hasta que se hicieron imprevisibles. Las sirenas alertaban de la proximidad del peligro y los vecinos buscaban refugio en los portales, sótanos y bocas de metro. Hasta aquí llegaba la línea Cuatro Caminos-Tetuán del Metropolitano, inaugurado diez años antes, cuyos andenes acogieron a centenares de familias.

Las calles se convertían en arterias fantasmales. Concluido el bombardeo, las ambulancias acudían a recoger los cadáveres de las víctimas que no habían tenido tiempo de ponerse a salvo.

Muchos vecinos se alistaron en el Quinto Regimiento, que instaló su primer cuartel en el colegio-convento de los Salesianos, en la calle Francos Rodríguez, de donde tras una breve instrucción partían al frente, y en los regimientos cercanos de la Rosa y del Dos de Marzo. Entre los voluntarios estaban tres hermanos de Antonia: Carlos, Ildefonso y Santiago. De los dos últimos la familia no supo hasta fechas después de acabada la guerra que estaban presos en un campo de concentración en Zaragoza. Carlos regresó antes del frente, enfermo de tuberculosis, y falleció en el hospital de Valdelatas poco después. Sólo María, la hermana mayor, evitó los horrores de la guerra al haberse marchado tiempo antes a Argentina a servir en casa de unos señores. Micaela, enferma del corazón, no aguantó la ausencia de sus hijos y falleció el 28 de abril.

Antonia y Josefa vivieron el asedio y la derrota con el miedo de los vencidos. Al terror de los bombardeos siguió la entrada triunfal de las tropas de Franco en la capital, recibidas brazo en alto por miles de madrileños que festejaban el fin de la contienda. Fueron jornadas de inquietud, en las que nadie sabía lo que le depararía el día siguiente. La guerra había forjado ciudadanos asustados que apenas salían de casa, y cuando lo hacían caminaban cabizbajos para evitar cruzar la mirada con otros por miedo a ser señalados como enemigos del régimen. Nadie que estuviese fuera de toda sospecha podía moverse con tranquilidad en esos días de la inmediata posguerra, con los falangistas patrullando las calles con sus camisas azules, pistola en mano. Las delaciones estaban a la orden del día y no era extraño el hallazgo de cadáveres en las calles, ajusticiados por la ley del odio. Algunos habían participado en la quema de la Iglesia de la Virgen de las Victorias, patrona de Tetuán, y los más beatos vieron entonces la oportunidad de tomarse la revancha y, de paso, ganarse el favor de los vencedores. Los más virtuosos participaban después con devoción en los oficios que se celebraban en una capillita habilitada en una casa baja de la calle Nuestra Señora del Pilar mientras se reconstruía el templo.

Cada jornada sin incidentes era una pequeña victoria y la normalidad se fue imponiendo muy lentamente. Antonia y Josefa recuperaron sus paseos por una irreconocible avenida de la Libertad (Bravo Murillo) cogidas del brazo. Muchos de sus edificios habían desaparecido o cambiado de uso. La plaza de toros era una montaña de escombros, con solo una parte de la fachada en pie. Había sido levantada junto al Cuartel de la Remonta e inaugurada en 1900 con una novillada para el Niño de la Estrella, Ángel Soria y Jaime Coquilla. El coso empezaba a competir con los de Ventas y Vista Alegre cuando la guerra estalló y lo convirtió en parque de artillería, hasta que la explosión del polvorín lo destruyó casi por completo.

Los cines estaban cerrados y de su pasado esplendor sólo quedaban los carteles de las últimas películas que habían proyectado. El cine Europa y el Tetuán, los más populares, eran edificios sin vida, huérfanos de espectadores, tan numerosos las tardes de domingo. El Europa era uno de los de mayor capacidad de Madrid. Tenía un patio de butacas y dos anfiteatros con más de dos mil butacas. En las mañanas era un centro de conferenciantes políticos, y por las tardes abría sus puertas con sesiones dobles. En él se presentó oficialmente el himno de la Falange, el *Cara al sol*, el 2 de febrero de 1936, y dos meses después Largo Caballero animó a la revolución para constituir una república socialista. Unamuno y Niceto Alcalá Zamora fueron también algunos de los oradores que ocuparon su tribuna. Durante la contienda fue requisado por los anarquistas, que instalaron en sus sótanos, en lo que había sido el almacén del bar, un centro de detención y tortura, una checa, bajo las órdenes de Felipe Emilio Sandoval Cabrerizo, alias doctor Muñiz. Muchos de quienes pasaron por ella murieron allí o fueron «paseados» por los descampados que se abrían en el límite norte de la ciudad, donde la única ley era la que decretaba la muerte del enemigo.

El Tetuán había sido un cine mucho más de barrio, económico y sencillo que el Europa, con el que había compartido llenos apoteósicos y que, a diferencia de éste, siguió funcionando durante la contienda. Antonia y Josefa habían acudido a él con cierta asiduidad para ocupar las tardes con sesiones dobles que en ocasiones convertían en triples al repetir la proyección de la primera película. Frente a él estaba el bar El Término, en el que era frecuente encontrar oficiales y peones que echaban allí el día a la espera de que alguien requiriera sus servicios. En las proximidades, entre las calles Ávila y Teruel, las milicias confederadas instalaron su cuartel en lo que había sido el grupo escolar Jaime Vera. En ambos edificios ondeaba ahora la bandera roja, negra y roja de las JONS y el yugo y las flechas, símbolo unitario de los Reyes Católicos. Un poco más al norte no quedaba rastro del fielato, las casetas que se encargaban de cobrar las tasas municipales a las mercancías que entraban en la capital, ni de los numerosos puestos de venta que se arremolinaban en torno a ellas, y menos aún de los merenderos a los que acudían los vecinos los días de asueto.

Las cantinas que habían dado de comer a ancianos y niños durante el asedio a la capital estaban igualmente clausuradas. Una de ellas, la instalada en el colegio El Porvenir, había atendido cada día a cuatrocientas personas mayores de 65 años. También las animadas tabernas y bodegas, en las que se daban cita muchos vecinos para degustar los vinos que llegaban de Arganda, Chinchón, Colmenar de Oreja y Morata de Tajuña, eran locales tristes que comenzaban a abrir sus puertas con cautela. Todo en el barrio de Tetuán era gris, de un gris denso y opresivo que nada tenía que ver con el patio de vecindad que había sido hasta entonces.

Los paseos de Antonia y Josefa por la avenida se hicieron diarios. Caminatas llenas de melancolía en las que recordaban una calle jalonada de puestos de castañas asadas, pipas de girasol, garbanzos torrados y paloduz ahora inexistentes. Uno de esos días, el 10 de mayo, se encontraron con varios compañeros de las Juventudes Socialistas Unificadas (JSU) del sector de Chamartín de la Rosa a los que no veían desde semanas antes de que los vencedores entraran en la capital. Uno de ellos era Julián Fernández Moreno, responsable del sector. Su sola presencia las alertó de la inmediatez de peligro y aceleraron el paso con la esperanza de que no las descubriera. «¡Eh, chicas, ¿dónde vais?» Julián se había percatado de su presencia y se dirigía hacia ellas con una sonrisa dibujada en el rostro. Tras los saludos de rigor y los consabidos ¿qué tal estáis?, ¿y vuestras familias?, dieron por terminado el encuentro. «Tenemos prisa, vamos a comprar sardinas», dijeron, y arrancaron a andar. La sardina, enlatada o en salmuera, seguía siendo un plato de posguerra, como lo había sido durante los combates.

Sorprendido y molesto a un tiempo por la brusquedad de sus compañeras, Julián caminó tras ellas hasta ponerse a su altura. «¡Parad un momento!, ¿qué os pasa?», les preguntó. «Nada, que tenemos prisa», repitieron azoradas. Julián puso su mano en el hombro de Antonia para que se detuvieran un instante y aproximó su cabeza a la de ellas para hacerlas partícipes de un secreto: la JSU se estaba reorganizando. La revelación llevaba implícita una orden: «Tenéis que incorporaros y buscar a otras chicas». El sector de Chamartín de la Rosa era para entonces uno de los más activos. Disponía de cinco grupos de base de cinco miembros cada uno sin planes muy concretos. Habían acordado que lo primero era dar algún «golpe» para recaudar fondos y buscar armas en las zonas próximas a las trincheras y en las alcantarillas, donde muchos milicianos se habían desprendido de ellas. Una heroicidad en un tiempo tan convulso.

La propuesta les devolvió el miedo intenso del que iban librándose a medida que pasaban los días. Habían perdido la guerra y sus familias sólo pretendían pasar desapercibidas, que ningún vecino deseoso de ganarse el favor de los falangistas que buscaban «rojos» emboscados las denunciara. No estaban dispuestas a volver a las andadas. Antonia arguyó que su madre había fallecido hacía menos de dos semanas, su padre tenía mala salud, y desconocían el paradero de dos de sus hermanos. Josefa tenía también motivos para rechazar la propuesta: su hermana Luisa estaba detenida por la denuncia de una vecina que la acusó de haber militado en Mujeres Antifascistas. Julián oyó sin escuchar y las citó para verse esa misma tarde en el Hotel del Negro,[103] en el que tantas veces se habían reunido. El establecimiento estaba a un paseo de sus casas. Se trataba de un edificio en forma de chaflán, de dos pisos y una torrecilla a modo de mirador, que marcaba el límite del barrio, más allá del cual se abría un descampado. El tranvía de la Compañía Madrileña de Urbanización que cubría la línea Cuatro Caminos, Chamartín, Fuencarral se bifurcaba en ese punto en dirección a estos dos últimos destinos.

103. Se ubicaba donde hoy se levantan las torres KIO.

Decidieron no acudir a la cita y tampoco supieron más de Julián, que fue detenido al día siguiente junto con sus compañeros Julián Muñoz Tárraga, Gregorio Muñoz García, José Pérez Sánchez, Sergio Ortiz González y Daniel de Diego de Diego,[104] cuyos testimonios ocasionaron una cadena de detenciones. En el plazo de una semana se instruyó contra los seis jóvenes la causa 13.896,[105] fueron condenados a muerte y ese mismo día fusilados. La justicia de Franco no admitía dilaciones. El régimen empezaba a desplegar una atroz represión, y conventos y colegios eran habilitados como centros de reclusión para acoger a los miles de sospechosos de haber participado en la defensa de la capital o militar en partidos o sindicatos.

Cuatro días después de aquel encuentro, varios policías irrumpieron en los domicilios de Antonia y Josefa en la calle Manchegos y se las llevaron sin ninguna explicación. «Carmen Torre, mi madre, pensaba que venían a por ella y fue una sorpresa que se llevaran a Antonia, su hermana pequeña», cuenta Guillermo Hernando Torre.[106] Las condujeron al número 15 de la calle Jorge Juan, un edificio habilitado como centro de detención y tortura en el que había instalado su sede la

104. Su hermano Máximo fue juzgado en el sumario de las Trece Rosas y fusilado el mismo día que ellas, el 5 de agosto de 1939.

105. Este procedimiento tuvo continuidad en el 30.426, por el que fueron condenadas las Trece Rosas.

106. Guillermo es sobrino de Antonia Torre Yela. Su testimonio ha sido recogido por el autor, y ha sido confirmado también por su hermana María.

Dirección General de Policía Urbana, por la que ya habían pasado, o lo harían en días sucesivos, numerosos compañeros de la JSU. Su responsable, Aurelio Fernández Fontenla, y los agentes Joaquín Ferreira Malpica, Luis Fernández Villarjubín, Rodolfo Martínez, Emilio Gaspar Alou y José González Fernández, fueron los encargados de tomarles declaración el 1 de junio, quince días después de su detención. Guillermo Hernando relata que su padre le comentó antes de morir que, durante su detención, Antonia sufrió toda clase de abusos, e incluso pudo ser violada. «Mi madre no me habló de su hermana hasta el año 2000, dos años antes de morir. No mostraba ningún rencor. Me dio la impresión de que tanto ella como mi padre sentían que habían tenido suerte al sobrevivir a la guerra, y que lo pasado, pasado estaba. Mi madre guardaba un puñado de cartas que debían estar relacionadas con Antonia y que, desgraciadamente, se han perdido.»

Del paso de ambas amigas por dichas dependencias quedan las actas de comparecencia y declaración del 1 de junio de 1939, en las que los agentes les informan de que han sido acusadas por miembros de la JSU de formar parte de la organización. Tal vez las delatara Julián Fernández, pero el sumario en el que deben figurar sus declaraciones está desaparecido de los archivos militares, o quizá se tratase de un ardid para que ellas identificaran a otros compañeros. La declaración de Antonia está recogida así:

«Que pertenece a las Juventudes Socialistas Unificadas desde el mes de octubre de 1936, no desempeñando cargo directivo alguno ni de responsabilidad en ella, limitándose durante la guerra a ser una simple militante. Que una vez terminada ésta dejó toda actividad en la misma. Que hacia el día 10 del mes de mayo próximo pasado y en ocasión de que paseaba acompañada por Josefa Rodríguez de la Fuente por el paseo o avenida de la Libertad (Tetuán de las Victorias) se encontraron a Julián Fernández Moreno, al que conocían como secretario administrativo del sector de Chamartín de la JSU durante la guerra, quien las citó en el sitio denominado Hotel del Negro de dicho término de Tetuán».

Josefa reconoció también que pertenecía a la JSU, en su caso desde el 1 de mayo de 1937, y relató su encuentro con Julián de manera similar:

«Le dieron el encargo de buscar chicas de confianza para trabajar y formar un grupo con la finalidad de recaudar fondos para los mutilados, contestando a esto ella que no quería intervenir en nada, y que su hermana (Luisa) se encontraba detenida y no quería ocasionar ningún disgusto a su madre y, por consiguiente, no contaran con ella para nada».

Al día siguiente, 2 de junio, Antonia compareció ante el juez militar número 8. Su escueta declaración, de nueve líneas, incorpora como únicas novedades la afirmación de que conocía a Martina Barroso (una de las Trece Rosas) y que la propuesta de su compañero era «que tenía que ir a buscar armas y trabajar para la clandestinidad, no especificando qué clase de trabajo. Que no la captaron nunca. Que no era jefe de grupo». El expediente penitenciario refleja en su apartado «vicisitudes» que ingresó en la cárcel de Ventas el 3 de junio. Tres meses después consta su salida de la prisión para comparecer al consejo de guerra que la condenó a muerte como la Rosa 14. Su amiga Josefa no declaró ante el juez hasta tres semanas después, el 24 de junio.

Cuando la familia de Antonia supo que no la habían fusilado con sus compañeras, redoblaron las gestiones para solicitar el indulto, y nada mejor que el testimonio de vecinos y conocidos que atestiguaran que era una buena chica que nunca se había metido en líos. Firmar entonces un documento de estas características exigía mucho valor. Su eficacia era más que dudosa, y quien suscribía el texto se retrataba como defensor de un enemigo del régimen que le convertía también a él en sospechoso. Pese a ello, veintidós vecinos se atrevieron a entregar en la prisión un escrito defendiendo su inocencia.

«D. Juan J. Ribes Muscat, Subdirector accidental de la Prisión de Mujeres de Ventas de Madrid, CERTIFICO: Que entre los documentos obrantes en esta dirección existe uno que copiado literalmente dice lo siguiente:

Los firmantes, vecinos de la calle Manchegos y colindantes, de Chamartín de la Rosa, atestiguan que Antonia Torre Yela, que vivía en el número 6 de dicha calle, es una persona de buenas costumbres y, por consiguiente, desde un poco antes de la liberación de Madrid por las gloriosas tropas nacionales, que cayó su madre gravemente enferma, hasta el 28 de abril, que dejó de existir, ha estado constantemente cuidándola, no viéndosela salir nada más que para las cosas indispensables. Como también afirman no haber visto entrar en su casa a más personas que sus familiares y vecinos de más confianza que se interesaban por la salud de la enferma. En Chamartín de la Rosa a 4 de Diciembre de 1939, AÑO DE LA VICTORIA.[107]

Concuerda con su original, en poder de la interesada, al que me remito y a los efectos de entrega del mismo para unir a la solicitud de indulto extiendo el presente en Madrid a treinta y uno de Enero de mil novecientos cuarenta. AÑO DE LA VICTORIA».

También la familia de Josefa buscó avales entre los vecinos, aunque en el sumario solo hay constancia de uno:

«Lucía Fernández de Velasco, soltera, mayor de edad, sin filiación política y domicilio en Tetuán de las Victorias, calle de Garibaldi 15, a petición de la familia de la interesada y a los efectos que puedan convenirle.

CERTIFICA que conoce desde hace seis o siete años a Josefa Rodríguez de la Fuente, con la que tuvo siempre bastante relación, ya que de muy jóvenes iban juntas a la doctrina y catequesis y son vecinas sus familias.

Que pese a esta amistad nunca la oyó nada que pudiera ser tomado como una invitación a entrar en partido ni sindicato alguno, y que tampoco la vio frecuentar el edificio de la JSU que está enfrente de su casa, por lo que naturalmente, de hacerlo, hubiese sido conocido por la certificante. Que no sabe si perteneció o no a ella, pero estima que de hacerlo debió tomarse

107. Firman el escrito Joaquín Geijo, Manuela Montero, Pedro Rodríguez, Julián Abad, Manuel Abad Hernando, Andrea García, C. Moleón Bueno, Antonia Hervás, Dolores Morales, Margarita Sánchez, Juan Domínguez García, Ramón Roldán, Isabel Roldán, Dolores González, Jovino Fernández, F. Entebras, Antonio Moleón, Juan Hervás y Santana Hervás.

muy poco interés por el partido, ya que no hacía la menor referencia, existiendo la bastante confianza para haber hablado con toda libertad. Tetuán de las Victorias, a nueve de diciembre de 1939. AÑO DE LA VICTORIA».

Josefa fue juzgada el 16 de enero de 1940, con 16 años de edad, junto a otros siete compañeros de 16 y 17 años. Todos fueron condenados a 12 años y 1 día de reclusión por el delito de adhesión a la rebelión, «con la atenuante de su menor edad penal», menos Concepción Campoamor Rodríguez y ella, a las que el tribunal absolvió «sin perjuicio de que como medida precautoria sean objeto de libertad vigilada». Un mes después, Antonia fue fusilada. Había transcurrido medio año desde que un error mecanográfico la salvara del paredón. Antonia fue incluida en la saca del 19 de febrero de 1940.[108] Por qué entonces y no antes, tras ser descubierto el error, es una incógnita que no resuelve la causa judicial, en la que no consta ningún documento que lo explique. Sólo ha quedado constancia de la orden de entrega al piquete de ejecución.

«Para dar cumplimiento a lo dispuesto por el Ilmo. Sr. Auditor de Guerra de esta región, y en virtud de orden de la Dirección General de Seguridad, se servirá usted en el día de mañana hacer entrega al piquete de ejecución de las reclusas

108. En la saca del 19 de Febrero de 1940 fueron fusilados Antonia Torre Yela, Fernanda y Concepción Casado Malsipica, Mariano Arias Crespo, Manuel Balcarcer Chaus, Francisco Bermejo Troncoso, Carlos Fernández Andrés, Julián García González, Hilario Guadano de Pablo, Manuel Mantecas Vega, Anastasio Moreno Martínez, Antonio Muñoz Ventosinos, Emilio Peña García, Gregorio Sánchez Escribano, Eladio Sánchez Fernández y José Sánchez Pérez.

PRISION PROVINCIAL
DE
General Porlier 54.
MADRID
DIRECCIÓN

Núm. 1045

Para dar cumplimiento a lo dispuesto por el Ilmº Sr: Auditor de Guerra de esta Region, y en virtud de orden de la Direccion General de Seguridad se servirá Vd, en el dia de mañana, hacer entrega al piquete de ejecución de las reclusas expresadas al dorso, con objeto de la sentencia de pena de muerte dictada contra las mismas.

Dios guarde a Vd, muchos años
Madrid 18 Febrero de 1940

Alfonso Ferez

Sr. Director de la Prision de Mujeres. ( Ventas).

DORSO QUE SE CITA.

ANTONIA TORRES LLERA, soltera, 18 años, Operaria, natural de Tetuan de las Victorias, vecina de Chamartin de la Rosa, Causa Nº 30.426. de Madrid.

CONCEPCION CASADO MALSIPICA, soltera, 36 años, natural de Turleque, vecina de Madrid, causa Nº 33.558. de Madrid.

FERNANDA CASADO MALSIPICA, casada, 21 años, S.L, natural de Villaluenga, Causa Nº 33558 de Madrid.

:=:=:=:=:=:=:=:=:=:=:=:=:=:=:=:=:=:

Recibí,



Anverso y reverso de la orden de ejecución.

expresadas al dorso, con objeto de la sentencia de pena de muerte dictada contra las mismas. Dios guarde a Vd. muchos años. Madrid, 18 de febrero de 1940.»

«DORSO QUE SE CITA.

Antonia Torres Llera, soltera, 18 años. Operaria, natural de Tetuán de las Victorias, vecina de Chamartín de la Rosa, causa n.º 30.426 de Madrid.

Concepción Casado Malsipica, soltera, 36 años, natural de Turleque, vecina de Madrid, causa n.º 33.558 de Madrid.

Fernanda Casado Malsipica, casada, 21 años, natural de Villaluenga, causa n.º 33.558 de Madrid.»

Ambas hermanas fueron acusadas de haber formado parte de la checa de Campo Libre, situada en la calle de Fuencarral, en lo que había sido un convento de los Hermanos Maristas. La inquina contra ellas fue tal que el fallo califica a Fernanda de «verdadera hiena».

El último documento referente a Antonia es el que recoge el visto bueno del jefe del piquete de ejecución:

«En la mañana de hoy ha sido entregada a la Fuerza Pública esta reclusa para ejecución de la sentencia de pena de muerte dictada contra la misma en causa n.º 30.426, participándose al Director de Seguridad, Ilmo. Sr. Auditor de Guerra y al Director de las Prisiones de Madrid. Se une la orden.»

«Mi padre y mi madre estaban convencidos de que a Antonia no la mataron con las Trece Rosas porque era menor de edad en ese momento —dice Guillermo Hernando—. No supieron que se habían equivocado con el nombre».

La muerte no fue suficiente. En 1944, cuatro años después de su ejecución, el presidente del Tribunal Nacional de Responsabilidades Políticas ordenó localizar a Antonia y a su familia e informar de los bienes que les pudieran ser confiscados. El 5 de julio remitió un escrito al alcalde de Chamartín de la Rosa para que se encargara de las indagaciones, y éste envió a un guardia a la calle Manchegos. El informe manuscrito elaborado por el agente dice literalmente así (se mantienen las faltas de ortografía): «Personado el guardia que suscribe en las señas indicadas y según me manifiestan los vecinos, dicha familia es desaparecida en la varriada, ni se puede informar de los bienes que posean». Todo ello, «por Dios, por España y su Revolución Nacional Sindicalista». El juez recurrió el 5 de diciembre de ese mismo año a la Jefatura Superior de Policía de Madrid, que diez días después le informó de que Antonia «fue fusilada a la terminación de la guerra. Sus padres fallecieron y sus hermanos viven en esta capital, ignorándose domicilio. No se le conocen bienes de fortuna».

Para la España victoriosa aquellas muertes no significaron nada. Fueron otras de tantas, todas iguales, todas singulares en la identidad de cada víctima. Fue tanto el desprecio, tanto el desdén hacia la muerte ajena, que en 1942 la Comisión de Examen de Penas de Madrid redujo de treinta a doce años la pena a la que Joaquina López Laffite, una de las Trece Rosas, fue condenada en otra causa. Tres años después de su ejecución. Al año siguiente la misma comisión rebajó la condena a la mitad. Una prueba de la magnanimidad del régimen para con sus muertos.

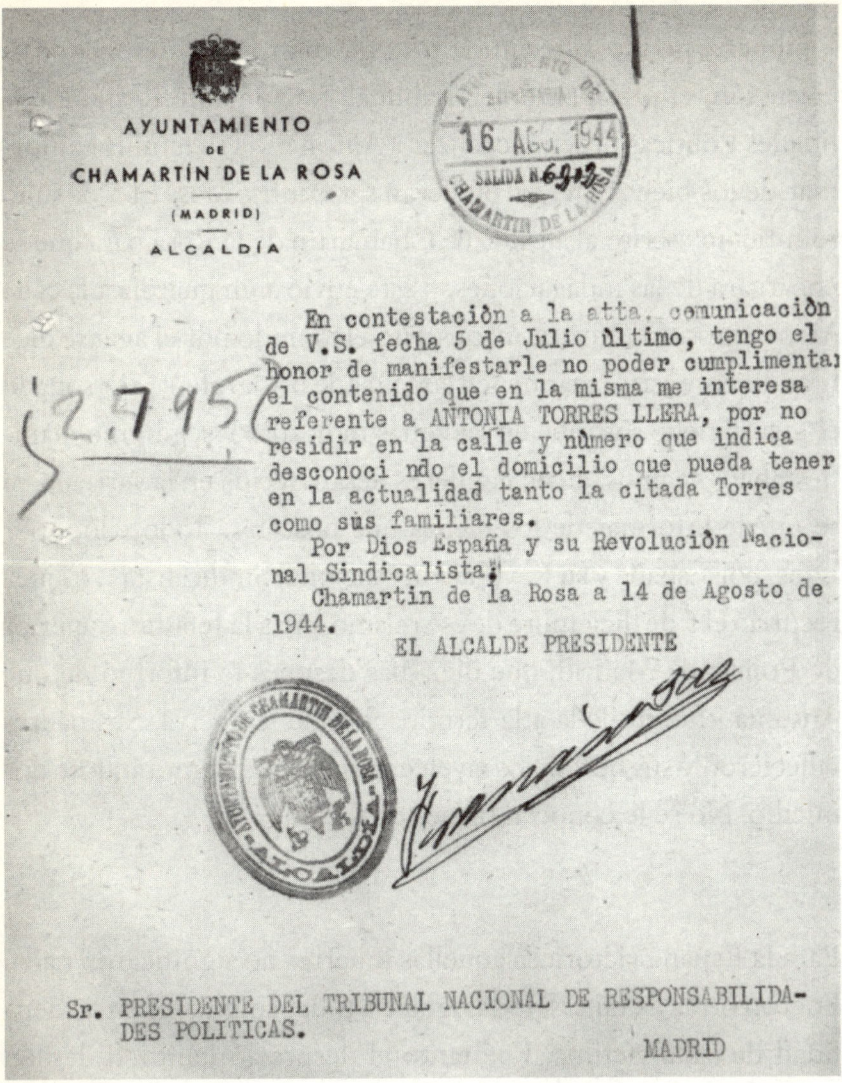

AYUNTAMIENTO
DE
CHAMARTÍN DE LA ROSA
(MADRID)
ALCALDÍA

AYUNTAMIENTO DE CHAMARTÍN DE LA ROSA
16 AGO. 1944
SALIDA N.º 6903

2.795

En contestación a la atta. comunicación de V.S. fecha 5 de Julio último, tengo el honor de manifestarle no poder cumplimentar el contenido que en la misma me interesa referente a ANTONIA TORRES LLERA, por no residir en la calle y número que indica desconociendo el domicilio que pueda tener en la actualidad tanto la citada Torres como sus familiares.

Por Dios España y su Revolución Nacional Sindicalista!

Chamartin de la Rosa a 14 de Agosto de 1944.

EL ALCALDE PRESIDENTE

AYUNTAMIENTO DE CHAMARTÍN DE LA ROSA – ALCALDÍA

Sr. PRESIDENTE DEL TRIBUNAL NACIONAL DE RESPONSABILIDADES POLITICAS.

MADRID

Escrito de la alcaldía del Ayuntamiento de Chamartín de la Rosa dando cuenta de que ni Antonia ni su familia viven en la calle Manchegos. El documento está fechado el 14 de agosto de 1944, cuatro años y medio después de su ejecución.

El cementerio del Este siguió siendo hasta 1944 el lugar de ejecución de los opositores al régimen de Franco ante la indiferencia de un Madrid que había sido capital de la gloria y que durante años lo fue del oprobio y del olvido.

«Que mi nombre no se borre en la historia», pidió Julia Conesa en la última carta que escribió a su familia.

Que así sea.

## Guía de personajes

### Las Trece Rosas

Barrero Aguado, Carmen. Veinte años. Modista. Cuarta por edad de los nueve hijos de una modesta familia del barrio de Cuatro Caminos. Su padre murió años antes de que estallara la guerra, dejando a su mujer y a sus hijos en una precaria situación económica, que obligó a Carmen a trabajar desde los doce años. Militante del PCE, en el que era conocida como *Marina*, utilizaba la identidad falsa de Carmen Iglesias Díaz. Tras el final de la guerra su amigo Francisco Sotelo Luna le propuso continuar con el trabajo clandestino como responsable femenina del partido en Madrid, y como tal elaboró un plan de trabajo para las mujeres.

Barroso García, Martina. Veinticuatro años. Modista. Militante de la JSU, durante la guerra cosió en uno de los talleres de la Unión de Muchachas, confeccionando ropa para los soldados. Tras el final de la contienda fue captada por Julián Muñoz Tárrega para que se incorporara al sector de Chamartín de la Rosa.

Brisac Vázquez, Blanca. Veintinueve años. La mayor de tres hermanas, hijas de un próspero empresario francés.

Casada con Enrique García Mazas, a quien conoció en la banda de música en la que tocaban a pie de pantalla en el cine Alcalá para amenizar las películas mudas. Él tocaba el violín y ella el piano. El matrimonio tenía un hijo, Enrique, de once años de edad en 1939. No militaba en ninguna organización política.

Bueno Ibáñez, Pilar. Veintisiete años. Modista. Al poco de iniciada la guerra se afilió al PCE y trabajó como voluntaria en una de las numerosas casas-cuna abiertas para recoger a los niños huérfanos y atender a los hijos de los milicianos que iban al frente. Fue elegida para formarse como dirigente en la Escuela de Cuadros del partido y nombrada secretaria de organización del Radio Norte. Al acabar la guerra fue contactada por Federico Bascuñana para colaborar en la reorganización de los comunistas y encargada de crear ocho sectores en la capital: Norte, Sur, Este, Oeste, Chamartín de la Rosa, Guindalera, Prosperidad y Vallecas.

Conesa Conesa, Julia. Diecinueve años. Modista. Se afilió a la JSU a finales de 1937 para seguir sus cursos de gimnasia y deportes. Durante la guerra trabajó como cobradora de tranvías.

García Casillas, Adelina. Diecinueve años. Era conocida como *la mulata* por su piel morena y sus labios gruesos. Amiga de Julia Conesa y militante también de la JSU. Una vez encarcelada trabajó como cartera en la prisión de Ventas.

Gil Olaya, Elena. Veinte años. Ingresó en la JSU en 1937. El final de la guerra le pilló en Murcia, desde donde regresó a Madrid a primeros de abril de 1939. Una vez en la capital su amigo Rafael Muñoz Coutado le propuso continuar trabajando para el partido. Se integró junto a Victoria Muñoz en uno de los grupos creados en el sector de Chamartín de la Rosa que era dirigido por Sergio Ortiz.

González García, Virtudes. Dieciocho años. Modista. Se afilió a la JSU al poco de estallar la guerra. Su novio, Valentín Ollero, fue nombrado responsable del Radio Oeste de las Juventudes al acabar la contienda y ella hizo de enlace entre éste y la dirección madrileña de las mismas.

López Gallego, Ana. Veintiún años. Modista. Era la mayor de cuatro hermanos. Militante de la JSU, durante la guerra fue secretaria femenina del Radio de Chamartín de la Rosa. Tras la entrada de las tropas nacionales en Madrid su amigo Julián Muñoz Tárrega le propuso que se reincorporara a las Juventudes como miembro de un grupo dirigido por Sergio Ortiz, del que también formaban parte otras tres «rosas»: Martina Barroso, Victoria Muñoz y Elena Gil Olaya.

López Laffite, Joaquina. Veintitrés años. La más pequeña de cinco hermanos huérfanos de padre y madre desde 1931. Se afilió a la JSU en septiembre de 1936, y tras acabar la guerra fue nombrada secretaria femenina del Comité Provincial clandestino.

MANZANERO SALAS, DIONISIA. Veinte años. Tercera por edad de los seis hijos de una familia del barrio de Cuatro Caminos. Su padre era militante de la UGT. Se afilió al PCE en abril de 1938, después de que un obús matara a su hermana Pepita y a otros niños que jugaban en un descampado próximo al domicilio familiar. Amiga de Pilar Bueno, al acabar la guerra fue elegida para que hiciera de enlace entre los dirigentes del partido que quedaron en la capital.

MUÑOZ GARCÍA, VICTORIA. Dieciocho años. Pertenecía a la JSU desde 1936. Al acabar la guerra se encontró con su amigo Julián Muñoz Tárrega, quien la incorporó al grupo que dirigía Sergio Ortiz en el sector de Chamartín de la Rosa.

RODRÍGUEZ DE LA FUENTE, LUISA. Dieciocho años. Sastra. Ingresó en la JSU en 1937, donde nunca ocupó cargo alguno, hasta que al acabar la guerra Julián Muñoz Tárrega le propuso crear un grupo que ella misma debía dirigir. Cuando fue detenida tan sólo había tenido tiempo de convencer a su primo Isidro Hernández de la Fuente.

## OTROS PERSONAJES

AMALIA VILLA, JOSEFINA. Veintiún años. Militante de la Federación Universitaria Escolar (FUE), entre 1931 y 1939 la asociación estudiantil más importante. Fue detenida el 7 de abril de 1939 al ser denunciada por un falangista. En Gobernación coincidió con Matilde Landa, que se había hecho cargo del PCE al acabar la guerra, y decidió afiliarse al partido. Convivió con las «Trece Rosas» en la prisión de Ventas. Compañera del histórico dirigente comunista Heriberto Quiñones. Vive en Madrid.

Bascuñana Sánchez, Federico. Treinta y dos años. Casado. Metalúrgico. Militante del PCE y enlace del partido con la JSU. Fusilado el 5 de agosto de 1939.

Carretero Sanz, Concepción. Diecinueve años. Militante de la JSU, durante la guerra, trabajó como tornera en una empresa dedicada a fabricar material de guerra. Fue detenida tras el golpe del coronel Casado y encarcelada en Ventas hasta la noche anterior a la entrada de las tropas de Franco en Madrid. Tras el final de la contienda fue contactada por Sinesio Cavada, *Pionero*, para que se reincorporara a la organización. Delatada por Emiliano Martínez de Blas, compañero del partido y confidente policial, fue detenida el 28 de julio de 1939. Vive en Madrid.

Casado López, Coronel Segismundo. Jefe del Escuadrón presidencial al estallar la guerra civil, ascendió a coronel por su actuación en el frente de Aragón en 1937. Jefe del Ejército del Centro de la República. El 5 de marzo de 1939 se alzó contra el Gobierno Negrín y constituyó el Consejo Nacional de Defensa para negociar una paz sin represalias con Franco, lo que no consiguió. Su actuación precipitó la caída de Madrid y con ello el fin de la guerra. Se exilió en Gran Bretaña y regresó a España en los años sesenta. Murió en 1968, a los 75 años de edad.

Castro Cardús, Carmen. Treinta años. Primera directora de la prisión de Ventas tras la entrada de las tropas nacionales en Madrid. Licenciada en Farmacia y maestra nacional, ingresó en el Cuerpo de Prisiones en 1935, tras aprobar las oposiciones convocadas por la República. Formó parte de la Quinta Columna que actuó en la capital durante la guerra, y en 1937 pasó a zona nacional. En 1940 fue nombrada inspectora central de Prisiones y fue una de las defensoras de la labor de las religiosas en los centros penitenciarios. Murió el 5 de enero de 1948, siendo responsable de la Sección de Redención de Penas por el Esfuerzo Intelectual.

Cavada Guisado, *Pionero,* Sinesio. Dieciocho años. Jefe militar de la JSU al acabar la guerra. Fue el único dirigente del Comité Provincial que logró huir de la redada policial de mayo de 1939, en la que fueron detenidos sus compañeros. A partir de julio intentó reorganizar el partido y creó el grupo Los Audaces para perpetrar atracos con los que obtener fondos. Planeó sobornar a un funcionario de prisiones para liberar al dirigente comunista Eugenio Mesón. Delatado por su compañero Emiliano Martínez de Blas, fue detenido y juzgado el 5 de agosto de 1939. Cuando iba a ser fusilado, al día siguiente, fue sacado del pelotón y la Policía Militar franquista le ofreció salvar la vida a cambio de más datos de los que ya había revelado sobre la reorganización de los comunistas. Fue finalmente fusilado el 15 de septiembre de 1939.

CUESTA RODRÍGUEZ, MARÍA DEL CARMEN. Dieciséis años. Amiga de Virtudes González, una de las «Trece Rosas», que la introdujo en el sector Oeste de la JSU. Al acabar la guerra continuó con el trabajo clandestino como enlace. Fue denunciada por un vecino y detenida. Fue incorporada a la causa 55.047 y condenada a doce años y un día de reclusión. Vivió con Virtudes los últimos momentos de su vida en la galería de menores de la prisión de Ventas. Actualmente vive en Valencia.

GARCÍA MAYORAL, DAMIÁN. Diecinueve años. Jefe del grupo Los Audaces, creado por Sinesio Cavada, *Pionero*, para perpetrar atracos. Fusilado el 6 de agosto de 1939.

GARCÍA MAZAS, ENRIQUE. Treinta y cinco años. Músico. Marido de Blanca Brisac, una de las «Trece Rosas», con la que tenía un hijo de once años. Su amistad con Juan Canepa, conocido militante comunista, hizo que fuera denunciado por una cuñada de éste al acabar la guerra. Juzgado en el mismo proceso que su mujer, fue fusilado el mismo día, en la madrugada del 5 de agosto de 1939.

HIDALGO LLERA, ANA. Mujer de Aquilino Calvo, secretario general de la JSU de Madrid que al acabar la guerra intentó huir por Valencia, siendo detenido. Su domicilio fue utilizado para esconder a algunos de los militantes que llegaban a Madrid tras ser liberados de los campos de concentración y también como lugar de reunión. Fue procesada en la causa 55.047 y condenada a doce años y un día de prisión.

LANDA, MATILDE. Nació en Badajoz en 1905. Fue educada en un ambiente liberal y culto al que pocos hombres y mujeres tenían acceso a principios de siglo. Estudió Ciencias Naturales en Madrid, y en esos años tomó parte activa en los movimientos estudiantiles de protesta contra la monarquía y la dictadura de Primo de Rivera. Se casó en 1930 y tuvo dos hijas, una de las cuales murió a los pocos meses. La otra, Carmencilla, tenía once años cuando su madre se suicidó en prisión. En 1934 trabajó en el Socorro Rojo Internacional, la organización de solidaridad con las víctimas de la represión desencadenada tras la revolución de octubre de ese año. Al poco de estallar la guerra ingresó en el PCE y comenzó a colaborar en la organización de hospitales y en la ayuda a evacuados, tarea en la que recorrió todo el territorio republicano. En esos viajes se encargaba también de llevar información a ayuntamientos para establecer pequeños centros culturales y bibliotecas.

Llegó a Madrid el 21 de febrero de 1939. Se hizo cargo del PCE y en abril fue detenida. Ingresada en la prisión de Ventas, escribió cartas y preparó reclamaciones en nombre de las reclusas, sobre las que llegó a tener un gran ascendiente. Murió el 26 de septiembre de 1942 en la prisión de mujeres de Palma de Mallorca, a la que había sido trasladada. Se arrojó al vacío desde una ventana tras sufrir grandes presiones para que se convirtiera al catolicismo.

LÓPEZ DEL POZO, *GORDO,* ANTONIO. Veinte años. Camarero. Afiliado a la JSU desde febrero de 1937, fue encargado por José Pena Brea, secretario general de las Juventudes, de contactar con otras organizaciones antifascistas que pudiesen estar trabajando en la clandestinidad tras el final de la guerra, e intentar infiltrar a militantes comunistas en la Falange. Fusilado el 5 de agosto de 1939.

MARTÍNEZ DE BLAS, EMILIANO. Veintitrés años. Metalúrgico. Militante de la JSU y confidente de la Policía Militar franquista, delató a Sinesio Cavada, *Pionero*, y el resto de militantes del partido que participaron en el asesinato del comandante de la Guardia Civil Isaac Gabaldón Irurzun.

MARTÍNEZ PÉREZ, JULIO. Veintidós años. Argentino nacionalizado español. Miembro del sector de Chamartín de la Rosa de la JSU. El policía Joaquín Ferreira, que se hacía pasar por «rojo», le tendió una trampa al ofrecerle un arma para la organización y llegar así hasta la JSU. Fusilado en la «saca» del 5 de agosto de 1939.

MESÓN, EUGENIO. Nacido el 2 de septiembre de 1916. La muerte de su madre, cuando tenía seis años, le dejó huérfano con otros cinco hermanos, el mayor de dieciséis años. A los trece comenzó a trabajar en una imprenta, manejando una Minerva de pedal, por tres reales diarios, donde no duraría mucho al quebrar la empresa. Desde entonces trabajó de electricista, albañil y en una fábrica de jabón. También vendió conejos en Lavapiés y patatas en las Delicias, además de aceitunas y cacharros de loza. Su militancia política arranca en 1932, cuando se afilió a las Juventudes Comunistas. Voceó entonces el *Mundo Obrero* por las calles de Madrid, y en junio de 1935 era ya secretario de organización de los jóvenes comunistas de Madrid. En junio de 1938, ya en plena guerra civil, fue elegido por la Conferencia Provincial celebrada en la capital su secretario general, además de miembro del Comité Provincial del PCE. El 4 de marzo Mesón reunió a los dirigentes de las Juventudes para exponerles los problemas que corría la República, y a las once de la noche, cuando regresaba a casa, fue detenido por los casadistas. El 27 de ese mes, ante la inminente entrada de los nacionales en Madrid, sus compañeros le buscaron por las cárceles de Madrid sin dar con él. Al día siguiente fue trasladado al penal de San Miguel de los Reyes, de Valencia, para alejarle de las tropas fascistas. Allí le encontraron los falangistas, que lo trajeron de vuelta a Madrid, siendo ingresado en la prisión de Yeserías, primero, y en la de Porlier, después. Fue fusilado en 1941, a la edad de 23 años.

MUÑOZ ARCONADA, RUBÉN. Veintitrés años. Secretario de Agitación y Propaganda del Comité Provincial de la JSU al acabar la guerra. Fusilado el 5 de agosto de 1939.

MUÑOZ COUTADO, *FALÍN*, RAFAEL. Veintidós años. Perdió una pierna en el frente. Fue concejal del ayuntamiento de Chamartín de la Rosa durante la guerra. Al acabar la misma fue encargado de buscar chicos del barrio que estuvieran dispuestos a seguir trabajando en la clandestinidad y de recuperar armas. Fusilado el 5 de agosto de 1939.

Negrín López, Juan. Cursó la carrera de Medicina en Leipzig (Alemania). Ingresó en el PSOE en 1929 y fue elegido diputado en 1931, 1933 y 1936. Poco después de estallar la guerra fue nombrado ministro de Hacienda en el Gobierno de Largo Caballero, al que sustituyó en la presidencia en 1937. Un año después asumió también la cartera de Defensa en sustitución del también socialista Indalecio Prieto. Preconizó la política de resistencia a ultranza con el apoyo de los comunistas. Tras el golpe del coronel Segismundo Casado se exilió en Francia, donde fundó el Servicio de Evacuación de Republicanos Españoles (SERE), y más tarde se trasladó a Londres. En 1945 viajó a México y presentó su dimisión como jefe del Gobierno en el exilio ante el entonces presidente interino de la República, Diego Martínez Barrio. Murió en París en 1956.

Ollero Paredes, Valentín. Secretario general del Sector Oeste de la JSU y novio de Virtudes González, una de las «Trece Rosas». Fusilado el 5 de agosto de 1939.

Ortiz González, Sergio. Jefe de uno de los grupos de la JSU de Chamartín de la Rosa del que formaban parte las «rosas» Victoria Muñoz, Ana López Gallego y Elena Gil Olaya. Fue fusilado el 17 de mayo de 1939, en la primera «saca» contra militantes de las Juventudes clandestinas.

Pena Brea, José. Veintiún años. Empleado de seguros. Se enroló como voluntario para ir al frente al estallar la guerra. Al acabar la misma intentó huir por Valencia, donde fue hecho prisionero. Tras ser excarcelado regresó a Madrid, donde se hizo cargo de la reorganización de la JSU en sustitución de Severino Rodríguez, que había quedado al mando de la misma. Detenido el 11 de mayo de 1939 y torturado, sus declaraciones desvelaron a la Policía la organización de los jóvenes comunistas. Fusilado el 5 de agosto de 1939.

Rivares Cosials, Francisco. Veintidós años. Peluquero. Miembro del grupo Los Audaces, creado por Sinesio Cavada, *Pionero*, intervino en el asesinato del comandante de la Guardia Civil Eugenio Gabaldón Irurzun. Fusilado el 6 de agosto de 1939.

Rodríguez Preciado, Severino. Diecinueve años. Vaciador de profesión, quedó al cargo de la JSU días antes de que acabara la guerra, y al regresar a Madrid José Pena le cedió el mando, quedando él como secretario de organización del Comité Provincial de Madrid. Fusilado el 5 de agosto de 1939.

Santamaría Linacero, Saturnino. Dieciocho años. Defendió la República en los frentes de la Casa de Campo, Guadalajara y Levante. Preso en un campo de concentración, al ser liberado se reincorporó a JSU y pasó a formar parte del grupo Los Audaces. Condenado a muerte y fusilado el 6 de agosto de 1939 por el asesinato del comandante de la Guardia Civil Eugenio Gabaldón Irurzun.

Sotelo Luna, *Cecilio,* Francisco. Cuarenta años. Militante del PCE desde 1933. Preso en el campo de concentración de

Albatera, fue encargado por Jesús Larrañaga y Casto García Rozas, máximos dirigentes del partido en el mismo, de escapar y dirigirse a Madrid para hacerse cargo del partido tras la detención de Matilde Landa. Fusilado el 5 de agosto de 1939.

TORRES LLERA, ANTONIA. Dieciocho años. Militaba en la JSU desde octubre de 1936, y al acabar la guerra se incorporó al sector de Chamartín de la Rosa. Fue la «Rosa» número catorce. Se salvó de ser fusilada porque confundieron su nombre en el parte de ejecución, *Antonio* por *Antonia*, aunque no por ello salvó la vida. Fue fusilada el 19 de febrero de 1940.

TORRES SERRANO, NIEVES. Diecinueve años. Se afilió a la JSU en 1937 y al acabar la guerra fue nombrada secretaria agraria y encargada de la organización en la provincia. Amiga de Virtudes González y Joaquina López Laffite, dos de las «Trece Rosas». Detenida el 15 de mayo de 1939 al ser delatada por un compañero, convivió con las protagonistas de este libro en la cárcel de Ventas hasta que fueron ejecutadas. Fue juzgada el 12 de agosto de 1939 y condenada a la pena de muerte, que le fue conmutada por treinta años de reclusión. Pasó dieciséis años entre rejas, hasta que quedó libre en 1955. Vive en Madrid.

VELLISCA DEL AMO, JULIA. Diecinueve años. Amiga de Julia Conesa, una de las «Trece Rosas». Fue la única de los 57 imputados en la causa 30.426 que no fue condenada a muerte, sino a doce años y un día de reclusión por un delito de auxilio a la rebelión. Cumplió condena en las prisiones de Gerona, primero, y

Málaga, después, donde en 1942 le fue comunicada la reducción de su pena a seis años y, más tarde, la concesión de los beneficios de la prisión atenuada en su domicilio.

Vives Samaniego, María del Carmen. Quince años. Su domicilio en la calle Coloreros 4 fue utilizado por la dirección de la JSU para celebrar reuniones clandestinas al acabar la guerra. Hizo de enlace entre el Comité Provincial de José Pena Brea y los sectores Norte y de Chamartín de la Rosa. Fue acusada por sus compañeras de ser la persona que delató a toda la dirección de la JSU, aunque no hay ningún dato en el sumario que lo avale. Ella misma fue delatada por José Pena y Severino Rodríguez. Dada su edad fue puesta a disposición de la Jurisdicción de los Tribunales de Menores, donde se pierde su pista. Algunos textos memorialísticos sostienen que ingresó en un convento.

# Anexos documentales

Anexo I. Cartas

# Correspondencia desde la prisión de Dionisia Manzanero a su familia

Madrid, 29 de mayo de 1939
Año de la Victoria

Queridos padres y hermanos:

Mi mayor alegría será que al llegar ésta a vuestro poder os encontréis bien, yo quedo estupendamente gracias a Dios.

Ya os he escrito dos cartas y no he tenido contestación a ninguna. Me figuro que es debido al correo, no por la pereza vuestra. No os podéis figurar la alegría que se recibe al tener una carta. Esperamos al cartero como quien espera algo grande, así que creo que sabéis comprender esto y me escribiréis a menudo. Yo no os puedo escribir nada más que los lunes, por eso hoy os escribo y estoy esperando que venga el cartero, porque creo que hoy tendré contestación a la primera.

Con la misma fecha que ésta escribo a Bautista. Ya me diréis qué tal se encuentra su familia y si sabéis algo de Ángel. Me acuerdo mucho de todos. Decirme qué tal está Paquito y el tío. Dar recuerdos a todos de mi parte, y en particular a la familia y a Satur.

Madre, no esté preocupada ni intranquila por mí, que estoy muy bien. Usted coma, que yo saldré pronto. Además, ya les decía que estoy todo el día en un patio que da mucho el sol y me pondré muy morenita.

Hoy les voy a preparar el paquete con las cosas que voy a mandaros. Cuando me mandéis otro paquete, me mandáis alguna bata, porque la blanca y negra está bastante malilla. La falda apenas me la pongo porque todo el día estoy en el suelo y se rompe mucho la ropa y se ensucia y quiero tenerla limpia para cuando me llamen al juicio. Quiero que me digáis el número de teléfono de Faustino, porque cuando vaya a las Salesas puedo telefonearos y me podréis mandar algo allí para comer. Parece que me ha hecho la boca un fraile, pero nos juntamos en la celda seis muchachas con muchas ganas de comer, y hasta ahora sólo nos han podido mandar a otra y a mí. Tampoco quisiera que se os olvidase un poco de sal, el camisón azul clarito y algunas horquillas para el pelo, y si andáis bien de dinero mantequilla para untarla en el pan y tarjetas para escribiros.

Ya no os digo más, pero sí recuerdos a Tomasa, Esteban y demás amigos y vecinos, y vosotros recibir el cariño y besos de vuestra hija, hermana y sobrina que nunca os olvida. Adiós.

Dionisia

6 de junio de 1939
Año de la Victoria

Queridos padres y hermanos:

He tenido carta de casa en la que veo están bien. Igual me encuentro yo, gracias a Dios. He recibido el paquete blanco con ropa y comida y algo de labor. Quiero que me mandéis más y además hilos y una servilleta terminada para muestra. Yo estoy muy bien. No estén intranquilos. Madre, usted coma y piense mucho en mí. Padre, estaría tranquila si me escribe. Quiero saber de tío y Paquito y cómo se encuentra la familia en general. Recuerdos a los tíos y vecinos, a Tomasa y a la familia de Bautista.

Escribirme muy a menudo, que me causa gran alegría. Mandarme una aritmética, una geografía de casa y lapicero. Voy a aplicarme mucho. He mandado con la ropa sucia abrigo, muda, dos pañuelos, tartera, camiseta verde. Mandármelo en cuanto podáis. Maruja, ves a ver a Engracia, vive en Artista 7 (peluquería), es familia de Carmen Barrero, di que está bien y poneros de acuerdo vosotros, nosotras hacemos la vida juntas. No os digo más por no poder. Dar muchos recuerdos a todos de mi parte y recibir un fuerte abrazo y un millón de besos de vuestra hija y hermana.

Dionisia

Señas: Dionisia Manzanero. Cárcel de Ventas, 1.ª Galería derecha, celda 18. Enteraos la comida que me podáis mandar y ropa en la cárcel. Besos a todos.

9 de junio de 1939
Año de la Victoria

Queridísimos padres y hermanos:

Estoy muy contenta por haber recibido en este momento carta vuestra, la que me causa enorme alegría por enterarme que se encuentra bien, pues ésta es la única preocupación mía. Me gustaría que mi detención no perjudicase en nada vuestra vida, aunque la intranquilidad es una de las cosas que no se puede evitar. Pero sabiendo que tanto vosotros como yo estamos bien, no tenéis por qué preocuparos. Yo estoy tranquila (y quiero que en vosotros entre esto también) porque el encontrarme en este estado no es ni por haber robado ni matado, sino que es por mis ideas políticas y esto se solucionará rápidamente, porque nuestro Caudillo no persigue las ideas, sino que sabe hacer justicia con aquellos que hayan cometido crímenes y robos, así que madre, no quiero que sufra usted por mí. Coma y tranquilícese, que yo estoy muy bien.

Ayer, como día del Corpus, hemos tenido una gran procesión a la que hemos acudido todas las mujeres después de acudir a misa, así que yo lo paso muy bien, comiendo sin hacer nada y tomando mucho el sol. Padre, quiero que me escriba usted alguna letra para saber si se encuentra bien, que sea lo que deseo. Dé recuerdos a todos los tíos de mi parte.

Esperancita, guapísima, para que veas, te escribo a ti la primera, para que veas que me acuerdo de ti, ya que siempre te dejan para la última. Veo que tienes gran preocupación por mi pelo, pero te voy a poner al detalle de cómo voy. Los cabellos que tenía me han crecido bastante y me peina una amiga mía (que se llama Virtudes, que está en mi celda) con una honda delante y desde arriba, todo alrededor con bucles muy bien. Parezco otra, me estoy modernizando. Si me ves ayer no me conoces. Me vestí con el vestido azul, zapatos blancos y el peinado para ir a la procesión. Casi todas se cortan el pelo y, sin embargo, yo me lo quiero dejar largo mientras pueda. Me alegro mucho de que Satur esté bien, ya me diréis si escribe, qué tal se encuentra.

Maruja, estoy muy contenta porque veo que estás preocupándote mucho de mí, pero quiero que dediques más tiempo a entretener y distraer a madre, que me parece que estará sufriendo mucho, que yo estoy muy bien. Además lo paso muy entretenido, que tengo hechos los pañitos y quiero que me mandéis las servilletas que hay y una terminada con el bordado, el dibujo, bastidor y las sedas correspondientes, las justas sólo. Y para las zapatillas, como mejor queráis vosotras y un ganchillo. Pero no me dices si has recogido el abrigo con la ropa sucia. Tú no te preocupes que yo te mandaré todo cuanto tengo sucio, primero porque aquí no hay muchos medios de hacerlo y, además, que en casa se puede desinfectar mejor con agua caliente y al sol.

Oye, no sé quién es esa chica que se llama Maruja que quieres que me entere cuándo comunica. Ya me darás más señas. Jabón casi no tengo, pero todavía no he llegado a criar corteza. Todos los días me doy un hermoso baño. Me alegro grandemente el que escribas a Bautista. Yo también le he escrito desde aquí y estoy esperando carta suya, a pesar que tú le debes dar mis señas por si han cambiado las que yo sabía, voy a mandar junto con esta una nota para él, por si da la casualidad que llega a tiempo de cuando tú escribas.

Juan, ¿qué tal te encuentras? ¿Estás cacha? Pues debes procurar engordar para cuando tengas labor poder dar el resto y no sofocarte. Me alegro que me hayas terminado el vestido, ya sabes que me lo probaste tú, pero quizá me estará algo estrecho, lo ensanchas y me lo mandáis, que si tiene algo yo lo arreglaré aquí. Procurar mandarlo en forma que no se arrugue mucho. Quiero que me mandes el camisón azul, viejo, el que cortaste la manga, y me vas arreglando el de franela como quieras, pero que no me esté tan grande, a tu medida. Si te acuerdas, para más adelante (ahora no) me mandas la combinación amarilla con el encaje y los hilos y la hoja del figurín.

Di a José que procure comer mucho, que no hay derecho a que hagáis cargar a la hermana como un burro con la leña. Dar besos a Paquita (sobrina) y recuerdos a los de casa, y a casa de la Teo.

Pedrín, escríbeme y dime qué tal eres, si eres más aplicado, y recoge unos besos que te mando en la carta para ti y los repartes entre tus amigos.

Dar recuerdos a casa tíos Mariano, Felipe, Petra, tía Eusebia, en fin, a toda la familia y a mis primos. Díganme si saben algo de tía Juana, del tío y Paquito.

Me parece que ya está bien, ¿eh? Dar recuerdos a todos los que pregunten por mí, a los vecinos, a Tomasa y familia, y vosotros recibir el cariño, con besos y abrazos de vuestra hija y hermana que jamás os olvidará.

Si queréis daros un paseo el domingo os pasáis por ésta y dais vueltas alrededor hasta llegar a un campo y os veré desde la ventana.

Recuerdos de todas mis amigas de celda y de Pepa.

¡Arriba España! ¡Viva Franco! ¡Franco! ¡Franco! ¡Franco!

21 de junio de 1939
Año de la Victoria

Queridos padres y hermanos:

Esta vez os escribo con más alegría, pues haber comunicado con ustedes el día que me correspondía, y al día siguiente de ésta recibí carta de casa a la que contesto hoy.

Como habrán observado yo me encuentro perfectamente bien. No he estado mala ningún día, digo sí, nos han puesto a todas una vacuna, a mí me ha prendido y estuve un día con un poco de fiebre, pero rápidamente se me ha corregido. Del reuma todavía no he sentido nada en absoluto, pero de todas formas cuando podáis (no corre prisa) me mandáis el salicilato ¡por si las moscas!

Me habéis preguntado varias veces si quería colchón y siempre os he contestado que no, es que tenía una de las chicas de mi celda, ahora la han trasladado y quisiera que miraseis los modos de mandarme uno a mí, pero si no podéis de lana, de paja, que sea del tamaño de la cama turca.

Pasamos el tiempo muy entretenidas, nos juntamos en la misma celda cuatro modistas y tenemos siempre alguna cosa que hacer, batas, delantales, vestiditos de niña, etc., así no nos aburrimos. Juanita, te vamos a superar.

Dar recuerdos a los tíos y toda la familia y vecinos. Decirme algo de tío y Paquito, pero lo que sea. A ver si procura Paquita (de José) venir a verme, y mandarme los libros que os dije y un cubo (aunque sea viejo). Es para lavarnos. Decirme si ha escrito Bautista. Yo tuve una carta del día 6 y no sé nada más. Recibir besos y abrazos de vuestra hija y hermana.

Dionisia

Carta dirigida a su novio
4 de agosto de 1939

Queridísimo cariño:

Primeramente unas letras todas llenas de cariño de tu nena, y quiero que me perdones por no haberte escrito antes, pues no ha sido porque no he querido, sino que me ha sido imposible. Pero, sin embargo, hoy me ha llegado la hora de manifestarte otra vez todo cuanto te quiero, y todo cuanto he sufrido por no haber podido estar a tu lado durante este largo tiempo, que me parece que han transcurrido dos siglos.

No hace falta que me lo digas, sé y adivino que a ti te pasa exactamente igual que a mí, pero no tengas pena ni sufras ni nada en absoluto, tú procura conservar la salud y ponerte bien de tu enfermedad.

Mi única preocupación en estos momentos, y es lo que siento enormemente y de corazón, es no poderme despedir de ti. No creo que haga falta decirte más. Ayer he celebrado mi juicio y es lo que ha recaído sobre mí. De todas formas se ha remarcado mi inocencia bastante por el defensor, y esto me hace tener esperanza de que puedan hacer algo ante mi situación.

Quiero que al leer estas letras, y a pesar de todo el dolor que te puedan causar mis palabras, que tan duras son al llegar de una persona que tanto se quiere, ahogues las lágrimas en la garganta, piensa que no me acusan de ningún crimen, sino por mi idea política, cosa que la justicia del Caudillo no castiga.

Pero espero que Dios y él sepan, como anteriormente te digo, comprobar la inocencia que en mí hay, y de lo que me acusan. Por esto quiero que te sientas tranquilo y sereno, que no te tiemble la voz al leer, lo mismo que a mí no me tiembla el pulso al escribirlo. Piensa que tenemos que conservar fuerzas y energías para que si podemos estar juntos algún día podamos ayudar al Generalísimo a reconstruir España y a trabajar por la Revolución Nacional Sindicalista.

Sé que es un trago fuerte y duro el decirte mi situación tan fríamente, pero comprendo que es tontería el negarte nada, ya sabes que siempre me ha gustado decírtelo todo y comprendo que tenemos que ser capaces de soportar todo cuando sobre nosotros recaiga.

Mi familia ya lo sabe, pues mis hermanas y mi padre estuvieron presenciando el juicio, así que eres tú la única persona de mi cariño que faltaba el saber mi situación.

Cariño mío, no tengas pena, te sigo queriendo cada vez más, me acuerdo mucho de ti, pero no te preocupes, que yo mientras conserve la vida te escribiré a menudo para que no exista tanta intranquilidad en ti.

Sin más por hoy, recibe todo el cariño que sabes te tiene tu nena, y un millón de besos y abrazos de tu cariño. Adiós.

Dioni[109]

Sin fecha, aunque por su contenido se deduce
que está escrita en capilla, horas antes de su ejecución,
en la noche del 4 de agosto de 1939

Queridísimos padres y hermanos:

Quiero en estos momentos tan angustiosos para mí poder mandaros las últimas letras para que durante toda la vida os acordéis de vuestra hija y hermana, a pesar de que pienso que no debiera hacerlo, pero las circunstancias de la vida lo exigen.

Como habéis visto a través de mi juicio, el señor fiscal me conceptúa como un ser indigno de estar en la sociedad de la Revolución Nacional Sindicalista.

Pero no os apuréis, conservar la serenidad y la firmeza hasta el último momento, que no os ahoguen las lágrimas, a mí no me tiembla la mano al escribir. Estoy serena y firme hasta el último momento.

Pero tened en cuenta que no muero por criminal ni ladrona, sino por una idea.

A Bautista le he escrito, si le veis algún día darle ánimos y decirle que puede estar orgulloso de mí, como anteriormente me dijo.

109. La carta contiene una anotación al final de la misma que dice así: «A las 7 de la mañana del día 5 se ha cumplido la sentencia. Ha sabido morir como ha sido siempre». La nota en cuestión tiene la misma letra que la carta, lo que hace suponer que esta misiva fue dictada por Dionisia a alguna compañera, que se encargó después de dar cuenta de su ejecución antes de hacerla llegar a su familia.

A toda la familia igual, como no puedo despedirme de todos en varias cartas, lo hago a través de ésta. Que no se preocupen, que el apellido Manzanero brillará en la historia, pero no por el crimen.

Nada más, no tener remordimiento y no perder la serenidad, que la vida es muy bonita y por todos los medios hay que conservarla.

Madre, ánimo y no decaiga. Vosotros ayudar a que viva madre, padre y los hermanos. Padre, firmeza y tranquilidad.

Dar un apretón de manos a toda la familia, fuertes abrazos como también a mis amigas, vecinos y conocidos.

Mis cosas ya os las entregarán, conservar algunas de las que os dejo.

Muchos besos y abrazos de vuestra hija y hermana que muere inocente.

Dioni

Queridísimo hermanillo:

Recibe muchos besos de tu hermana, que en estos momentos pierde la vida, pero no te preocupes, yo tengo tranquilidad. Tú tienes diez años y te queda mucho por vivir y ver, por esto sé que no debéis sufrir, y tú menos. Me vengarás algún día, cuando tú te enteres por qué muere tu hermana.

Cuídate mucho, cariño, recibe besos de tu hermana con todo el corazón. Salud.

Dioni

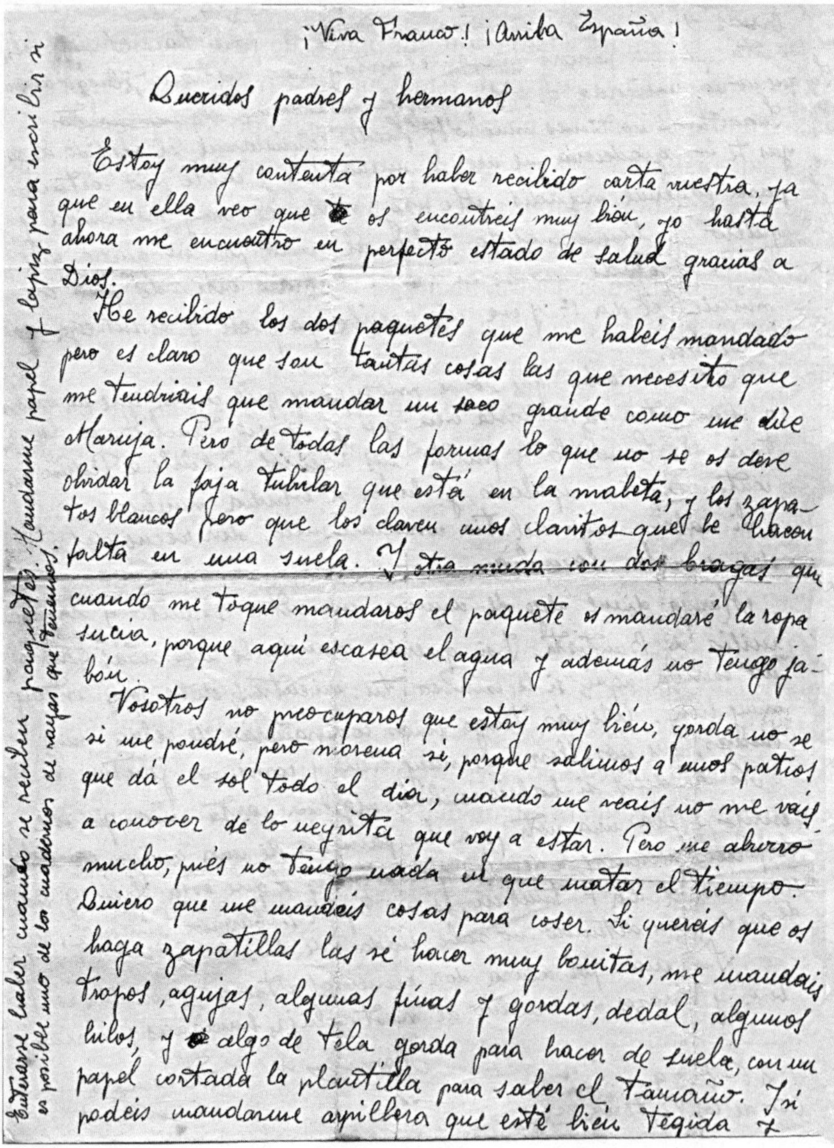

¡Viva Franco! ¡Arriba España!

Queridos padres y hermanos

Estoy muy contenta por haber recibido carta vuestra, ya que en ella veo que os encontréis muy bién, yo hasta ahora me encuentro en perfecto estado de salud gracias a Dios.

He recibido los dos paquetes que me habeis mandado pero es claro que son tantas cosas las que necesito que me tendriais que mandar un saco grande como me dice Maruja. Pero de todas las formas lo que no se os deve olvidar la faja tubular que está en la maleta, y los zapatos blancos pero que los claven unos clavitos que le hacen falta en una suela. ~~Y otra muda con dos bragas que~~ cuando me toque mandaros el paquete os mandaré la ropa sucia, porque aquí escasea el agua y además no tengo jabón.

Vosotros no preocuparos que estoy muy bién, gorda no se si me pondré, pero morena sí, porque salimos a unos patios que dá el sol todo el día, cuando me veais no me vais a conocer de lo negrita que voy a estar. Pero me aburro mucho, pués no tengo nada ni que matar el tiempo. Quiero que me mandeis cosas para coser. Si quereis que os haga zapatillas las sé hacer muy bonitas, me mandais trapos, agujas, algunas finas y gordas, dedal, algunos hilos, y algo de tela gorda para hacer de suela, con un papel cortada la plantilla para saber el tamaño. Y si podeis mandarme arpillera que esté bién tegida y

Enterarse haber cuando se reciben paquetes. Mandarme papel y lápiz para escribir si es posible uno de los cuadernos de rayas que tenemos.

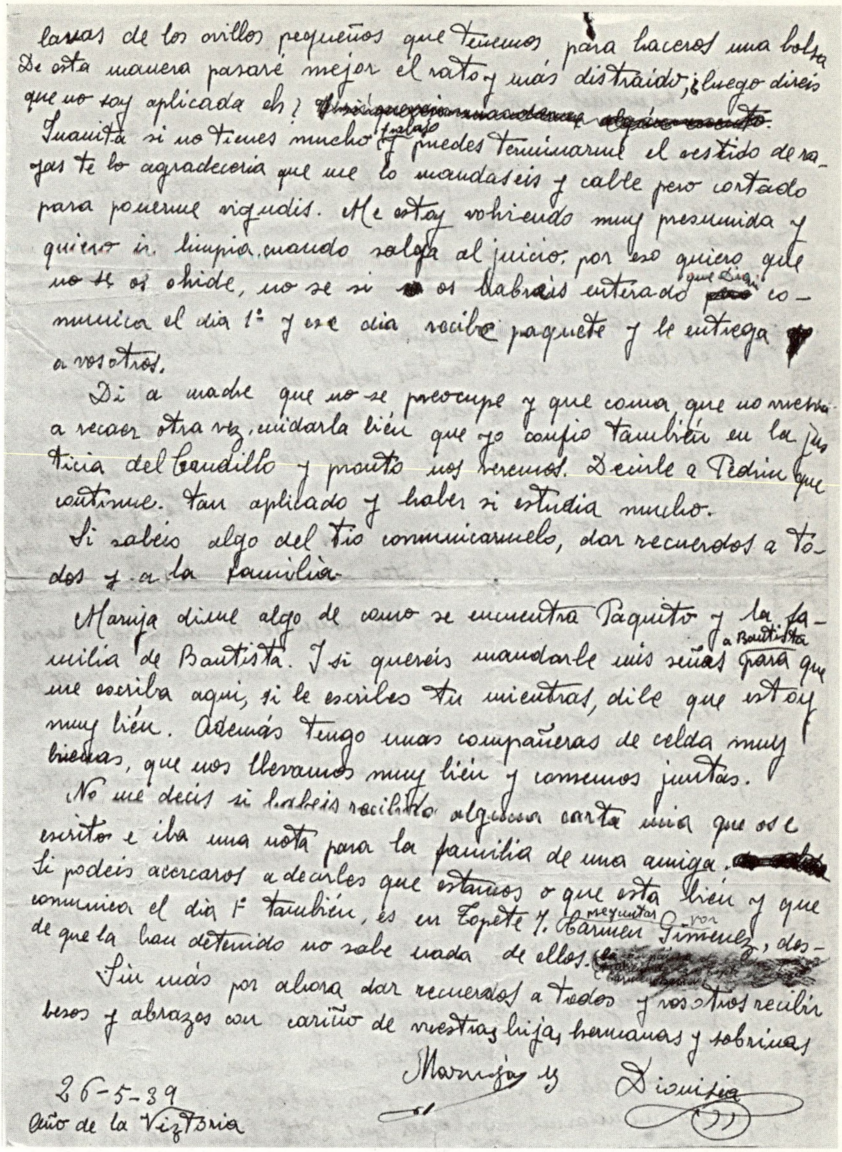

lanas de los ovillos pequeños que tenemos para haceros una bolsa. De esta manera pasaré mejor el rato y más distraído, ¿luego diréis que no soy aplicada eh?

Juanita si no tienes mucho trabajo y puedes terminarme el vestido de rayas te lo agradecería que me lo mandaseis y calle pero cortado para ponerme vigudis. Me estoy volviendo muy presumida y quiero ir limpia cuando salga al juicio, por eso quiero que no se os olvide, no se si os habrais enterado que Luisi comunica el dia 1º y ese dia recibe paquete y le entrega a vosotros.

Di a madre que no se preocupe y que coma que no vuelva a recaer otra vez, cuidarla bien que yo confio tambien en la justicia del Caudillo y pronto nos veremos. Decirle a Pedrin que continue tan aplicado y haber si estudia mucho.

Si sabeis algo del tio comunicarmelo, dar recuerdos a todos y a la familia.

Maruja dime algo de como se encuentra Paquito y la familia de Bautista. Y si quereis mandarle mis señas a Bautista para que me escriba aqui, si le escribes tu mientras, dile que estoy muy bien. Además tengo unas compañeras de celda muy buenas, que nos llevamos muy bien y comemos juntas.

No me decis si habeis recibido alguna carta mia que os escribí e iba una nota para la familia de una amiga. Si podeis acercaros a decirles que estamos o que esta bien y que comunica el dia 1º tambien, es en Zopete 7. preguntar por Carmen Gimenez, desde que la han detenido no sabe nada de ellos.

Sin más por ahora dar recuerdos a todos y vosotros recibir besos y abrazos con cariño de vuestras hija, hermanas y sobrinas

Maruja y Dionisia

26-5-39
Año de la Victoria

Carta manuscrita de Dionisia Manzanero a su familia transcrita en el capítulo 12.

Anexo II. Cartas

# Correspondencia desde la prisión de Julia Conesa Conesa con su madre, Dolores Conesa

Madrid, 21 de junio de 1939

Queridas hermanas y mamá, me alegraré que al recibo de estas letras estéis bien, yo me encuentro bien, gracias a Dios. Mamá, hoy día 21, me han dado una mala noticia del muchacho rubio... y está la madre conmigo, fue muerto. Para esta madre no tiene consuelo y todas las que le conocimos tenemos mucho disgusto. Mamá, el día 1 vienes con la madre de Loli. Darás muchos recuerdos a mis hermanos y sobrinos y a todos, y tú recibes lo que quieras de tu Juli, que no te olvida.

Julia

Sin fecha

Querida mamá y hermanas, me alegraré que al recibo de estas alegres letras estéis bien, yo me encuentro muy bien.

Chatilla, muchos ánimos, que yo no dejo de reír y de cantar, en fin, ya comprendes lo que soy yo.

Hacer todo lo que sea por mí, pues como podéis comprender todos, que soy necesaria para ayudar a mamá a trabajar. Mama, irás junto con las madres de mis amigas, o sea, con Adelina García y Julia Vellisca, pues no separarse y hacer todo lo que podáis las tres juntas, todo por nosotras, e ir a las Salesas y mirar la tablilla de penados, pues como podéis comprender, somos inocentes de todo, yo os lo aseguro.

Decírselo a todos los que puedan hacer por nosotras algo.

Pues en estos momentos me acuerdo mucho de vosotros.

Antonio, Trini, tíos todos, abuela, hacer por mamá todo lo que podáis, que ella es muy buena, ya lo sabéis todos, y a mis queridas sobrinas, que sean muy buenas y que se acuerden mucho de mí, que yo cada vez que veo una niña me acuerdo mucho de ellas.

Con el corazón lleno de alegría porque sé que ninguno de mi familia llorará por mí, al menos espero eso de todos.

Me despido de todos con mucho ánimo, y en particular de mamá con muchos besos y abrazos para todos de vuestra hermana, sobrina, nieta e hija, que no os olvida, ni ahora, ni siempre, ni jamás.

Julia Conesa

Solicitud de indulto
Madrid, 3 de agosto de 1939

Excmo. Sr. Don Francisco Franco Bahamonde, Jefe del Estado Español e Invicto Generalísimo de los Ejércitos Españoles de Tierra, Mar y Aire.

Excelentísimo señor:

La que suscribe, Julia Conesa Conesa, de diecinueve años de edad, natural de Oviedo, con domicilio en Madrid, Galería de Robles número 5, en la actualidad recluida en la prisión de mujeres de dicha capital, con la mayor humildad llega a las plantas de V. E. para suplicar clemencia, fiada en la estricta justicia que el glorioso Caudillo ha prometido a los españoles, por lo que respetuosamente expone:

En el día de hoy se le ha seguido consejo de guerra por el Tribunal Permanente número 8, Sala número 1, del Palacio de Justicia, y en descargo de las acusaciones que se le imputan manifiesta que perteneció a las llamadas Juventudes Socialistas Unificadas desde finales del año 1937, habiendo ingresado movida tan sólo por seguir los cursos de gimnasia y deportes que en esta organización se daban. Su actuación en dicha organización se ha limitado, por tanto, a ser monitora de cultura física y secretaria deportiva del Sector Oeste durante un mes.

Jamás intervino en ninguna otra actividad que no fuera relacionada con el deporte, y desde primeros del año 1938 abandonó por completo dicha organización, principalmente durante los 8 o 9 meses anteriores a la terminación de la guerra en que, a causa de la apurada situación económica de su familia, y por tener que subvenir a las necesidades de su hogar, para mantener a su madre viuda y soportar los gastos de enfermedad de una hermana que falleció estando ya detenida la que suscribe (12-5-39) tras larga y penosa dolencia, trabajó como cobradora en la Sociedad Madrileña de Tranvías, hasta que dicha sociedad prescindió de sus servicios por haber vuelto a cubrir sus vacantes con personal masculino.

Durante el transcurso de la guerra no ha tenido actividad alguna que perturbase el Movimiento Nacional-Sindicalista.

Después del triunfo del Ejército Nacional, como en los 8 o 9 meses que precedieron a éste ha permanecido, como queda indicado, al margen de toda actividad aún del género deportivo, ignorando lo que haya ocurrido después de esta fecha.

Ha sido sorprendida al pedirse para ella la pena de muerte, pues el señor Fiscal en sus acusaciones se ha concretado a hablar sobre la declaración anterior y no ha mencionado para nada, como imputación, los delitos del grupo de inculpados dentro del cual ha juzgado su caso, y a los cuales desconoce en absoluto la que suscribe.

Por todo lo que antecede, y habiendo recaído en la declarante la pena capital, que de ningún modo cree merecer,

Suplica a V. E. que una vez más haga gala de la generosidad e hidalguía innata en nuestros antepasados y orgullo de la raza hispana, fiando en el perdón de la misma por la recta justicia del Ilustre Caudillo.

Por Dios, por España y por su Revolución Nacional-Sindicalista.

Julia Conesa

Madrid, 4 de agosto de 1939

Querida mamá y hermanos, me alegraré que al recibo de estas alegres letras estés bien, yo bien gracias a Dios.

Mamá, espero que no llores, pues como puedes comprender soy y somos inocentes de todo lo ocurrido.

Antonio, hacer todo por mamá, que es la única persona que si ella faltase en el mundo, qué sería de mí. Cuidarla mucho, que no se ponga mala.

Tíos, igual que se lo digo a mis hermanos os lo digo a vosotros, ya sabéis que ella es buena, yo os lo aseguro.

Mamá, espero que vayas a casa de mis amigas y vayáis juntas a todos los lados, pues pensar que soy inocente, que yo ignoraba todo igual que mis amigas, la Adelina y Julia.

Irás a las Salesas y mirarás las tablillas de penados, y hacer cada uno de vosotros, o sea, los tíos y tú, solicitando el indulto, y ponéis que Julia Conesa, natural de Oviedo, edad diecinueve años, bueno ya sabéis cómo hacer todo. Hacerlo, no lo dejéis de la mano.

Mamá, no pienses en nada, que todo se arreglará y pronto nos abrazaremos.

Mira, yo río y canto y no pienso en nada.

Mamá, necesito avales para que vaya junto con firmas de los vecinos y ves a ver a todas las personas que conozcas, pues es de mucha urgencia lo nuestro.

Hacer todo lo que podáis por mí, y personas que respondan por mí.

Mamá, ánimo y no llores, que tú has sido siempre muy fuerte, y no te vayas a poner mala.

Mamá, pedir inmediatamente revisión de causa para las tres, pero lo más pronto posible.

Bueno, con todo el cariño me despido de todos, que nunca os olvida ni ahora, ni siempre, ni jamás, vuestra hija, hermana y sobrina.

Julia Conesa

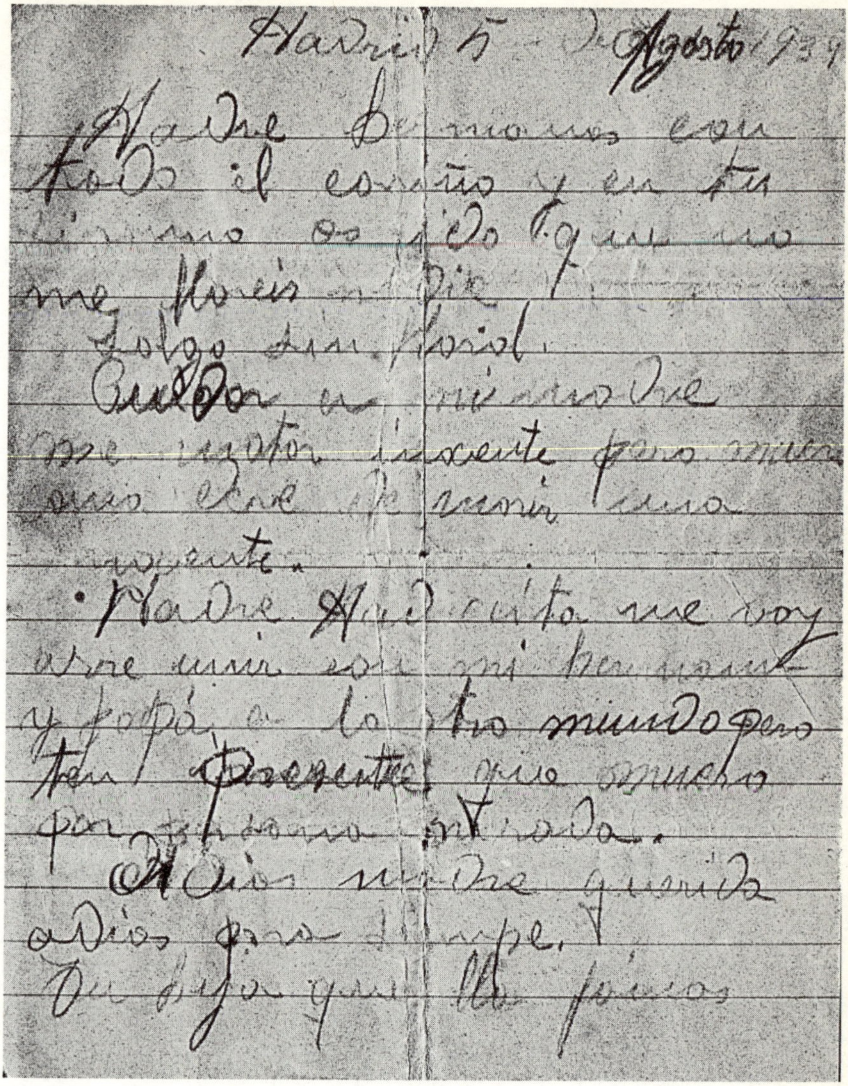

Madrid 5 de Agosto 1939

Madre hermanos con todo el cariño y entusiasmo os pido que no me lloréis nadie.
Salgo sin llorar.
Cuando me maten inocente pero muero como debe morir una inocente.
Madre madrecita me voy a reunir con mi hermana y papá a lotro mundo pero ten presente que muero por persona honrada.
Adiós madre querida adiós para siempre.
Tu hija que ya jamás

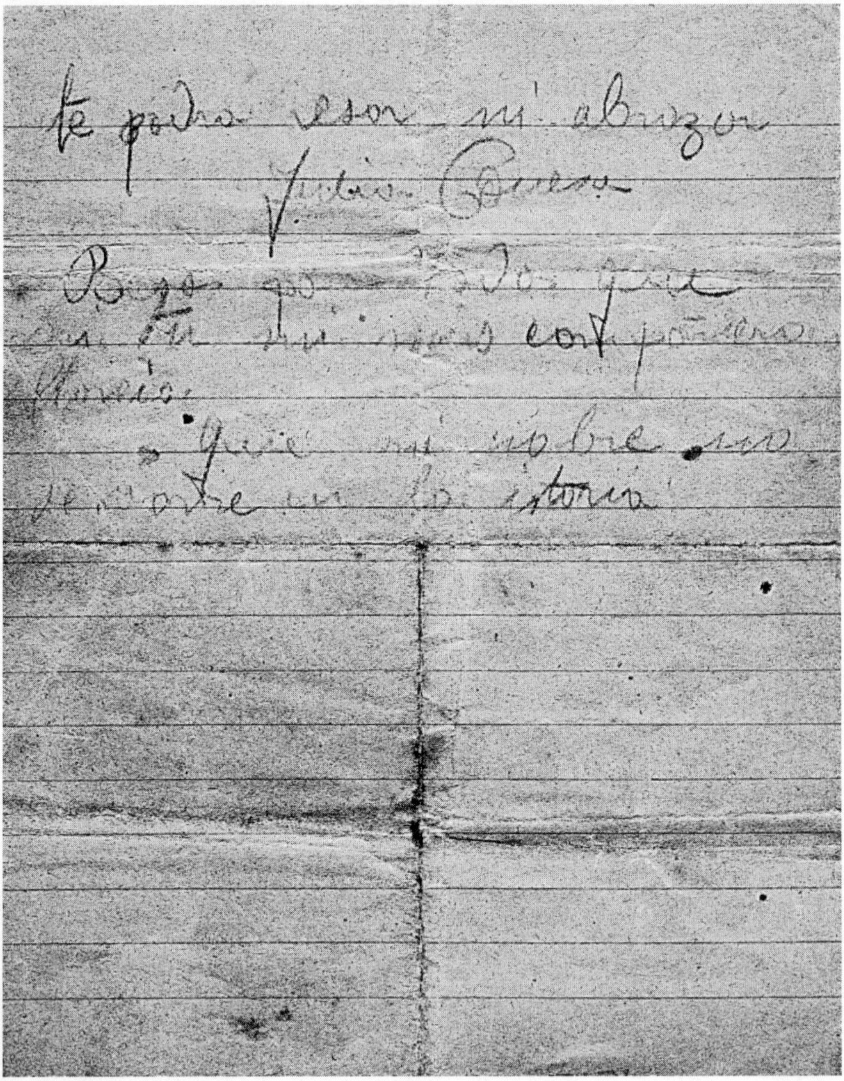
te podrá besar ni abrazar
Julia Conesa
Besos para todos, que
ni tú ni mis hermanas lloréis
Adiós
Que mi nombre no
se borre en la historia

5 de agosto de 1939, el adiós de Julia Conesa a su familia.

Madrid, 5 de agosto de 1939

Madre, hermanos, con todo el cariño y entusiasmo os pido que no me lloréis nadie. Salgo sin llorar. Cuidar a mi madre. Me matan inocente, pero muero como debe morir una inocente.

Madre, madrecita, me voy a reunir con mi hermana y papá al otro mundo, pero ten presente que muero por persona honrada.

Adiós, madre querida, adiós para siempre.

Tu hija, que ya jamás te podrá besar ni abrazar.

Julia Conesa

Besos para todos, que ni tú ni mis compañeras lloréis.

Que mi nombre no se borre en la historia.

## Correspondencia de Blanca Brisac

Carta a su hijo. Sin fecha

Esta carta la escribió Blanca para su hijo Enrique. La metió en un sobre azul en el que ponía: «Para entregar a mi hijo Enrique García Brisac en el día y hora que se crea conveniente».

«Querido, muy querido hijo de mi alma. En estos últimos momentos tu madre piensa en ti. Sólo pienso en mi niñito de mi corazón que es un hombre, un hombrecito, y sabrá ser todo lo digno que fueron sus padres. Perdóname, hijo mío, si alguna vez he obrado mal contigo. Olvídalo, hijo, no me recuerdes así, y ya sabes que bien pesarosa estoy.

»Voy a morir con la cabeza alta. Sólo por ser buena: tú mejor que nadie lo sabes, Quique mío.

»Sólo te pido que seas muy bueno, muy bueno siempre. Que quieras a todos y que no guardes nunca rencor a los que dieron muerte a tus padres, eso nunca. Las personas buenas no guardan rencor y tú tienes que ser un hombre bueno, trabajador. Sigue el ejemplo de tu papachín. ¿Verdad, hijo, que en mi última hora me lo prometes? Quédate con mi adorada Cuca[110] y sé siempre para ella y mis hermanas un hijo. El día de mañana, vela por ellas cuando sean viejitas. Hazte el deber de velar por ellas cuando seas un hombre. No te digo más. Tu padre y yo vamos a la muerte orgullosos. No sé si tu padre habrá confesado y comulgado, pues no le veré hasta mi presencia ante el piquete. Yo sí lo he hecho.

»Enrique, que no se te borre nunca el recuerdo de tus padres. Que te hagan hacer la comunión, pero bien preparado, tan bien cimentada la religión como me la enseñaron a mí. Te seguiría escribiendo hasta el mismo momento, pero tengo que despedirme de todos. Hijo, hijo, hasta la eternidad. Recibe después de una infinidad de besos el beso eterno de tu madre. Blanca.»[111]

La misiva concluía con una posdata que decía: «Te envío, hijo, una de mis trenzas. Guarda mi libro de misa y una pajarita que te envío, y mis medallas».

110. El diminutivo con el que llamaba a su madre.

111. La carta ha sido facilitada al autor por Enrique García Brisac, hijo de Blanca.

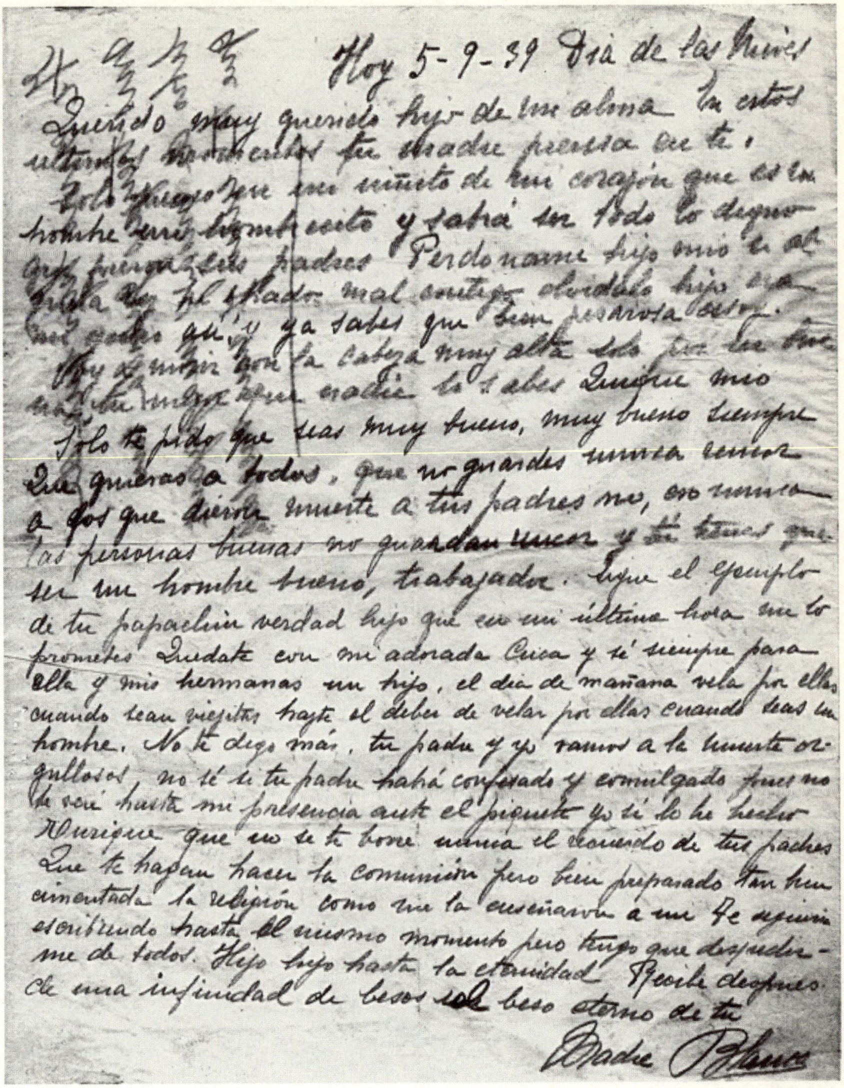

Hoy 5-9-39 Día de las Nieves

Querido muy querido hijo de mi alma en estos últimos momentos tu madre piensa en ti.

Solo [illegible] que mi [illegible] de mi corazón que es tu hombre [illegible] cierto y sabrá ser todo lo digno [illegible] padres Perdóname hijo mío [illegible] mal contigo olvídalo hijo [illegible] aquí y ya sabes que bien pesarosa estoy.

Voy a morir con la cabeza muy alta solo por tu [illegible] nadie lo sabes Enrique mío

Solo te pido que seas muy bueno, muy bueno siempre Que quieras a todos, que no guardes nunca rencor a los que dieron muerte a tus padres no, eso nunca las personas buenas no guardan rencor y tú tienes que ser un hombre bueno, trabajador. Sigue el ejemplo de tu papaclin verdad hijo que en mi última hora me lo prometes Quédate con mi adorada Cuca y sé siempre para ella y mis hermanas un hijo, el día de mañana vela por ellas cuando sean viejitas hazte el deber de velar por ellas cuando seas un hombre. No te digo más, tu padre y yo vamos a la muerte orgullosos, no sé si tu padre habrá confesado y comulgado pues no le veré hasta mi presencia ante el piquete yo sí lo he hecho Enrique que no se te borre nunca el recuerdo de tus padres Que te hagan hacer la comunión pero bien preparado tan bien cimentada la religión como me la enseñaron a mí Te seguiría escribiendo hasta el mismo momento pero tengo que despedirme de todos. Hijo hijo hasta la eternidad Recibe después de una infinidad de besos [illegible] beso eterno de tu

Madre Blanca

Carta de Blanca Brisac a su hijo Enrique la víspera de ser fusilada.

Anexo III. Cartas

# Acta del consejo de guerra

En la plaza de Madrid, a tres de agosto de mil novecientos treinta y nueve. Año de la Victoria.

Reunido el Consejo Permanente de Guerra número 9 para ver y fallar la causa número 30.426, correlativo de pares al 30.428, siendo presidente el coronel de Infantería, Sr. Cerdeño Gurich, asistiendo como vocales los señores Sigüenza Plata y Feingenpans Ruiz, capitanes, y el teniente Sr. Sarte Julia, y ponente el Sr. García Marco, siendo parte el Ministerio Fiscal y con asistencia de los procesados (aquí el nombre de los 57 acusados).

Seguidamente el señor Fiscal y defensor pronuncian sus informes de acusación y defensa, sosteniendo el primero que todos los procesados anteriormente son responsables de un delito de adhesión a la rebelión previsto y penado en el artículo 238 del Código de Justicia Militar, en relación con el 3.º del Bando y en los que concurren las circunstancias agravantes de trascendencia de los hechos y peligrosidad del artículo 173 del citado Cuerpo legal; el defensor expuso que no son de apreciar en todos los casos las circunstancias de agravación citadas por el señor Fiscal, y solicita se estudie atentamente la actuación de cada uno de los procesados, por apreciar que existen muchos casos de complicidad entre los señalados por el señor Fiscal como autores.

Preguntados los procesados por el señor Presidente si tienen algo que exponer o alegar, todos ellos se ratifican en sus declaraciones sumariales, excepto José Gutiérrez González y Severino Rodríguez Preciado, que no hacen manifestación alguna.

A continuación, el señor Presidente declara constituido el consejo en sesión secreta para deliberar y dictar sentencia.

Anexo IV. Cartas

# Sentencia

En la plaza de Madrid, a 3 de agosto de 1939, Año de la Victoria. Reunido el Consejo de Guerra Permanente número 9 para ver y fallar la causa número 30.426, que por el procedimiento sumarísimo de urgencia se ha seguido contra los procesados José Pena Brea y 57 más, todos ellos mayores de edad penal y cuyas demás circunstancias constan en el presente sumario. Dado cuenta de los autos por el Sr. Secretario, oídos los informes del Ministerio Fiscal y de la Defensa, y las manifestaciones de los procesados, presentes en el acto de la vista, y

RESULTANDO probado, y así lo declara el Consejo, que los procesados, miembros de las JSU y del Partido Comunista con enlace para ejecutar en nuestra patria órdenes emanadas del extranjero, tenían por misión hacer fracasar las instrucciones político-jurídicas de nuestro Estado Nacional, para lo cual circularon las órdenes necesarias a fin de organizarse nuevamente y poder actuar en aquellas misiones que pudieran producir aquellos actos delictivos que vulnerasen en cuanto fuese posible el orden social y jurídico de la Nueva España, conjurando para ello la recogida de armas, recaudación de dinero y actos de fuerza y de propaganda consecuentes a tal fin, y tratando de infiltrarse en las filas de FET y de las JONS y del Ejército, siendo dirigida toda esta actuación criminal por el Comité Provincial, con la ayuda eficaz de las jóvenes afiliadas a las referidas JS.

RESULTANDO probado, y así lo declara el Consejo, que el procesado JOSÉ PENA BREA es el secretario general del Comité

Provincial de las JSU, perteneciendo al Partido Comunista desde 1936, dedicándose a organizar, en contacto con dicho partido, las referidas JSU

RESULTANDO, y así lo declara el Consejo, que el procesado FEDERICO BASCUÑANA SÁNCHEZ era el enlace entre el Partido Comunista y las JSU, recibiendo consignas del Comité Nacional, siendo autor o mejor responsable de los actos de sabotaje.

RESULTANDO, y así lo declara el Consejo, que el procesado SEVERINO RODRÍGUEZ PRECIADO ha sido de los más activos de la organización marxista, siendo el secretario general de la organización y miembro del Comité Provincial.

RESULTANDO probado, y así lo declara el Consejo, que la procesada PILAR BUENO IBÁÑEZ es miembro del Comité Provincial, teniendo por misión la de favorecer mediante suscripciones a los presos y ayudar a la recogida de armas, así como organizar la sección femenina.

RESULTANDO probado, y así lo declara el Consejo, que el procesado RUBÉN MUÑOZ ARCONADA era el secretario de Agitación y Propaganda del Comité Provincial de las JSU, actuando también durante la guerra de secretario general de una brigada, habiendo planeado un atraco en la tienda de ultramarinos de la calle Dulcinea, para lo que le fue entregada por López del Pozo una pistola, siendo autor de la propaganda y el enlace con los secretarios de agitación de cada sector.

RESULTANDO probado, y así lo declara el Consejo, que el procesado ANTONIO LÓPEZ DEL POZO, voluntario en el batallón de milicias Las Águilas y miembro de las JSU al terminarse la guerra, y puesto al habla con Severino y otros dirigentes de las Juventudes, tenía el encargo de establecer contacto con otras organizaciones y anotar nombres que pudieran filtrarse en FET de las JONS, constituyendo un servicio que actuara dentro de dicha organización nacional.

RESULTANDO probado, y así lo declara el Consejo, que la procesada VIRTUDES GONZÁLEZ GARCÍA de las JSU era la secretaria femenina del club Pablo Vargas y del Comité Provincial, trabajando clandestinamente con López Laffite en la organización femenina, entrevistándose con los dirigentes en el metro de Ríos Rosas.

RESULTANDO probado, y así lo declara el Consejo, que la procesada JOAQUINA LÓPEZ LAFFITE era enlace del Comité Provincial de las JSU, recibiendo en su casa las contraseñas de cada día, siendo además el lugar de la cita de los elementos dispersos, y formando parte del Comité Provincial, donde desempeñaba el cargo de secretaria femenina y de secretaria general.

RESULTANDO probado, y así lo declara el Consejo, que el procesado JOSÉ GUTIÉRREZ GONZÁLEZ formó parte de una brigada de guerrilleros rojos en los frentes de Guadarrama, pasando varias veces a la zona Nacional disfrazado de Guardia Civil, habiéndole sido encontradas por la policía diversas armas y ejerciendo el cargo de secretario responsable militar del sector Norte, teniendo el mando de seis escuadras por él organizadas.

RESULTANDO probado, y así lo declara el Consejo, que el procesado FRANCISCO SOTELO LUNA, perteneciendo al Partido Comunista y a las JSU, se ausenta de Sevilla al ser tomada la población por las tropas nacionales, desembarcando en San Juan de Nieva y actuando voluntario en el Ejército rojo, así como en unión de una tal Luisa en los trabajos de organización de las JSU.

RESULTANDO probado, y así lo declara el Consejo, que el procesado JOSÉ LUIS SANABRIA MUÑOZ, del Partido Comunista desde 1936, una vez terminada la guerra y puesto en comunicación con Cecilio Sotelo se ha dedicado a organizar el Partido Comunista, colaborando con todos sus elementos.

RESULTANDO probado, y así lo declara el Consejo, que el procesado VALENTÍN OLLERO PAREDES era el secretario general del sector Oeste de las JSU.

RESULTANDO probado, y así lo declara el Consejo, que el procesado FRANCISCO MONTILLA TORRES, voluntario del Ejército rojo, ostentaba el cargo de secretario general del sector Este.

RESULTANDO probado, y así lo declara el Consejo, que la procesada CARMEN BARRERO AGUADO, perteneciente al Partido Comunista, se entrevistó con Sotelo, pasando a trabajar en la colectividad con el Partido Comunista, confeccionando un plan de trabajo para la sección femenina.

RESULTANDO probado, y así lo declara el Consejo, que la procesada DIONISIA MANZANERO SALAS era el enlace de Bascuñana para el contacto con las diversas ramas de las organizaciones de las JSU y Partido Comunista.

RESULTANDO probado, y así lo declara el Consejo, que el procesado RAMÓN FERNÁNDEZ PEÑA, voluntario del Ejército rojo, fue el enlace con un tal Arconada, transmitiendo instrucciones, ayudando a los detenidos y buscando compañeros que quisieran trabajar.

RESULTANDO probado, y así lo declara el consejo, que el procesado RAFAEL MUÑOZ COUTADO, voluntario del Ejército rojo en el batallón Capitán Condes se entrevistó con Muñoz Tárraga para trabajar en la colectividad, poniéndose en contacto con el jefe militar del sector de Chamartín de la Rosa, quien le dio el encargo de recoger armas y buscar a los individuos más activos de su barriada.

RESULTANDO probado, y así lo declara el Consejo, que el procesado ISIDRO HERNÁNDEZ DE LA FUENTE, secretario del Círculo de Vicente Barrios, una vez liberado Madrid formó parte de un grupo para combatir al fascismo, perteneciendo al sector del radio de Chamartín, teniendo por misión recoger armas para cometer actos de violencia, alentando esta labor con la espera del ejército que se estaba organizando para ayudarles, a cuyos oficiales se estaba capacitando en Francia.

RESULTANDO probado, y así lo declara el Consejo, que el procesado VICENTE CRIADO PÉREZ es miembro del grupo dirigido por Ricardo Gómez en el Sector de Chamartín de la Rosa, teniendo por misión la busca de armas.

RESULTANDO probado, y así lo declara el Consejo, que el procesado JULIO MARTÍNEZ PÉREZ, del Partido Comunista y voluntario rojo en Carabineros, se entrevistó una vez liberado Madrid con Muñoz Coutado para recoger armas para el día de la Victoria, en el que iba a haber «leña», así como repartir pasquines injuriosos para nuestro Caudillo que decían «Menos Franco y más pan blanco», habiendo extraído de un pozo varias bombas.

RESULTANDO probado, y así lo declara el Consejo, que el procesado MÁXIMO DE DIEGO DE DIEGO era de los complicados en el complot de las JSU que venía funcionando clandestinamente desde la liberación de Madrid.

RESULTANDO probado, y así lo declara el Consejo, que el procesado VICENTE MARTÍNEZ ACIRÓN estaba complicado en la organización clandestina de las JSU, participando en las actividades.

RESULTANDO probado, y así lo declara el Consejo, que el procesado FRANCISCO FERNÁNDEZ GONZÁLEZ pertenece a las JSU, integrando uno de los grupos, ocupándosele una pistola por la Policía y estando afecto al sector de Chamartín de la Rosa.

RESULTANDO probado, y así lo declara el Consejo, que el procesado ROMÁN PRIETO MARTÍN trabajaba clandestinamente en las JSU, tomando parte de sus actividades delictivas.

RESULTANDO probado, y así lo declara el Consejo, que la procesada ANITA LÓPEZ GALLEGO, perteneciente a las JSU, formaba parte de uno de los grupos de aquélla, interviniendo igualmente en las actividades de la misma.

RESULTANDO probado, y así lo declara el Consejo, que la procesada ANTONIA TORRES LLERA, de las JSU, estaba complicada en el trabajo clandestino de dicha organización delictiva.

RESULTANDO probado, y así lo declara el Consejo, que la procesada VICTORIA MUÑOZ GARCÍA formaba parte de los grupos clandestinos de las tan repetidas JSU.

RESULTANDO probado, y así lo declara el Consejo, que la procesada ELENA GIL OLAYA tomaba parte en las actividades delictivas de las JSU, siendo miembro del grupo de Sergio Ortiz.

RESULTANDO probado, y así lo declara el Consejo, que el procesado FELIPE ARRANZ MARTÍN formaba parte igualmente de los grupos de las JSU, interviniendo en el trabajo clandestino de tal organización.

RESULTANDO probado, y así lo declara el Consejo, que la procesada LUISA RODRÍGUEZ DE LA FUENTE era jefe de uno de los grupos de las JSU.

RESULTANDO probado, y así lo declara el Consejo, que la procesada MARTINA BARROSO GARCÍA tomaba parte en los trabajos clandestinos de las JSU, siendo después de liberado Madrid citada e invitada para trabajar en la clandestinidad.

RESULTANDO probado, y así lo declara el Consejo, que el procesado DAVID BEDMAR ARCAS fue durante la guerra secretario de organización de batallón y brigada, después del 21 cuerpo del Ejército, dedicándose después de la liberación de Madrid a trabajar clandestinamente por el Partido Comunista y las JSU, teniendo una reunión con los jefes de la organización, alguno de los cuales no conocía, descubriéndolos por la consigna consistente en pedirle lumbre para encender el cigarro y contestándole si tenía tabaco.

RESULTANDO probado, y así lo declara el Consejo, que el procesado JOAQUÍN ÁLVARO BLANCO, alias *el Marxista*, trabajaba en las JSU, por mediación de América Rincón, quien enterada de que el encartado tenía un certificado de haber estado en la cárcel durante el dominio rojo por haber robado una máquina de escribir, le instó en FET y de las JONS para que trabajase por las JSU dentro de aquella organización nacional, aceptando el encargado.

RESULTANDO probado, y así lo declara el Consejo, que el procesado ADOLFO LATORRE TOLEDO desde la liberación de Madrid y a su regreso a esta capital desde Valencia el 31 de marzo está complicado con sus trabajos en la organización clandestina de las JSU.

RESULTANDO probado, y así lo declara el Consejo, que el procesado ENRIQUE BUSTAMANTE SÁNCHEZ, miembro de las JSU, ha participado en el complot de dicha organización y en las actividades subversivas de la misma contra el Estado Nacional.

RESULTANDO probado, y así lo declara el Consejo, que el procesado FRANCISCO NIETO VAQUERIZA de las JSU ha participado activamente en la actividad clandestina de aquéllas y en su organización y contacto con el Partido Comunista.

RESULTANDO probado, y así lo declara el Consejo, que el procesado GIL NOGUEIRA MARTÍN, de las JSU, celebraba reuniones clandestinas en su domicilio, estando complicado en el complot de dicha organización.

RESULTANDO probado, y así lo declara el Consejo, que el procesado JORGE ESCRIBANO RILOVA participaba en las actividades clandestinas de las JSU como miembro integrante de la misma.

RESULTANDO probado, y así lo declara el Consejo, que el procesado CARLOS LÓPEZ GONZÁLEZ tenía como misión cometer actos de sabotaje el día del desfile de la Victoria y en el camión que traía de Valencia venían tres pistolas, una de ellas del calibre 9 largo.

RESULTANDO probado, y así lo declara el Consejo, que el procesado FERNANDO LÓPEZ GONZÁLEZ, hermano del anterior, intervenía igualmente en las actividades clandestinas del Partido Comunista en contra de las instituciones nacionales.

RESULTANDO probado, y así lo declara el Consejo, que el procesado ENRIQUE SÁNCHEZ PÉREZ trabajaba clandestinamente en las JSU, siendo miembro antiguo de las mismas.

RESULTANDO probado, y así lo declara el Consejo, que el procesado PASCUAL GONZÁLEZ PÉREZ intervenía en las actividades delictivas de las JSU después de la liberación de Madrid.

RESULTANDO probado, y así lo declara el Consejo, que el procesado MANUEL GONZÁLEZ PÉREZ trabajaba igualmente dentro de la organización clandestina de las JSU, tomando parte en sus actividades delictivas.

RESULTANDO probado, y así lo declara el Consejo, que el procesado ANTONIO FUERTE MORENO PEÑUELAS ha estado igualmente complicado en las actividades delictivas de las JSU como miembro de las mismas.

RESULTANDO probado, y así lo declara el Consejo, que el procesado ALFONSO DOMÍNGUEZ PALAZUELO ha tomado igualmente parte en las actividades clandestinas de las JSU.

RESULTANDO probado, y así lo declara el Consejo, que el procesado PEDRO LILLO CARBALLO, al igual que los anteriores, ha intervenido en la organización y desarrollo de las actividades delictivas de las JSU.

RESULTANDO probado, y así lo declara el Consejo, que los procesados GREGORIO SANDOVAL GARCÍA, IGNACIO GONZÁLEZ HERNÁNDEZ Y DELFÍN AZCUAGA MONTES, miembros igualmente de las JSU, han participado en su organización clandestina y en sus actividades delictivas.

RESULTANDO probado, y así lo declara el Consejo, que la procesada JULIA CONESA CONESA ha participado también en las actividades clandestinas de las JSU, habiendo sido secretaria de deportes de dicha organización, prestando servicio durante el dominio rojo en Madrid como cobradora de tranvías.

RESULTANDO probado, y así lo declara el Consejo, que los procesados ADELINA GARCÍA CASILLAS, ENRIQUE GARCÍA MAZAS, ESTEBAN DODIGNON GÓMEZ, DOMINGO CANDIDO LUENGO FERNÁNDEZ Y BLANCA BRISAC VÁZQUEZ como miembros de las JSU, y el Enrique, además, del Partido Comunista, han intervenido en los trabajos de organización y actividades de las JSU.

RESULTANDO probado, y así lo declara el Consejo, que el procesado CELEDONIO FERNÁNDEZ GALÁN era el secretario del Radio Ventas de las JSU, asistiendo a una reunión celebrada en la plaza de Manuel Becerra y formado tres escuadras después de la liberación de Madrid para luchar contra el nuevo Estado.

RESULTANDO probado, y así lo declara el Consejo, que el procesado LUIS NIETO ARROYO aparece de las actuaciones sumariales como uno de los principales componentes de la organización clandestina de las JSU.

RESULTANDO probado, y así lo declara el Consejo, que la procesada JULIA VELLISCA DEL AMO aparece solamente afiliada al círculo Aida Lafuente y a las escuelas Alerta.

CONSIDERANDO que constituyendo el móvil de nuestro Movimiento Nacional la necesidad imperiosa y sagrada de salvar, no ya las ideas o principios de la Patria, sino su propia existencia, fundamentándose aquél por ello en factores de honor, disciplina y sacrificio, que con carácter de revocables e intangibles han de permanecer incólumes, defendidos dentro de un orden de derecho que con plena y absoluta autoridad rige las instituciones de la Nación, sin que cuantos postulados integraran aquel Glorioso Movimiento puedan ser nunca violados sin que surja en el acto el derecho efectivo de defensa que al Estado Nacional corresponde por medio de sus órganos sancionadores, correctores y represivos.

CONSIDERANDO que la actuación de los procesados es reveladora de su plena y absoluta identificación con las doctrinas marxistas, acusándose tal identificación palmariamente, no sólo por los antecedentes de los encartados, sino por su contumacia en el desarrollo de aquella actuación, que extravasando el mero aspecto ideológico se ha concretado con realidad específica y determinada en exteriorizaciones categóricas demostrativas de una intención de solidaridad con la causa roja, de sobrada relevancia penal para definir una responsabilidad criminal de los procesados como autores por participación directa y voluntaria de un delito de adhesión a la rebelión previsto y penado en el párrafo 2.º del artículo 243 del Código de Justicia Militar y Bando declaratorio del Estado de Guerra.

CONSIDERANDO que dadas las convicciones en que los hechos se han realizado, son de ineludible apreciación las circunstancias agravantes de trascendencia de los hechos realizados, peligrosidad de los encartados y daños causados o podidos causar al Estado Nacional, de conformidad con el artículo 173 del Código de Justicia Militar.

CONSIDERANDO que en cuanto a la procesada JULIA VELLISCA se refiere, los hechos por ella realizados en su menor graduación penal han de ser encuadrados en la figura jurídica de auxilio a la rebelión, delito del que es autora la procesada por participación directa y voluntario, y que está previsto y penado en el artículo 240 del Código de Justicia Militar, sin que sean de apreciar circunstancias modificativas de la criminal.

CONSIDERANDO que todo responsable criminalmente de un delito lo es también civilmente, conforme los artículos 219 y 19 de los códigos castrense y ordinario, respectivamente, y decretos 108 y 10 de enero de 1937.

VISTAS las disposiciones legales citadas: Bando declaratorio del Estado de Guerra. Decreto número 55 y sentencias del Alto Tribunal de Justicia Militar de 21 de mayo de 1937, 9 y 30 de junio del mismo año y 21 de noviembre de 1936.

FALLAMOS que debemos condenar y condenamos a cada uno de los procesados JOSÉ PENA BREA, FEDERICO BASCUÑANA SÁNCHEZ, SEVERINO RODRÍGUEZ PRECIADO, PILAR BUENO IBAÑEZ, RUBÉN MUÑOZ ARCONADA, ANTONIO LÓPEZ DEL POZO, VIRTUDES GONZÁLEZ GARCÍA, JOAQUINA LÓPEZ LAFFITE, JOSÉ GUTIÉRREZ GONZÁLEZ, FRANCISCO SOTELO LUNA, JOSÉ LUIS SANABRIA MUÑOZ, VALENTÍN OLLERO PAREDES, FRANCISCO MONTILLA TORRES, CARMEN BARRERO AGUADO, DIONISIA MANZANERO SALAS, RAMÓN FERNÁNDEZ PENA, RAFAEL MUÑOZ COUTADO, ISIDRO HERNÁNDEZ DE LA FUENTE, VICENTE CRIADO PÉREZ, JULIO MARTÍNEZ PÉREZ, MÁXIMO DE DIEGO DE DIEGO, VICENTE MARTÍN ACIRÓN, FRANCISCO FERNÁNDEZ GONZÁLEZ, ROMÁN PRIETO MARTÍN, ANITA LÓPEZ GALLEGO, ANTONIA TORRES LLERA,

VICTORIA MUÑOZ GARCÍA, ELENA GIL OLAYA, FELIPE ARRANZ MARTÍN, LUISA RODRÍGUEZ DE LA FUENTE, MARTINA BARROSO GARCÍA, DAVID BEDMAR ARCAS, JOAQUÍN ÁLVARO BLANCO, ADOLFO LATORRE TOLEDO, ENRIQUE BUSTAMANTE SÁNCHEZ, FRANCISCO NIETO VAQUERIZA, GIL NOGUEIRA MARTÍN, JORGE ESCRIBANO RILOVA, CARLOS LÓPEZ GONZÁLEZ, FERNANDO LÓPEZ GONZÁLEZ, ENRIQUE SÁNCHEZ PÉREZ, PASCUAL GONZÁLEZ PÉREZ, MANUEL GONZÁLEZ PÉREZ, ANTONIO FUERTE MORENO PEÑUELAS, ALFONSO DOMÍNGUEZ PALAZUELOS, PEDRO LILLO CARBALLO, GREGORIO SANDOVAL GARCÍA, IGNACIO GONZÁLEZ HERNÁNDEZ, DELFÍN AZCUAGA MONTES, JULIA CONESA CONESA, ADELINA GARCÍA GASILLAS, ENRIQUE GARCÍA MAZAS, ESTEBAN DODIGNON GÓMEZ, DOMINGO CÁNDIDO LUENGO, BLANCA BRISAC VÁZQUEZ, CELEDONIO FERNÁNDEZ GALÁN y LUIS NIETO ARROYO, a la pena de MUERTE, y accesorias legales para caso de indulto, y que debemos condenar y condenamos a la procesada JULIA VELLISCA DEL AMO a la pena de DOCE AÑOS Y UN DÍA de reclusión temporal y accesorias legales de inhabilitación absoluta durante la condena, sirviendo de abono para el cumplimiento de la pena privativa de libertad que le ha sido impuesta la totalidad de la prisión preventiva sufrida por esta causa, y reservándose, en cuanto todos los condenados se refiere, y a favor del Estado, la acción civil de responsabilidad de cuantía indeterminada.

ASÍ por esta nuestra sentencia lo pronunciamos, mandamos y firmamos

Presidente: Teniente Coronel Isidro Cerdeño Gurich.
Vocales: Capitán Remigio Sigüenza Plata.
Capitán Fernando Ruiz Feingenspan.
Teniente José Sarte Julia.
Ponente: Capitán García Marco.

## Bibliografía consultada

AUB, Max. *Campo de los Almendros.* Clásicos Castalia. Madrid, 2000.

BARAHONA MAGRO, Ángel y CERVERA GIL. *Así terminó la guerra de España.* Marcial Pons. Madrid, 1999.

BAREA, Arturo. *La forja de un rebelde.* Debate. Barcelona, 2003.

BRAVO MORATA, Federico. *Historia de Madrid. Tomo IV. La posguerra (1939-1945).* Editorial Fenicia. Madrid, 1978.

CASANOVA, Julián; SOLÉ I SABATÉ, Josep Maria; VILLARROYA, Joan y MORENO, Francisco. *Víctimas de la guerra civil.* Temas de Hoy. Madrid, 1999.

CUEVAS, Tomasa. *Cárcel de mujeres (1939-1945). Tomos I y II.* Sirocco Books. Barcelona, 1985.

— *Mujeres de la resistencia.* Sirocco Books. Barcelona, 1986.

DI FEBO, Giuliana. *Resistencia y movimiento de mujeres en España* (1936-1976). Icaria. Barcelona, 1979.

DOÑA JIMÉNEZ, Juana. *Querido Eugenio.* Lumen. Barcelona, 2003.

— *Desde la noche y la niebla (mujeres en las cárceles franquistas).* Gráficas Monedero. 1993.

ESTRUCH, Joan. *Historia oculta del PCE.* Temas de Hoy. Madrid, 2000.

FERNÁNDEZ RODRÍGUEZ, Carlos. *Madrid clandestino. La reestructuración del PCE (1939-1945).* Fundación Domingo Malagón. Madrid, 2002.

GARCÍA BLANCO-CICERÓN, Jacobo. *Las Trece Rosas. Historia 16*, número 106, febrero, 1985.

GARCÍA MADRID, Ángeles. *Réquiem por la libertad.* Editorial Alianza Hispánica. Madrid, 2003.

GINARD i FÉRON, David. *L'esquerra mallorquina i el franquismo.* Ediciones Documenta Balear. Palma, 1994.

GUTIÉRREZ RUEDA, Carmen y Laura. *El hambre en el Madrid de la Guerra Civil (1936-1939).* Ediciones La Librería. Madrid, 2003.

HEINE, Hartmut. *La oposición política al franquismo.* Crítica. Barcelona, 1983.

HERNÁNDEZ HOLGADO, Fernando. *Mujeres encarceladas. La prisión de Ventas: de la República al franquismo, 1931-1941.* Marcial Pons. Madrid, 2003.

MANGINI, Shirley. *Recuerdos de la Resistencia. La voz de las mujeres de la guerra civil española.* Ediciones Península. Barcelona, 1997.

MESÓN, Eugenio. *Qué es y cómo funciona la JSU.* Gráficas Reunidas. Madrid, 1937.

MIRALLES, Ricardo. *Juan Negrín. La República en guerra.* Temas de Hoy. Madrid, 2003.

MORÁN, Gregorio. *Miseria y grandeza del Partido Comunista de España (1939-1985).* Planeta. Barcelona, 1986.

NÚÑEZ, Mercedes. *Cárcel de Ventas.* Éditions de la Librairie du Globe. París, 1967.

NÚÑEZ DÍAZ-BALART, Mirta y ROJAS FRIEND, Antonio. *Consejo de Guerra. Los fusilamientos en el Madrid de la posguerra (1939-1945).* Compañía Literaria. Madrid, 1997

RODRÍGUEZ CHAOS, Melquisidez. *24 años en la cárcel.* Colección Ebro. Bucarest (Rumania), 1976.

ROMERO, Luis. *El final de la guerra.* Ariel. Barcelona, 1976.

ROMEU ALFARO, Fernanda. *El silencio roto. Mujeres contra el franquismo.* Gráficas Summa. Oviedo, 1994.

VÁZQUEZ, Matilde y VALERO, Javier. *La guerra civil en Madrid.* Ediciones Giner. 1978.

VINYES, Ricard. *Irredentas. Las presas políticas y sus hijos en las cárceles franquistas.* Temas de Hoy. Madrid, 2002.

VIÑAS, Ricard. *La formación de las Juventudes Socialistas Unificadas (1934-1936).* Siglo XXI Editores. Madrid.

ZUGAZAGOITIA, Julián. *Guerra y vicisitudes de los españoles.* Tusquets Editores. Barcelona, 2001.

## FUENTES HEMEROGRÁFICAS

*Abc*

*Arriba*

*Ahora*

*Redención*

Boletín Oficial del Estado

Archivos

Archivo del Centro Penitenciario Victoria Kent de Madrid

Archivo Regional de la Comunidad de Madrid

Archivo Histórico del Partido Comunista de España

Archivo Histórico Nacional

Archivo de la Capitanía General de la Primera Región Militar

Archivo de Instituciones Penitenciarias

Placa conmemorativa de Las Trece Rosas en el cementerio de la Almudena de Madrid.